グローバル成長と発展への経営

日本企業の再生と挑戦

桑名義晴・齋藤泰浩・
山本崇雄・竹之内玲子 ［著］

まえがき

　いま日本企業は大きな岐路に立っている。今後もかつて経験したような成長・発展を遂げることができるのか，それとも徐々に活力を低下させ衰退していくのか，というターニング・ポイントに，多くの日本企業が立っている。そのどちらの道を歩むのかはそれぞれの企業のこれからの経営にかかっているといえるが，現在の企業を取り巻く国際ビジネス環境を考えると，その前途には多くの難問と課題が待っている。

　企業は，社会的存在として，常に時代や社会の変化の影響を受けるし，また逆にそれらに影響を与えもする。その時代や社会はいま世界規模の大変革時代を迎えている。いま，これまでの企業活動を一変させるような大きな事象や出来事が地球規模で生起・進行しつつあるからである。グローバリゼーションと反グローバリゼーションの動き，デジタル革命，世界経済の成長センターのシフト，気候変動と地球温暖化，世界的な人口増加，資源・エネルギー不足，経済格差と貧困問題などがそれである。こうした国際ビジネス環境の大きな変化で，これからの日本企業はその変化に伴う諸課題に的確に対応できなければ，その成長・発展はいうまでもなく，その生存すらも危機に晒されるようになるかもしれない。

　また，こうしたなか，2019年12月に誰もが予想だにしなかった新型コロナウイルスが中国で発生し，瞬く間に世界に拡散してパンデミックとなった。それは現在が国境を越えた人々の移動・交流が盛んなグローバル時代であるがゆえに，かつての感染症とは違い，あっという間に世界中に広まったのである。これによって世界各国の国境が封鎖され，人々の接触や交流が抑制され，企業の国際ビジネス活動の生命線ともいえるサプライチェーンが分断され機能不全に陥った。この結果，世界の多くの企業はこれまでに経験したことのない大きなダメージを受けることになった。

　このように企業は，長期であれ，短期であり，その時代や社会の変化に翻弄

されるのである。その意味では，企業も地球上に棲息するすべての生物と同じように，環境変化に適応するように進化を遂げなければならない。企業は環境変化に敏感になり，絶えずそれに適応し，進化を遂げるような経営を展開しなければならないのである。しかし，いまの環境変化はまた，かつて想像もしなかったようなスピードで起きている。したがって，その変化を予測することはどの企業にとってもできない。このことを考えると，これからの企業は環境変化に適応するにとどまらず，さらに進んで自らが環境を創造する経営にも挑戦することが求められているといえる。

　さて，日本企業は，第二次世界大戦後日本経済の発展とともに成長・発展を遂げ，1970年代初期から国際化やグローバル化を推進し，80年代まで世界市場でもその競争優位を発揮して，一部の産業では世界市場を席捲するほどのプレゼンスを示してきた。しかし，90年代になると，日本企業の国際競争力に陰りがみえるようになり，その収益が悪化する企業が目立つようになった。とくに戦後の日本経済の発展を牽引してきた二大産業の1つであったエレクトロニクス産業の企業の凋落ぶりは目を覆いたくなるほどであった。一方，80年代に低迷していた欧米企業，とりわけアメリカ企業はデジタル革命を背景にして復活し，新たなグローバル戦略を展開するようになった。そのなかから，GAFAと称されるIT企業もすい星のごとく登場し，あっという間に世界市場を席捲するようになった。さらに，90年代から2000年にかけてアジア市場では韓国，台湾，中国などの企業も台頭し，日本企業を脅かすようになった。

　こうして，近年では日本企業には現在や将来の国際ビジネス環境の変化を踏まえたうえでの新しい競争優位と新しい経営モデルの構築が求められるようになっている。日本企業はこれまでも戦後の廃墟のなかからの復興，二度のオイルショック，リーマンショック，東日本大震災など，幾度となく大きな危機に見舞われたにもかかわらず，不死鳥のごとく蘇り，成長・発展を遂げてきた。確かに，いま日本の伝統的な多国籍企業のなかには世界の企業との競争に苦戦し，業績低迷に苦しんでいる企業があるが，一方経営のイノベーションに果敢に挑戦し，見事に復活を遂げ，再びグローバル成長の道を歩んでいる企業もある。また，比較的社歴の浅い企業のなかにも，独自の経営を展開して着実に成長・発展し，海外でも好業績をあげている企業もある。

　本書は，1970年代から急速に国際化やグローバル化を推進し，80年代まで世界的にも競争優位を構築していた日本の多国籍企業がなぜ業績を悪化させるようになったのか，またその今後の経営には何が重要であるのかを議論すると同時に，いま海外でも好業績をあげている企業はどのような経営に挑戦しつつあるのかについて研究しようとしたものである。本書は，このような研究課題を究明するために，主に戦略，組織，人的資源マネジメントという経営の基本課題に沿ってアプローチした。また，これからの日本企業のグローバルな成長・発展には新興国市場が欠かせないので，この視点からもアプローチした。こうした課題について研究するために，本書では国内外の先行研究を渉猟し，そのうえで事例研究を行うという研究方法もとっている。

　本書の構成は，次のようになっている。まず第1章では，日本企業のグローバル戦略の展開と競争状況，その競争優位の変遷を概説し，日本の製造企業の国際展開の特徴であったフルセット型垂直統合モデルの特徴と限界を指摘する。そしてその後，これからの日本企業の新しい競争優位である価値創造とイノベーションの関係について言及し，新しいイノベーションの有り方とグローバル経営の課題について議論する。第2章では，これからの日本の多国籍企業の成長・発展には，イノベーションへの挑戦が不可欠であるとの視点から，その重要性やその方法について既存研究を紹介しつつ説明し，さらに経営のイノベーションが国際提携を通じたものへと進展してきていることを論述する。そして最後に，新しい提携形態としてグローバル・コラボレーティブ型提携によるイノベーションを提示し，かつその延長線上にあるビジネス・エコシステムの構築について説明する。

　第3章では，日本企業の組織構造の変化について，国際ビジネス分野では定説になっているストップフォードとウェルズ・モデルの妥当性に関して，多くの研究をレビューしつつ議論を展開する。そして，それをトヨタ自動車の組織構造で検証している。日本の多国籍企業では，ストップフォードとウェルズが提示したグローバル・マトリックス組織がいまも多くで採用されているので，彼らのモデルはいまも色あせていない。ここでは，こうした組織構造と最近日本企業でも関心の高い両利き経営との関連についても議論されている。第4章

では，近年ますます複雑化・多様化しつつある多国籍企業の本社と海外子会社の関係について，埋め込みとネットワークの視点から考察している。この両者の組織間関係のマネジメントは，今後の多国籍企業の成長・発展には不可欠の課題となる。ここでは，この課題に関する既存研究を整理したうえで，日本企業としては特異な興味深い HOYA の事例を紹介・分析している。

　第5章では，日本企業の組織文化と革新について議論している。企業が成長・発展するためには，ハードな組織機構（構造）を構築するだけでなく，ソフトな組織文化も変革する必要があるが，ここでは海外子会社のコントロールの手段として，伝統的な官僚的方法と対比する形で，組織の調整メカニズムとして，組織文化による社会化の方法を議論している。事例研究としては，P&Gジャパンを取り上げている。同社は外資企業の日本子会社ではあるが，日本企業にとって示唆的な点が多いので，貴重な事例である。第6章では，日本の多国籍企業内の新規事業創造について議論している。近年日本の多国籍企業でも海外子会社を通じて新規事業を創造する必要性が高まってきているが，それはそう簡単なことではない。本章では国際起業家精神の定義，新規事業機会の捉え方やその創造の方法などを説明したうえで，デンソーの農業事業とパナソニックのインドにおける医療サービス事業の創造に関する興味深い事例を取り上げ分析している。

　第7章と第8章では，新興国市場に関する課題を扱っている。2000年に入り，世界の多国籍企業にとって新興国市場はとくに重要になってきたが，第7章では新興国市場における日本企業の人的資源管理について，とくに海外派遣者に焦点をあてて議論を展開している。新興国市場の特徴を明らかにした後に，海外派遣者の役割について言及している。ここでは，近年新興国市場に果敢に挑戦し，好業績をあげているユニ・チャームの事例を紹介している。ユニークな事例である。第8章では日本企業と新興国企業のアライアンスを紹介・検討している。かつては先進国企業と新興国企業のアライアンスは，後者が前者の先進的な技術などの獲得を目的とするケースが多かったが，最近ではその逆のケースも見受けられるようになりつつある。ここではその事例として，インドの企業と楽天モバイルのアライアンス，ブラジルの企業と川崎重工とのアライアンスを紹介・分析している。日本ではほとんど研究されていない

分野の貴重な研究である。

　最後の終章は，本書のまとめと将来展望である。本章では現在と将来の多国籍企業にとって不可避な課題である地球規模のビジネス環境変化について説明したうえで，環境変化への適応や創造，および企業進化の視点から，今後の新しい経営モデルを提示する。そしてその経営モデルの内容について，戦略，組織，人的資源マネジメントという本書の主要な視点に沿って，日本の多国籍企業の再生や持続的な成長・発展にとっての重要課題を提示している。ここではビジネス・プラットフォーム戦略，グローバル共創組織とソフトで多様な組織文化，グローバル・アントレプレナーとバウンダリー・スパナーについて説明する。そして最後に，未来社会の創造に向けての経営を提言する。

　日本企業の国際ビジネスの諸課題を扱った研究書は多い。本書はそうした既存の研究成果も十分に援用しつつ，これまでの日本企業の国際化やグローバル戦略の展開とその競争優位の特徴と限界について整理・論述した後，これからの新しい経営のイノベーションの重要性やグローバル経営の諸課題を探っている。本書では，これからの日本の多国籍企業のグローバルな成長と発展のために重要になると思われる本社と海外子会社の新たな関係のマネジメント，海外子会社への組織文化の移転を通じた社会化，海外での新規事業の創造，さらには新興国企業とのアライアンスなど，これまでのわが国の国際ビジネス分野の研究書では十分に議論されていない新しい研究課題についても挑戦している。その意味では，本書は研究書としてはオーソドックではあるが，類書にない特徴も有しているといえよう。

　本書は，著者4名の共同研究の成果である。このような形で本書が上梓されるまでに4名は数年間にわたって定期的に研究会を数多く開催し，本研究の課題，方法，内容などについて議論を重ねてきた。その際お互いの問題意識や研究課題に関して，それぞれの考えを尊重しつつも，それらについて共通認識を持つようにも努めた。こうした議論を通じて，われわれはお互いに研究上の多くのことを学んだ。また毎回の研究会後の場所を移しての長時間にわたる研究上の議論も，研究者として得ることの多い有意義なものであった。いまコロナ禍でフェース・ツウ・フェースの議論は難しくなっているが，研究上きわめて

重要な新しい着想やアイデアは人間同士の直接的な対話や議論から生ずる場合が多い。一日も早くコロナウイルス感染症が終息し，そのような対話や議論ができる日が再び訪れるのを鶴首しているところである。

　最後に，本書のような専門的な研究書の出版がますます厳しくなる昨今の出版事情にもかかわらず，㈱文眞堂の前野隆社長には本書の出版を快諾していただいた。同社長からは相当以前からお話しをいただいていたのに，本書の完成までに長い期間を要してしまった。同社長の忍耐と暖かい励ましのお言葉に衷心より感謝申し上げたい。また，本書の編集や校正の段階では前野弘太常務取締役から多くの貴重なアドバイスを頂戴した。同氏にも改めて感謝の意を表したい。

2022 年 2 月吉日
執筆者を代表して
桑名義晴

目　　次

第3章　日本企業の組織構造の変化……………………………（齋藤泰浩）　50
—— 多国籍企業の組織構造研究と両利き研究 ——

第4章　日本企業における本社-海外子会社のマネジメント
—— 埋め込みとネットワークの視点から ——…………（山本崇雄）　77

第7章　新興国市場における日本企業の人的資源管理
―― 海外派遣者の役割を中心に ――……………（竹之内玲子）　147

第1章

日本企業のグローバル戦略の展開と新たな挑戦課題

はじめに

　いま第二次世界大戦後長らく続いたグローバリゼーションの波は大揺れに揺れている。米中の貿易戦争，イギリスの EU 離脱，世界各国における経済格差などを背景に，いま反グローバリゼーションの波が押し寄せている。この波は2019 年末に発生した新型コロナウイルスのパンデミックで，より勢いを増し，世界経済や企業に未曽有のダメージを与えている。もちろん日本企業も，この数十年に経験しなかったような苦境に直面している。

　日本企業は，戦後日本経済の発展と共に成長・発展を遂げ，1970 年代初期から国際化やグローバル化を推進し，世界の企業と激しい競争を繰り広げてきた。そして80 年代まで世界市場においても，その競争優位を発揮し，一部の産業で世界市場を席捲するほどのプレゼンスを示してきた。しかし90 年代以降から日本企業の国際競争力に陰りが見え始め，その収益が低迷するようになった。とくに日本のエレクトロニクス産業の企業の凋落ぶりは目を覆うばかりであった。なぜ日本企業はそのような状況に陥ったのか。また今後の日本企業の成長・発展には何が重要な課題となるのか。本章は，このような問題意識のもとで，その答えを求めて議論を進める。

　まず第1に，日本企業のグローバル戦略の展開と競争状況について歴史的な視点から概説する。第2に，日本企業の競争優位の変遷を跡づけし，そのグローバル化のプロセスで構築したビジネスモデルの限界を指摘する。第3に，近年の日本企業は顧客価値の創造で必ずしも成功していない点に鑑み，新たな

価値創造の視点から新たなイノベーションへの挑戦の重要性について議論する。そして最後に，最近話題になっている両利き経営の視点から，日本企業のグローバル経営の新たな課題について検討する。

1.　日本企業のグローバル戦略の展開と競争状況

1-1　日本企業のグローバル化と競争局面

　近年，世界は米中の経済戦争の激化，イギリスの EU からの離脱などにみられる保護主義の台頭，世界における経済格差などを背景に反グローバリゼーションの動きが顕著になっている。十数年前に，アメリカのジャーナリストフリードマン（Friedman, 2005）が述べた「フラット化する世界」が注目を集め，世界は今後国境なき方向へと進むかのような印象を与えたが，その後世界はそれとは逆の方向へ進んでいるようでもある。2019 年 12 月に中国で発生した新型ウイルスは，瞬く間に世界に拡散しパンデミックとなり，これがそうした動きに拍車をかけるかのように，いま世界を分断させつつある。

　今後，この反グローバリゼーションの動きがいつまで続くかは予断できないが，じつはこれまでの世界もグローバリゼーションと反グローバリゼーションを繰り返してきた[1]。これまでの企業も，この 2 つの大波に翻弄されながら経営活動を展開してきたのである。いまは日本企業も反グローバリゼーションの波をどのように乗り越えるかが大きな経営課題であるが，ここではまず，日本企業が第二次世界大戦後のグローバリゼーションの波に乗って，どのように国際化やグローバル化を進め，その事業活動を展開してきたのか，について振り返ってみたい。

　さて，近年までのグローバリゼーションの動きは第二次世界大戦後から始まっている。この大戦後世界の輸送や通信手段が飛躍的に発達し，ヒト，モノ，カネ，情報の国境を越えた移動が活発になるとともに，世界各国の経済の相互依存関係が深化し，経済のボーダーレス化がみられるようになった。このため市場もグローバル化し，グローバル市場が誕生するようになった。こうし

た世界経済の大きな潮流に乗って企業は，国際化やグローバル化へと乗り出した。日本企業もそうであった。

　日本企業の国際化は，1970年代初期から本格化するが，その後世界のどの企業よりも急速に国際事業を拡張し，グローバル経営を展開するようになった。しかし，日本企業はそのプロセスで，世界の企業との激しい競争に巻き込まれた。そこでまず，日本企業がグローバル化するプロセスで，世界の企業とどのように競争を繰り広げてきたのか，またその際にどのような競争優位性を持って，それに立ち向かってきたのかについてみていくことにする。

　日本企業のグローバル化の歩みは，輸出から始まる。天然資源に恵まれない日本は，明治時代以来，貿易立国を標榜し輸出促進による経済発展を目指した。確かに，第二次世界大戦前までの日本製品には「安かろう悪かろう」というレッテルが貼られ，評判が悪かったが，1960年代から多くの企業はこの悪評を覆すべく，各工場でQCサークルを中心とした品質改善活動に取り組んだ。この結果，日本企業は良質の製品を生産できるようになった。当時の日本製品は低価格でもあったので，世界で評判になり，多くの顧客を獲得し，輸出が拡大するようになった。

　この輸出の拡大によって日本経済が高度成長を遂げ，日本企業も発展するようになったが，反面諸外国との間で貿易不均衡が生じ，次第に欧米諸国との間で貿易摩擦が起きるようになった。これによって，日本企業は従前のように自由に輸出を行えない，という重大な局面に直面した。そこで多くの企業は輸出戦略に代えて海外生産戦略を展開するようになった。

　日本企業の海外生産戦略は，1960年代後半から始まる。それは最初繊維，電機などの産業の企業が韓国，台湾，香港など，近隣諸国への進出であったが，その後70年代になると，シンガポール，タイ，マレーシアなど，東南アジア諸国へも展開した。そして70年代後半から80年代になると，北米やヨーロッパ諸国との間で貿易摩擦がいっそう激化すると，それらの地域でも現地生産をするようになった。とりわけ，北米との間の貿易摩擦は最初は繊維，鉄鋼の分野でみられたが，その後カラーテレビ，自動車，半導体の分野へと広がったので，多くの企業は現地生産に踏み切った。また，1985年の「プラザ合意」以降，円高が急進したので，日本企業の海外生産は加速化した。

　その頃の日本企業の戦略は，良質の製品を低価格で売り込もうとするもので
あった。それは先進諸国においては所得水準の低い下層市場から入り，徐々に
上層市場へと進出するという戦略であった（天野・新宅・中川・大木, 2015）。
このため先進諸国の市場では，日本企業と現地企業との間の競争が激しくな
り，欧米企業のなかにはその競争で敗れ，市場から姿を消す企業も出るように
なった。この結果，とくに北米では日本企業に対する風当たりが強くなり，
1980年代半ばには「日本バッシング」も起こるようになり，日本企業との間の
競争はますます激しいものとなった。

　1980年代後半になると，円高の急進に伴って日本企業の海外生産がいっそう
活発になり，世界の多数の国や地域で現地生産をするという，日本企業の多国
籍化やグローバル化がみられるようになった。松下（現パナソニック），味の
素，ソニー，本田技研，日産，東レなど，日本を代表する企業は，そのような
方向へと進んだ。そのような企業は企業内国際分業体制を構築すると同時に，
本社と生産拠点とをネットワークで繋ぎ，グローバル経営を展開するように
なった。

　このような企業の多国籍化やグローバル化への進展は，もちろん欧米企業で
もみられた。したがって，とくに日米欧の先進国の市場では日米欧の企業間競
争がいっそう激化するようになった。この頃，日米欧の消費者，とりわけその
若い消費者の嗜好やニーズが次第に均質化するようになり（大前, 1985），日米
欧の均質的な消費市場は世界の3大市場となり，その市場を制することが大き
な利益獲得につながると考えられた。このため日米欧の企業は，その競争で勝
利するため，それぞれ独自の戦略を展開した。アメリカ企業は本社を中心とす
る集権的コントロールを重視して，世界でも大量生産，大量販売のグローバル
戦略を展開した（安室, 1992）。他方ヨーロッパ企業は，海外子会社に自由裁量
権を与える現地適応戦略を展開した。日本企業は輸出をベースとする海外生産
戦略を展開した。

　このような競争に直面して，アメリカ企業は次第に競争力を失うようになっ
た。アメリカ企業は1950年代後半から多国籍化し，その後そのグローバル戦略
に従って世界各地に進出し，本国の本社を頂点とする集権的な管理体制の巨大
なグローバル構造を構築したが，それがむしろ足かせになって，外国企業との

競争に敗れるケースもみられるようになった。とくにアメリカ市場では日本企業の猛攻に合い，その競争で敗れる企業が相次いだ。日本企業は現地生産に際しても，低コストの生産効率の高い日本的生産システムを移植して，低価格の高品質な製品を生産・販売し，競争優位に立ったのである。

　しかしその頃，欧米先進諸国では経済が成熟化し，その成長に陰りがみえ始めた。一方，アジアでは急速に経済発展を遂げつつある国が出現するようになった。韓国，台湾，香港に始まり，シンガポール，タイ，マレーシアなど東南アジア諸国が続いた。世界経済の成長スポットが欧米からアジアへと次第にシフトするような様相になった。このため，巷間では21世紀は「アジアの世紀」ともいわれるようになった。こうして，日米欧の企業は今度はアジア市場へ進出し，そこでも激しい競争を繰り広げることになった。

1-2　新興国の台頭と新たなグローバル競争の始まり

　世界経済の成長スポットがアジアにシフトし始めた頃，世界経済に大きなインパクトをもたらすもう1つの動きがあった。1989年のベルリンの壁の崩壊後，社会主義国が市場経済を導入し，経済発展を目指すようになったのである。ヨーロッパでは東欧諸国，アジアでは中国やベトナムがそうした方向へ舵を切った。なかでも中国は1978年に改革・開放政策を打ち出した後，市場経済を導入して経済発展を目指し，外資導入政策を積極的に推し進めた。ロシア，インド，ブラジル，インドネシア，ベトナムといった国々も，次第にそうした方向へと進んだ。これまで世界経済の発展から取り残されていた国々が世界の政治や経済が変わるにつれて，経済成長への道を歩き始めたのである。

　このような世界経済や発展途上国の動きを察知し，2001年にアメリカの調査会社ゴールドマン・サックスのオニール（O'Neill, 2001）が，世界経済における次の成長国として，ブラジル，ロシア，中国，インドの4ヵ国を挙げ，それをBRICsと命名した。実際に，この4ヵ国は豊富な天然資源，広大な国土，巨大な潜在的消費市場，膨大な低賃金労働力など，経済成長のための必要条件を備えており，将来の世界経済の成長スポットとして大きな関心を集めるようになった。それゆえ世界の多くの企業がBRICsに進出し，その後そこでも激しい

競争を繰り広げるようになった。

　また，BRICs に続くかのように，ベトナム，インドネシア，トルコ，メキシコなどの国々も経済成長を目指し，次第に発展するようになった。こうして，このような新興国の発展が世界経済の地殻変動を起こし，世界の多くの企業の目には，それらの新興国も将来における大きな市場と映るようになった。このような新興国では貧困層も多いが，経済成長をすると，そこには膨大な中間層，いわゆる「ボリュームゾーン」が誕生することが期待された。2009 年の世界全体の中間層は 18.5 億人だったが，2020 年には 32.4 億人になり，2030 年には 48.8 億人になると予測された（『通商白書』, 2011）。こうして世界の企業は，このような新興国市場の開拓に乗り出したため，そこがまた，新たな競争のアリーナになった。

　しかし，このような新興国では膨大な貧困層も存在する。それゆえ，このような新興国市場での事業は先進国における事業とは 180 度異なる場合もある。それゆえ，そこでは企業は「白紙の状態」から事業をスタートさせる覚悟が必要になる場合も少なくない。また，消費者には当然日本製品のような高品質，高機能，高価格の製品を買う経済的余裕はなく，むしろ適度な品質，機能，低価格の製品が好まれる。こうして，新興国市場ではそのような製品を製造，販売した欧米企業，韓国，台湾，中国の企業が躍進するようになり，日本企業は苦戦を強いられることになった。

　加えて，1990 年代後半から欧米企業には大きな変化があった。とくに，80 年代に国際競争力を低下させたアメリカ企業は，デジタル情報革命を背景にしてデジタル技術のイノベーションで復活し，新たなグローバル戦略を展開するようになった。また，そのようなデジタル技術を駆使して新しい事業を創造した新興企業も，すい星のごとく登場し，あっという間に世界市場を席捲するようになった。アマゾン，グーグル，アップル，フェイスブック（現，メタ）などの IT 企業である。

　しかも，この技術のデジタル化によって，製品の生産方法も大きく変化するようになった。とくにエレクトロニクス関連の製造現場では，製品のモジュール化が進展したため，汎用製品が簡単に製造できるようになった。このため，それまで高度な製造技術を持たなかった台湾や中国の企業も，エレクトロニク

ス製品を製造できるようになり，欧米先進国の企業はそれらの新興国の企業と国際分業体制を構築し，新たなグローバル経営を展開するようになった。

　こうして1990年代に入ると，世界の産業構造と競争ルールが大きく変化するようになった。世界の企業間競争は新たな局面に入ったのである。しかし，日本企業はこのような世界の大きな潮流に乗り遅れ，世界の企業との競争で苦しい戦いを強いられることとなった。

2.　日本企業の競争優位の構築と限界

2−1　競争優位の変遷

　では，日本企業は国際化やグローバル化を推進するプロセスで，どのような競争優位を構築して外国企業と対峙しようとしてきたのか。日本企業の競争優位は国際化やグローバル化のプロセスで変遷してきている。

　日本企業の国際化は輸出からスタートしたが，周知のように，貿易は資本，土地，労働といった生産要素に比較優位がある場合に成り立つ。たとえば，ある製品について，それを自国で生産するよりも他国から輸入するほうが生産コストの面で有利であれば，その製品を他国から輸入する。このため，製品の輸出には生産コストが重要な要素になる。日本の場合，1960年代までは従業員の賃金は低かった。日本には豊富な低賃金労働力があったのである。したがって，日本企業は製品を低コストで生産できたので，低価格の製品を海外に輸出することができた。

　しかし，当時の日本企業の製品は品質が劣っていたため，日本の輸出品には世界的に「安かろう悪かろう」というレッテルが貼られた。このレッテルを覆さなければ日本製品の輸出の増大を期待することができない。そこで多くの日本企業は，アメリカで開発された品質改善の手法を学び，それを工場に導入すると同時に，品質改善活動を大々的に展開するようにした。いわゆるQCサークルによる品質改善活動である。この活動は集団主義的でチームワークを大事にする日本の職場の風土にフィットしたこともあり，日本企業は良質の製品を

低コストで生産することに成功する。日本企業は低価格であるにもかかわらず，良質の製品を海外市場へ輸出できるようになった。この低価格で良質の日本製品は欧米市場で次第に浸透し，多くの顧客を獲得するようになった。このコスト優位と品質優位が日本企業の競争優位となり，繊維，電機，自動車，半導体など，多くの産業の日本製品の輸出が拡大した。

　一方，欧米諸国では日本製品の輸出攻勢で業績が悪化し，倒産に追い込まれる企業もみられるようになった。それは，とくに北米でみられた。このため，アメリカ政府は日本製品に対して，ダンピングの提訴，輸出の自主規制の要求など行うようになった。しかし，これを契機にして，日米の間で貿易摩擦が発生し，それが次第に激しくなるようになった。ここに日本企業は新たな競争優位を追求しなければならなくなった。

　1970年代初期から日本企業は輸出に代わって海外生産戦略を展開し，新たな競争優位の構築にとりかかった。日本企業の海外生産は，最初近隣のアジア諸国であったが，70年代後半になると欧米諸国でも行われるようになった。とくに80年代になると，欧米諸国での現地生産が急増した。この頃には世界の市場で日本製品が急増し，また世界における日本企業のプレゼンスも高くなり，日本企業の経営に対して，世界の多くの耳目が集まるようになった。世界の企業の経営者は日本企業の成長の秘密を探ろうとしたのである。こうして，80年代には世界的に「日本的経営のブーム」が到来するが，なかでも日本的生産システムに世界の目が集まった。

　日本的生産システムは，工場での生産の合理化によって生産性を向上させると同時に，低コストで高質の製品の生産を可能にするものであるので，それは日本企業の競争優位になった。日本的生産システムの代表的なものにトヨタ生産方式がある。それはジャスト・イン・タイムを柱とし，生産工程においてムダを徹底的に省いて，生産効率を改善させようとするものである。この生産システムを競争優位にして，トヨタ自動車は海外生産を展開した。その象徴的なケースとして，トヨタがアメリカのGMと設立した合弁会社NUMMIがあった。同社はGMの単独工場であったときには生産性が非常に低かったが，トヨタとの共同経営になり，トヨタ生産方式が導入されると，その生産性はGMの工場の平均的な生産性の2倍になったという。それはNUMMIの奇跡といわれ

るほど，大きな成果をあげた（吉原，1997）。

　1980年代後半になると，日本と欧米諸国との貿易摩擦がいっそう激化し，円高も急伸するようになった。一方，東南アジア諸国が経済発展するようになり，またヨーロッパでも90年に向けてのEU結成の動きが加速化した。こうした動きのなかで，日本企業の海外生産がいっそう活発になり，多国籍化やグローバル化の方向へと向かうようになった。日本企業は北米，ヨーロッパ，アジアへと，多くの国や地域で現地生産を行うようになったのである。日本企業は企業内国際分業体制を構築すると同時に，経営の現地化にも乗り出さなければならなくなった。

　企業の国際分業には，垂直分業（工程分業）と水平分業（製品分業）がある。日本企業は，一方で垂直分業によってR&D，生産，販売の世界的分散化とその垂直統合をはかると同時に，他方で高級製品は国内で，成熟製品は海外で生産するようになった。このように日本企業は，グローバルなレベルでの柔軟で合理的な経営を競争優位にして，世界の企業との熾烈化する競争に立ち向かった。しかし，その後日本企業を取り巻く国際ビジネス環境の変化はさらに複雑になり，そのスピードも加速する。

　世界の多国籍企業は，この複雑で加速する国際ビジネス環境の変化に対応するために，グローバル・ネットワークを構築し，世界の拠点間で新たな情報や知識を獲得・移転し合い，イノベーションを創発しなければならなくなった。また，そのような国際ビジネス環境の変化に対応するためには，他企業との戦略提携やM&Aをも行わなければならなくなった。グローバルな連携やスピードが企業の新たな競争優位の決め手となってきた。このため，日本企業もそのような競争優位の構築を目指すようになった。

2-2　フルセット垂直統合型モデルの限界

　1970年代初期から国際展開をスタートさせ，80年代後半には世界市場を席捲するかのような勢いであった日本企業の国際競争力は，90年代になると徐々に低下し始める。それと並行して，日本の国際競争力も低下するようになった。スイスのビジネススクールIMDの『世界競争力年鑑』によると，その調

査が始まった 1989 年から 93 年まで，日本は 5 年連続 1 位であったが，90 年代後半以降急速にランクを下げ，2013 年には 24 位まで落ち込むという悲惨な状態になった。

　日本では自動車産業とエレクトロニクス産業が戦後の日本経済を牽引する 2 大産業で，80 年代まで共に世界市場を席捲していたが，90 年代半ば以降からエレクトロニクス産業の企業の業績が低迷し，次第に凋落傾向を示すようになった。とりわけ，液晶テレビ，携帯電話，パソコンなどの分野で，そのような状況がみられた。その理由は何か。80 年代になると，エレクトロニクス産業では製品のアーキテクチャに大きな変化が起き，製品のコモディティ化が進展して過当競争が起きるようになったのである。製品のコモディティ化は，次の 3 つの要素で促進される（榊原・香山, 2006）。

① モジュラー化…製品設計としてのインターフェースが単純化されるので，複数の部品を購入し組み合わせるだけで製品が製造される。このため，高い技術力を持たない企業でも比較的容易に製品を設計・製造できる。

② 中間財の市場化…製品がモジュラー化されても，部品を市場で購入できなければ企業は製品を開発・製造できない。しかし，エレクトロニクス産業の製品の部品は市場で販売されるので，その部品を製造できない企業でも比較的容易に調達できるようになった。

③ 顧客価値の頭打ち…エレクトロニクス製品のなかでも，たとえばデジタル家電は基本的な機能が充足されれば，それで顧客が満足する場合が多い。顧客ニーズが頭打ちすれば，製品のコモディティ化が生じ，価格競争を通じて価格が低下する。

　エレクトロニクス産業では，このような変化が生じてきたため，アジア市場では台湾，韓国，さらには中国の企業が台頭するようになった。それらの企業は日本企業から部品を調達し，液晶テレビ，携帯電話，パソコンなどを生産するようになった。しかもそれらの製品は日本製品に比べると低価格であった。一方，日本のエレクトロニクス産業の多くの企業は，1990 年代になっても，80 年代と同じような発想で製品を製造していた。すなわち，多くの企業はものづくりの高度化（高技術，高機能，高品質）に邁進していたのである。これは世界市場，とくに新興国市場では現実には存在しない「幻想」の顧客価値を追い

求める結果ともなった（米倉・延岡・青島, 2010）。前述したように, 新興国市場では高品質, 高機能, 高価格の製品よりもむしろ適度な品質, 機能, 低価格の製品が好まれる。欧米企業, 韓国, 台湾, 中国の企業は, このような新興国の顧客に好まれる製品を製造・販売し, 躍進するようになったのに対し, 日本企業はそうではなく, 結局それらの企業との価格競争に巻き込まれ, 思うような利益を上げることができなくなった。

　また欧米企業は, 1990年代半ばからデジタル技術を活用したイノベーションに挑戦し, 新たなグローバル戦略を展開するようにもなった。その戦略とはビジネス・エコシステム（business eco-system）型の国際分業体制の構築によるものである。それは多くの企業と協業しながら, その産業全体を発展させていく分業体制である（小川, 2014）。アメリカの企業は台湾などのアジア企業と提携し, このビジネス・エコシステムを構築する戦略を展開するようになった。それはパソコン, CD・ROM, DVD, 液晶テレビ, 携帯電話の分野でみられた。

　このアメリカの企業のビジネス・エコシステムの構築には, じつは巧みな戦略があった。アメリカ企業は製品の開発・製造に際し, 設計段階で自社に残すコア領域と他社に委ねる領域の境界を決める戦略を展開したのである（小川, 2014）。すなわち, アメリカ企業は自社にとって最も重要なコア領域を秘密にして, その他の非コア領域については国際標準で他社にオープンにしたのである。後者の領域については, 台湾などのアジア企業と提携して, その製造を任せた。

　そうした戦略を展開した代表的な企業がインテルである[2]。インテルは現在マイクロソフトと並んで世界のパソコン市場を牛耳っている。同社はかって小さな部品メーカーであったが, パソコンの基幹部品であるMPU（中央演算装置）の急所技術を開発し, その内部技術をブラックボックス化する一方, 外部との接続部分のインターフェースについては, プロトコールを規格化し, さらにそれを国際標準にして他社に公開した。同社はMPUを組み込むマザーボードという「中間システム」を作るノウハウを開発し, そのノウハウを台湾企業に提供し, 安価に大量生産させた。その結果, インテルは膨大な利益を得る一方, 台湾企業も利益を得る, というWin-Winの関係を築くことに成功した（妹尾, 2009）。

　このように欧米企業は，ビジネス・エコシステムの構築による国際分業とい
う新たなグローバル戦略によってアジア企業と協業し，世界市場で競争優位に
立つようになったが，それはこれまでの世界の産業構造と競争ルールを一変さ
せるものでもあった。ところが，日本企業は，このような世界の大きな潮流に
乗らずに，あるいはそれに対応できずに，ひたすらものづくりの高度化を追求
し，しかも海外でも日本国内の延長線上で製品を製造し続ける経営を行ってい
た。日本の多くの企業，とくにエレクトロニクス産業の企業はグローバル戦略
の展開でも，基幹部品だけではなく，多くの部品も内部に取り込んで内製化す
るフルセット垂直統合型のビジネスモデルを追求していたのである。しかし，
世界のものづくりがデジタル技術の進展で大きく変わり，またアジアの新興企
業の成長で，世界の産業構造や競争ルールが変化したため，このビジネスモデ
ルは通用しなくなった。ここに1990年代半ば以降の日本企業，とりわけエレク
トロニクス産業の企業の国際競争力の低下や凋落の大きな原因があった。

3．新たな価値創造へのイノベーション

3-1　新たな価値創造とイノベーション

　かつてドラッカーは，企業の目的は「顧客の創造」であるといった。企業が
利益を得るには，それに先立って顧客を創造し，自ら市場を創造，さらに未来
を創り出していくことが重要だという。まさに至言である。しかし，近年の日
本企業の多くは，この顧客の創造において，外国企業の後塵を拝するように
なっている。顧客を創造するためには，顧客が製品に求める価値を創造しなけ
ればならない。その意味では，顧客価値の創造は現在の企業にとってきわめて
重要になるが，近年の日本企業についてみると，この顧客価値の創造も必ずし
も得意としていない。これに対して，韓国や中国の企業は，高度な技術を持っ
ておらず，ほとんどの部品についても，日本企業から調達しているにもかかわ
らず，顧客価値の創造がうまいので，新興国市場では多くの顧客獲得に成功し
ている（延岡, 2011）。

　日本企業は，この数十年間において，ものづくりの方法や世界市場における競争ルールが大きく変化したにもかかわらず，相変わらずものづくりの高度化にこだわり，海外生産も国内生産の延長線上で行ってきた。この結果，日本企業では「ものづくり」と「価値づくり」の間で乖離が生じるようになったという（延岡, 2011）。最近では先進国の顧客は，製品に対して高機能や高品質だけではなく，デザインやサービスなど，いわゆる「目に見えないもの」に価値をおくようになっている。他方，新興国の消費者は，製品に対して高機能や高品質よりも，むしろ低価格に価値をおく。企業がグローバル展開するためには，このような世界の多様な消費者の価値を把握しなければならないにもかかわらず，多くの日本企業にはその努力が不足していた。だからこそ，日本企業の国際競争力は低下したのである。

　日本企業が世界の市場で顧客を創造するためには，顧客の価値を把握し，その価値を充足させる製品を製造することが重要になるが，それと同時にさらに進んで世界の消費者もまだ気づいていない価値を探索し，新たな製品，事業，市場を創造することも必要となる。産業史を振り返ってみると，100年前には自動車，音楽レコード，航空，ヘルスケアなどの市場や産業はなかった。50年前でも宅急便，携帯電話，バイオテクノロジー，ネットビジネスなどの市場や産業はなかった。これらの事業や市場は，先見性と進取の気性に富んだ企業が将来の顧客価値を見越して創造したものである。いま世界の市場を席捲しているアマゾン，グーグル，アップル，フェイスブック，ウーバー，エアービーアンドビーなどの事業も，こうしたものである。これからの日本企業にはこうした新しい顧客価値の創造が求められる。では，それには何が大事になるのか。日本企業には新たな視点に立ったイノベーションへの挑戦が何よりも重要になろう。

　周知のように，イノベーションには大別して，プロセス・イノベーションとプロダクト・イノベーションがある。企業の持続的な成長・発展には，この両方のイノベーションが必要となるが，これまでの日本企業は主に前者のプロセス・イノベーションを追求してきた。

　プロセス・イノベーションとは生産工程や生産技術の改良に関するイノベーションであり，日本的TQC（総合的品質管理）やトヨタ自動車の生産システム

などが有名である。これらは日本製品の品質改善や工場におけるムダを排除した生産性向上に資するイノベーションとして世界的にも有名になった。とくにトヨタ自動車の生産システムは，一時期世界の多くに工場で導入された「リーン生産方式」の原型でもあるといわれている。

　確かに，プロセス・イノベーションは生産効率を上げると同時に，製品の品質を改善させるので，企業の成長・発展には不可欠なイノベーションである。1960年代から日本企業は，このイノベーションに焦点をあてて経営活動を展開したがゆえに，欧米企業にキャッチアップし，一部の産業ではそれらの企業を凌駕できるようにもなった。しかし，現在の日本企業はもはや欧米企業のフォロワーではない。現在の日本企業は世界のリーダー的存在でもある。こうした現在の日本企業の立ち位置を考えると，プロセス・イノベーションのみを追求していたのでは今後の成長・発展は期待薄である。現在の日本企業はむしろ新しい製品やサービスを開発するプロダクト・イノベーションに挑戦することが重要になっている。というのは，現在の世界の先進国の経済は成熟化し，その消費者は新しい製品やサービスを求めており，また既存の製品やサービスでは過当競争があるからである。ちなみに，このイノベーションは新しい製品やサービスを創造するものであるから，ラディカルで破壊的な性格を有するイノベーションでもある。

　クリステンセン（Christensen, 1997）によると，業界のリーダーといわれる優良企業は既存の顧客の声に耳を傾け，その要望に応えるように技術，製品，生産設備に投資し続けるという。しかしこれは，その後失敗の原因にもなるという。そうした企業は既存の顧客との関係を保つという原則に従っているため，新しい顧客価値の創造の機会を失うというのである。これに対して，経営資源に恵まれない新興企業は，既存の顧客ではなく，新しい顧客価値を考え新しい技術や製品・サービスを開拓する。その技術や製品・サービスが顧客を獲得するようになると，既存の製品やサービスを追いやるので，それは破壊的イノベーション（destructive innovation）ともいわれる。このクリステンセンの考えに従うと，これまでの日本企業は，まさに前者のようなイノベーションを行っていたのである。

　このように，現在の日本企業にはプロダクト・イノベーションに挑戦する必

要があるが，さらに一歩進めていまだ世界の消費者が気づいていない将来の顧客価値を創造するような視点に立ったイノベーションに挑戦することも重要である。そのイノベーションとは新しい製品やサービスにとどまらず，より広く未来の事業，技術，市場の創造にもかかわるものを意味する。こうしたイノベーションは未来の顧客価値を探索することから始まるので，「探索的イノベーション（exploratory innovation）」と称してよいだろう。これからの日本企業には，このような探索的イノベーションが重要となるといえる。日本企業がこのイノベーションに挑戦し，成功すると，世界の先進国，発展途上国，あるいは新興国を問わず，世界で新しい顧客価値を創造できるのではないだろうか。

3-2　探索的イノベーションとオープン・イノベーション

これからの日本企業にはプロダクト・イノベーション，そしてさらに進んで探索的イノベーションが重要になる。しかも近未来の世界を視野に入れたグローバルなイノベーションが必要になる。というのは，21世紀のグローバル知識経済における企業の競争力は，世界に散在する技術，市場ニーズなどに関する知識をいかに早く探索・発見し，それをイノベーション創出のために組織に移転・共有し，経営活動に活用するかどうかにかかっているからである。それはイノベーションを「世界から学習」するというパラダイムで行うことを意味している。ドズら（Doz, Santos & Williamson, 2001）はいう。「今日では企業の挑戦課題は，"世界からの学習"でイノベーションを創出することである。将来の勝者は世界に散在する未開発の技術や市場に関する知識を探索・発見し，動員することによって価値を創造する企業となろう」。

かつての多国籍企業のイノベーションは，本国の研究所を頂点とする中央集権的な垂直統合の形態で行われていた。たとえば，IBMはアメリカ，スイス，日本，イスラエルなど，海外の複数の国に基礎研究所や製品開発研究所を設立し，世界中から優秀な研究者を集めて，グローバル・ネットワークを構築して研究開発を行っていたけれども，それはアメリカの研究所を頂点とする中央集権的な垂直統合の組織形態をとっていた。それはまた，IBMだけで研究開発を

行うものでもあった。それはまた，先進国で開発した技術や製品を他国へと移転するイノベーションでもあった。チェスブロウ（Chesbrough, 2003）のいう「クローズド・イノベーション」であったのである。IBM をはじめ，GE，デュポンなど，20世紀に成長・発展した多国籍企業は，このようなクローズド・イノベーションを行っていた。

　しかし，こうしたイノベーションは，今世紀になると限界に直面するようになった。IBM のような巨大な多国籍企業といえども，劇的に変化するグローバルなビジネス環境に対応できず，新たな顧客価値の創造をすることができなくなったからである。新たな顧客価値の創造には，企業は世界中の顧客，サプライヤー，大学，政府の研究所，ベンチャー企業など，外部からもイノベーションに必要な情報や知識をスピーディに獲得しなければならなくなったのである。ここに多くの企業は他企業や研究所などとの提携を通じて，相互にコラボレートしながら研究開発を進めることになった。こうして，イノベーションのオープン化が進み，多くの企業において，チェスブロウ（Chesbrough, 2003）のいう「オープン・イノベーション」がみられるようになった。それは，「世界からの学習」であると同時に，さらに「世界との共創」[3]のイノベーションともなった。

　企業のイノベーションがこのようなイノベーションへとシフトするにつれて，将来の顧客価値の創造に向けた経営活動も新たな方法をとるようになった。1990年代に入りデジタル革命が進展すると，企業はコンピュータやインターネットなどのデジタル技術を駆使して，他企業と協業しコラボレートするようにしてイノベーションに挑戦するようになった。前述のように，ビジネス・エコシステムの構築によるイノベーションへとシフトするようになったのである。

　エコシステムとは，もともと生物が生存するために，環境変化に適応しながら共存していく，という自然界の生態系を表す用語であるが，1990年代前半からビジネス界でも使われるようになった。1990年代になって技術のデジタル化が進展し，ビジネス環境がグローバルな規模で，いっそうスピーディに変化するようになると，新たな技術，製品，事業を開発するためには，国，業界などの境界を越えて，多様な組織と協業し，共創していく必要性が高まってきた。

世界の多様な組織がネットワークでつながり，それぞれが得意とする分野の知識，技術，能力などを持ち寄って相互にコラボレート，学習し，コミュニティを形成して共創しつつ新たな顧客価値を創造するようになったのである。これがビジネス・エコシステムの構築を通じた探索的イノベーションによる顧客価値の創造方法である（桑名，2020）。

　ビジネス・エコシステムのもとでは，それに参加するプレーヤーがそれぞれ得意とする知識，技術，能力を持ち寄ってコラボレートし，場合によっては相互に学習するがゆえに，シナジー効果も生まれ，その結果イノベーションの創出へとつながる。そのエコシステムの形成の基盤や土台となるのがプラットフォームであり，それを提供する企業がプラットフォーマーと呼ばれる企業である。

　ビジネス・エコシステムでは，このプラットフォーマーがネットワークのハブとして機能し，その参加企業に対して種々の便益を与える。すでに述べたように，インテル，マイクロソフト，シスコシステム，ノキアといった欧米企業は早くからこのようなプラットフォームを構築して，多くの参加企業を得て，価値創造をはかってきた。近年では，GAFA，ウーバー，エアビーアンドビー，テンセント，アリババといった新興企業も，プラットフォームを用いたビジネスモデルを構築し，破壊的イノベーターとして登場して，短期間で驚異的な成長を遂げている。最近わが国でも，このようなプラットフォームを構築して，ビジネス・エコシステムによるイノベーションに挑戦する企業が増えてきているが，欧米企業と比較すると，まだまだ少ない。こうして，これからの日本企業にも，世界の未来社会を見据えたうえで，顧客価値はもちろんのこと，広く社会価値の創造にも目を向けたビジネス・エコシステムの構築によるイノベーションが必要になっている。

4.　今後のグローバル経営の課題 — 両利き経営か —

　これからの日本企業は，探索的イノベーションに軸足を移し，グローバルなレベルでビジネス・エコシステムを構築して次世代の顧客の価値創造を目指す

経営を展開する必要がある。しかし，探索的イノベーションは未知のものの探求，発見，創造，挑戦，リスクなどを伴う活動であるので，簡単ではない。それだからこそ，世界の多様な組織とのコラボレーションや共創のためのビジネス・エコシステムの構築が必要となるのである。しかし，繰り返すことになるが，これまでの日本企業は，このような未来志向の探索的イノベーションではなく，効率，生産性，確実性を特徴とするプロセス・イノベーションに注力してきた。このような活動はマーチ（March, 1991）の言葉によると，深索活動（exploration）に対して深化活動（exploitation）である。

　なるほど，企業の持続的な成長・発展には，マーチ（March, 1991），オライリーとタッシュマン（O'Reilly & Tushman, 2016）などが主張するように，探索と深化の両方の活動が必要になる。その意味では，彼らの提示する「両利き経営（ambidextrous management）」のコンセプトには一定の説得力がある。オライリーとタッシュマンはいう。「企業が直面する基本的な問題は，その生存能力を保証する十分な深化活動に取り組むと同時に，その将来の生存能力を保証する探索活動に十分なエネルギーを捧げることである」（O'Reilly & Tushman, 2016）。

　一般的にいって，新興企業は最初は探索活動で成長・発展するが，それだけでは持続的な成長・発展はできない。成長のある段階に達すると，深化活動も必要になる。しかし，その事業が成熟段階に達すると，再度探索活動をしなければならない。探索的イノベーションが必要になるのである。アマゾンは，この探索活動と深化活動を巧みに繰り返すことよって成長・発展を遂げてきている企業である。

　アマゾンは，1995年インターネット書店としてビジネスを開始した[4]。創業者のジェフ・ベゾスがオンライン小売業のアイデアを思いつき，当時誰も気づかなかった新しい書店をつくったのである。その後同社は書籍販売から「買いたいものを探せば見つかる場所」へと変貌を遂げた。次に，同社は自前の商品を販売するだけでなく，他の小売業者がそれぞれの商品を販売できるオンライン・プラットフォームを構築した。このサービスで同社は他社に類をみない品揃えとなり，また高度な電子商取引スキルを習得し，小売業者から膨大な手数料を得るようになった。さらにその後，同社はアマゾン・ウェブサービスを展

開するクラウド・コンピューティング会社へと変貌してきている。

　一方，成熟企業には，深化活動よりも探索活動が必要になる。そのような企業の持続的な発展・成長には新たな事業が必要になるからである。富士フイルムは，そのような企業の1つである[5]。同社は1934年にフィルムの専業会社としてスタートし，その後カメラも開発していたが，2000年になると，世界におけるフィルムの売上は急降下し，2005年には半減した。当時，ライバルであったコダックは，本業の写真事業の研究開発で収益をあげることを目指したのに対して，富士フイルムは化学分野の専門知識を新規事業の開拓に活かそうとした。同社は既存の顧客には既存の組織能力を活かす取り組みを継続しながら，独自の技術を新しい製品やサービスに応用し，医薬品や化粧品の事業を開発した。この結果，同社はコダックとの競争に勝利し，大きな成長・発展を遂げることになった。

　富士フイルムの古森前社長は，Value from Innovation というスローガンを掲げ，次のように述べている。「経営者には，20年，30年先を考えて，いや，もっと先のことを考えて，会社を生き残させる責任がある」（O'Reilly & Tushman, 2016）。

　このようなアマゾンや富士フイルムのケースのように，企業の成長・発展プロセスで両利き経営ができることが理想形であるが，大半の企業はそのような経営を展開することができていない。とくに日本企業についてみれば，大半の企業はプロセス・イノベーションを重視したように，深化活動を得意としているが，探索活動については必ずしも得意としていない。こうして，これからの日本企業の持続的な発展・成長には「両利き経営」に取り組むよりもむしろ，繰り返すことになるが，探索的イノベーションへの挑戦にウエイトをおいた経営が必要であるといえる。いまの日本企業には，両利き経営は「二兎追うものは一兎をも得ず」のようなリスクがある。

　では日本企業が探索的イノベーションに経営の軸足を移し，ビジネス・エコシステムを構築するには何が必要になるのか。そのためには，多くのことが必要になろうが，とりわけ日本企業がグローバル・アントレプレナー型の企業と同時に，デジタル型の企業へと進化を遂げることが重要となろう。グローバル・アントレプレナー型の企業とは，グローバル・パースペクティブで企（起）

業家精神を持ち，世界の顧客，サプライヤー，大学，研究所，政府機関，NPO，社会起業家など，多くのステークホルダーとコラボレートし，学習し，共進化を遂げつつ顧客や社会に対して新しい価値を提供する企業である。また，デジタル型の企業とは，デジタル技術を活用して，企業経営のDX（デジタル・トランスフォーメーション）を進め，プラットフォームを構築し，同じく世界の多くのステークホルダーとコラボレートし，学習し，共進化を遂げつつ顧客や社会に対して新しい価値を創造する企業である。もちろん，日本にも楽天やユニクロのような比較的社歴が浅いけれども，近年成長・発展を遂げている新興企業のなかには，このようなタイプの企業になって世界的にも成長・発展を遂げつつある企業があるが，その数はまだきわめて少ない。

　いま，まさにグローバルなスケールでデジタル革命が進行中である。今後日本企業はこのような時代で世界の企業と競争して持続的な成長・発展を遂げるためには，そうした企業への進化に向けた新たなイノベーションに挑戦しなければならないのである。

おわりに

　日本企業は，1970年代から本格的に国際展開を開始し，80年代まで比較的順調にグローバル化の道を歩み，国際市場においても競争優位を発揮して大きなプレゼンスを示していた。しかし90年代になると，新興国市場の台頭，デジタル技術やICTの発達などによる製品製造の変化など，ビジネス環境が大きく変化すると，日本企業の競争優位であったフルセット垂直統合型の日本的生産方式が通用しなくなり，次第に国際競争力を低下させることとなった。とりわけ，戦後の日本経済の成長を支えてきた産業の1つであるエレクトロニクス産業の企業の業績悪化と凋落は目を覆うばかりだった。こうして，日本企業には新たな競争優位の構築が求められるようになった。

　日本企業が新たな競争優位を構築するためには，新たな顧客価値の創造を目指してイノベーションに挑戦する必要がある。それには，確かに日本企業が得意としてきたプロセス・イノベーションも重要であるけれども，それだけでは

限界がある。新たな顧客価値を創造するためには，プロダクト・イノベーション，さらに進んで探索的イノベーションへの挑戦がより重要となる。今後，日本企業がグローバル競争で勝利し，持続的な成長・発展を遂げるためには，世界の未来社会を見据えたうえで，世界の顧客価値はいうまでもなく，社会価値にも目を向けたビジネス・エコシステムによる探索的イノベーションに挑戦する必要がある。そうでなければ，いま日本のビジネス界でも大きな関心を集めている「両利き経営」もまったく意味のないものとなろう。

（桑名義晴）

[注]
1）ジョーンズ（Jones, 2018）は，歴史的にはグローバリゼーションと反グローバリゼーションの波が繰り返し起きているとしている。彼によると，1840年から1920年までが第一次グローバリゼーション，1929年から1979年までが反グローバリゼーション，1950年から1979年までが第二次グローバリゼーションの始まり，1979年から2008年までが第二次グローバリゼーション，2008年からが新しい反グローバリゼーションの時代であるという。
2）このインテルのケースについては，妹尾（2009）を参照されたい。
3）ここでいう「世界との共創」とは，企業が世界の他企業，研究機関，政府機関，NPOなど，多様な組織とコラボレートし学習しつつ，相互で新しい価値を創造することを意味する。
4）このアマゾンのケースについては，オライリー＝タッシュマン（O'Reilly & Tushman, 2016）を参照されたい。
5）この富士フイルムのケースについては，オライリー＝タッシュマン（O'Reilly & Tushman, 2016）を参照されたい。

[参考文献]
天野倫文・新宅純二郎・中川功一・大木清弘（2015）．『新興国市場戦略論―拡大する中間層市場へ・日本企業の新戦略―』有斐閣。
Chesbrough,H.（2003）．*Open Innovation*, Harvard Business School Press.（大前恵一朗訳『OPEN INNOVATION』産業能率大学出版部，2004年）。
Christensen,C.M.（1997）．*The Innovator's Dilemma*, Harvard Business School Press.（玉田俊平太監修・伊豆原弓訳『イノベーションのジレンマ―技術革新が巨大企業を滅ぼすとき―』翔泳社，2001年）。
Doz, Y., Santos, J.& Williamson, P.（2001）．*From Global to Metanational : How Companies Win in the Knowledge Economy,* Harvard Business School Press.
Friedman, T.L.（2005）．*The World Is Flat: A Brief History of the Twenty-first Century,* Holtzbrink Publishers.（伏見威蕃訳『フラット化する世界―経済の大転換と人間の未来―（上）（下）』日本経済新聞社，2006年）。
Jones, G.（2018）．Global business over time.『経営論集：坂本恒夫教授退職記念号』明治大学経営研究所，第65巻第1号，1-25。
経済産業省（2011）．『通商白書』日経印刷。
Kim.W.C & Mauborgne,R.（2005）．*Blue Ocean Strategy.* Harvard Business School Press.（有賀裕子訳

『ブルー・オーシャン戦略―競争のない世界を創造する―』ランダムハウス講談社，2005年）。

桑名義晴（2020）.「近未来の多国籍企業の組織―アントレプレナー型共創組織の構築―」浅川和宏・伊田昌弘・臼井哲也・内田康郎監修『未来の多国籍企業―市場の変化から戦略の革新，そして理論の進化―』文眞堂，第8章。

――――（2013）.「新興国市場開拓のビジネス・モデルの構築に向けて」『異文化経営研究』異文化経営学会，第10号，1-19。

March, M. (1991). Exploration and exploitation in organizational learning. *Organization Science*, 2 (1): 71-87.

延岡健太郎（2011）.『価値づくり経営の論理―日本製造業の生きる道―』日本経済新聞社。

O'Neill, J. (2001). Building better global economic BRICs. *Global Economics Paper*, 66. 1-16.

O'Reilly Ⅲ, C.A. & Tushman, M.L. (2016). *Lead and Disrupt : How to Solve the Innovator's Dilemma*. Stanford Business Books.（入山章栄監訳・解説・渡部典子訳『両利き経営―「二兎を追う」戦略が未来を切り開く―』東洋経済新報社，2019年）。

大前研一（1985）.『トライアド・パワー―三大戦略地域を制す―』講談社。

小川紘一（2014）.『オープン&クローズ戦略―日本企業再興の条件―』翔泳社。

Ridley,M., *How Innovation Works And Why It Flourishes in Freedom*. Fourth Estate Ltd.（大田直子訳『人類とイノベーション』ニューズピックス，2021年）。

榊原清則・香山晋編著（2006）.『イノベーションと競争優位―コモディティ化するデジタル機器―』NTT出版。

妹尾堅一郎（2009）.『技術力で勝る企業が，なぜ事業で負けるのか―画期的な新製品が惨敗する理由―』ダイヤモンド社。

安室憲一（1992）.『グローバル経営論―日本企業の新しいパラダイム―』千倉書房。

米倉誠一郎・延岡健大郎・青島矢一（2010）.「検証・日本企業の競争力―失われない10年に向けて―」一橋大学イノベーション研究センター編『一橋ビジネスレビュー』東洋経済新報社，第58巻2号，12-31。

吉原英樹（1997）.『国際経営』有斐閣。

第2章

多国籍企業のイノベーションと国際提携の進展

はじめに

多国籍企業が登場してから半世紀以上たった。この間，業績を伸ばして大きく成長・発展した企業がある反面，数年間業績の悪化に苦しみ市場から姿を消した企業もある。さらに，GAFA のように，新興企業であっても短期間で驚異的な成長・発展を遂げ，世界市場を席捲するようになった企業もある。企業の栄枯盛衰は世の常である。

こうした企業の存亡や浮沈は，イノベーションにかかっているといっても過言ではない。ビジネス環境の変化に巧みに適応したり，またはその変化を先取り，さらにはその環境を自ら創造するようにして絶えずイノベーションに挑戦する企業は成長・発展する可能性があるが，それができない企業は他企業との競争に敗れ市場から姿を消す。その意味では，イノベーションへの挑戦は常に企業経営の最大の課題でもあるといっても過言ではない。

多国籍企業におけるイノベーションは，かつては本国の親会社で行われていたが，その後海外子会社が成長・発展するにつれて，海外拠点でも行われるようになった。また，ビジネス環境の変化のスピードが加速し，その要因も多様化すると，それは他企業との提携を通じても行われるようにもなった。こうした提携はその後，世界の多数の企業と間で，新たな価値を創造するグローバル提携の形をとるようにもなった。そして最近では，それはさらに進化し，世界の多くの多様な組織が参加するビジネス・エコシステムを通じて行われるようにもなっている。

　本章は，このような多国籍企業のイノベーションの重要性とその方法の変化について，主に他企業との提携に焦点をあてて議論を展開する。まず第1に，多国籍企業におけるイノベーションの重要性とその伝統的な方法について説明する。第2に，多国籍企業のイノベーションと国際提携やグローバル提携との関係，およびその進化モデルについて議論する。そして最後に，最近話題になっているオープン・イノベーションとビジネス・エコシステムの構築について論述する。

1. 多国籍企業の栄枯盛衰とノベーション

1-1　多国籍企業のイノベーションの重要性

　企業の栄枯盛衰は世の常である。巨大企業である多国籍企業といえども例外ではない。多国籍企業は1960年代に登場したが，それ以前から海外市場に進出し事業活動を展開していた企業はいくつもある。シンガー，コダック，フォード，IBM，シェル，ユニリーバ，フィリップスなど，欧米を代表する企業は，早くから海外事業を展開していた。そのような企業のなかで，いまでも世界市場に君臨して，その存在感を示している企業がある反面，業績が悪化し市場から姿を消した企業も少なくない。たとえば，多国籍企業のパイオニア的企業であったシンガーは，1860年代から海外市場に進出し，第二次世界大戦まで世界のトップ企業としての地位を築いていたが，戦後になると一転して業績が悪化し，1980年代には外国企業との競争にも敗れ，市場からあえなく姿を消した。同様にコダックも，1880年代から海外市場に進出し，世界の写真フィルム業界を牽引していたが，1980年代になって，写真技術の急激な変化という大きな試練に直面し倒産している。

　また，このような最悪の事態に至らなくても，長らく世界の自動車業界でナンバー・ワンの地位にあったGMですら，2000年頃から自動車の販売台数が減少し，業績が悪化して2009年には連邦破産法の適用を申請するという苦い経験をしている。また，コンピュータ業界で一大帝国を築き，一時期世界の多国

籍企業の象徴的な存在であったIBMも，1980年代になると，パーソナル・コンピュータの登場によって，マイクロソフト，インテルなどの新興企業にコンピュータ市場における主導権を奪われ，サービスビジネスに事業の転換を余儀なくされた。

　世界の多国籍企業のランキングをみると，こうした企業の浮き沈みが一目瞭然である。その順位は時代とともに変化している。かつてはGE，フォード，GM，エクソン・モービル，ロイヤル・ダッチ・シェルなど，自動車，電気などの製造業や石油などの資源開発関連の企業が上位を占めていたが，最近では図表2-1にみるように，アップル，マイクロソフト，アマゾン，フェイスブック，テンセント，アリババなど，ICT業界の企業や中国企業が上位にきている。いまはまさに，デジタル革命の上に立つ第四次産業革命の真っ只中にあるので，ICT企業が社会や経済活動の主役となっている。

　このように企業の栄枯盛衰は，時代や社会の変化とかかわっているが，それはまた，企業のイノベーションにも大きく左右される。イノベーションは，わが国では一般に「技術革新」と解釈される場合が多いが，広義には「何か新しいものを取り入れる，既存のものを変える」（一橋大学イノベーション研究センター，2001）という意味を持つ。イノベーションをこのように広義に解釈す

図表2-1　世界の大企業トップ10ランキング

（時価総額，2020年）

順位	会社名	時価総額	国
1	アップル	2兆1390億ドル	アメリカ
2	サウジアラムコ	2兆520億ドル	サウジアラビア
3	マイクロソフト	1兆6080億ドル	アメリカ
4	アマゾン	1兆5580億ドル	アメリカ
5	アルファベット	1兆1710億ドル	アメリカ
6	テンセント	7973億ドル	中国
7	テスラ	7830億ドル	アメリカ
8	フェイスブック	7159億ドル	アメリカ
9	アリババ	6723億ドル	中国
10	台湾セミコンダクター	5556億ドル	台湾

出所：companies marketcap.com

ると，企業が存続・発展するためには，時代や社会の変化とともに，新市場の開拓，新製品の開発，新事業の創造，技術の革新，経営管理システムなどの変革に果敢に挑戦する必要がある。それが経営のイノベーションである。

　企業は，生き物と同じで，環境変化に適応しなければ生存することができない。それゆえ，企業はこれまで慣れ親しんだ環境とは異質の環境に直面したとき，何もしないか既存のやり方を続けていた場合，その環境に適応できず死滅する。だからこそ，企業が存続・発展し続けていくためには，絶えずイノベーションに挑戦し，環境変化に適応すると同時に，さらに自ら環境を創造することが重要になる。現在のような環境変化の激しい時代には，まさにイノベーションこそが企業の優勝劣敗を決めるのである。ハメル（Hamel, 2000）はいう。「21世紀にはイノベーションと想像力のあるなしが，勝者と敗者を決めるだろう」。また，チェスブロウ（Chesbrough, 2003）も「イノベーションしない企業は死あるのみである」と述べている。

　歴史的にみて，市場から姿を消した企業は，イノベーションに挑戦しなかったか，挑戦しても失敗した企業であり，他方いまでも存続・発展し続けている企業は，絶えずイノベーションに挑戦し，時代や社会の変化に適応したり，あるいはそれを先取りするような経営を続けている企業である。その意味では，イノベーションにどのように挑戦し，時代や社会の変化に合う経営を創造し続けるかが今日の企業経営者の最大の課題といってよい。

　ところで，企業経営にかかわるイノベーションにはさまざまのものがある。それには図表2-2に示すようなものがある。企業が存続・発展するにはいずれのイノベーションも重要であるが，現在のようなビジネス環境が激変する時代では，右側にあるイノベーションが重要になっている。すなわち，プロダクト・イノベーション，ラディカル・イノベーション，破壊的イノベーション，

図表2-2　イノベーションのタイプ

プロセス・イノベーション	プロダクト・イノベーション
漸進的イノベーション	ラディカル・イノベーション
持続的イノベーション	破壊的イノベーション
クローズド・イノベーション	オープン・イノベーション
深化的イノベーション	探索的イノベーション

オープン・イノベーション，探索的イノベーションである。こうしたイノベーションは，いずれも将来の環境変化を念頭に置きながら，新しい製品，技術，事業を開発し，企業と社会に対して新しい価値を創造するものだからである。

　さて，イノベーションの源泉は知識である。新しい技術，製品，事業，能力などがイノベーションのベースとなるが，それらはそれぞれに関連する知識から創出されるからである。そのようなイノベーションの源泉となる知識は，かつては一部の先進諸国の企業や研究機関などから生み出されていたが，いまではICTやインターネットの発達によって世界的に拡散し散在するようになっている。このため，いまではイノベーションはアジア，アフリカなどの発展途上国からも生み出されるようにもなっている。これは逆に考えると，企業にとっては，イノベーションに必要な知識は，世界中から入手できるようになったことを意味する。これはまた，言い換えれば，多国籍企業にとっては，大きなビジネス・チャンスが到来したともいえるのである。

　多国籍企業のメリットは，次の点にある（吉原・林・安室, 1988; Prahalad & Krishnan, 2008）。

① 　グローバルな視野と規模でビジネス・チャンスを探求できる。

② 　グローバルに多様な資源を入手できる。

③ 　それらの資源を利用してイノベーションを創出し，世界的に普及させることができる。

　このようなメリットを活用するようにすれば多国籍企業の競争優位は大幅に増える。しかし，これまでの多国籍企業はこうした優位性を十分に活用してきたとはいえない。GEであれ，フォードであれ，あるいはIBMであれ，伝統的な多国籍企業は本国で培った優位性をベースに，またそのやり方を海外市場にも投影してグローバル化を進めてきた。たとえば，かつてドイツは化学，アメリカは自動車，日本は家電というように，それぞれの国には強い産業があったが，伝統的な多国籍企業はこのような本国の強みを背景にして海外展開してきたのである。

　しかし，現在のようなグローバル知識経済時代では，未開発の技術，製品，能力，市場ニーズなどに関する知識は世界中に拡散・散在するようになるので，多国籍企業はそのメリットを活かして，それらの知識をいち早く感知・獲

得し，イノベーションの創出へとつなげていく必要がある。これは，言い換えれば，ドズら（Doz, Santos & Williamson, 2001）が述べているように，多国籍企業がかつての「世界に教える」というパラダイムから「世界から学習する」というパラダイムへの転換を意味する。さらに，多国籍企業がこれからの顧客や社会の求める新しい価値の創造のためのイノベーションに挑戦するには，「世界から学習する」というパラダイムにとどまらず，もう一歩進めて世界の多様な組織とコラボレートする必要もある。これは「世界と共創する」というパラダイムである。

　この数十年間にデジタル技術の発展により，世界中で新たなビジネス，技術，製品，能力などを生み出す企業が次から次へと誕生してきている。それは先進国，発展途上国，新興国を問わない。そうした企業は新興企業といえども，世界の顧客，サプライヤー，金融機関，研究機関，NPO，その他多くのステークホルダーとコラボレートし，新たな事業や製品およびサービスを創造し，瞬く間に巨大企業に発展・成長している。伝統的な多国籍企業も，そのような多様な組織とコラボレートし，イノベーションの創出に挑戦すれば，新しい時代にあった魅力的な技術，製品，事業を創り出すことができる。こうして，いま多国籍企業では，このような方向でのイノベーションへの挑戦が始まっている。

1−2　グローバル・ネットワークとイノベーション・プロセス

　グローバル知識経済の時代においては，企業は世界から学習し，さらに世界と共創するようにしてイノベーションを創出することが重要になっているが，20世紀に発展した多国籍企業はこのような方法でイノベーションを創出してこなかった。そのような多国籍企業は本国で培った技術，製品，能力などの優位性をベースにして，海外市場へ進出するため，それらを進出先にも移転しょうとしてきた。これを実現させるためには本国の本社が海外子会社をコントロールする必要がある。この結果，多国籍企業の本社と海外子会社の関係は支配と従属の関係になり，その組織構造は垂直統合型のヒエラルキー構造となった[1]。そこでは海外子会社は本社が決定した戦略の一部を実行するにすぎない

存在であった。こうして，伝統的な多国籍企業のモデルは，「ワンウエイ・モデル」（吉原ら，1988），「ハブ・アンド・スポーク・モデル」，さらには「一極集中モデル」（Wright & Dana, 2003）などと称された。

しかし，このような伝統的な多国籍企業のモデルにおける海外子会社は，本社の指示に従って行動するだけの存在であるから，自律性，創造性，企業家精神などを持っておらず，自らイノベーションに必要な現地の知識や情報を感知したり獲得したりしない。また，そのような子会社は同じ多国籍企業内の他の子会社と知識や情報の交流や共有もしない。しかし，それでは前述の多国籍企業のメリットをまったく活かすことができないことになる。

イノベーションの源泉である知識を世界中から探索・獲得し，新しい技術，製品，あるいは事業を創造するためには，多国籍企業の子会社が自律性，創造性，さらには企業家精神を持つ必要がある。そしてまた，その子会社がそれらの知識や情報を他の子会社と交流し共有する必要もある。そのためには，多国籍企業を構成する本社または親会社と子会社，および子会社同士がタイトな関係ではなく，緩やかな連携関係にある必要がある。それらがヒエラルキー的なタイトな関係ではなく，フラットで緩やかな連携関係を持ってはじめて，組織間で知識や情報の交流や共有ができ，そこからイノベーションの創出へとつながるのである。このような組織こそが，現在あるいは将来の多国籍企業に必要になっている。そのような組織はいうまでもなく，グローバル・ネットワーク型の組織である。こうして，この数十年間において多国籍企業には垂直統合型のヒエラルキー組織からグローバル・ネットワーク型の組織への転換が求められてきた。

このように，多国籍企業がグローバル・ネットワーク型の組織へシフトし，イノベーションを創出するためには，海外子会社の果たす役割が重要になる。この点に関連して，ノーリアとゴシャール（Nohria & Ghoshal, 1997）は，9社の大規模な多国籍企業を調査し，そのうち3分の2の企業のイノベーションは本社からではなく，それとは違ったプロセスから生じていることを明らかにした。そこで，彼らの調査結果に従って，多国籍企業のイノベーションのプロセスについてみると，それには次の4つのタイプがあるという。

① センター・フォー・グローバル（center-for-global）型…これは本社，

たとえば中央の研究開発センターが世界規模で活用する新しい製品，生産工程，管理システムを生み出すイノベーションである。このイノベーションの大半の例は技術革新であるが，製品のマイナー・チェンジや再設計の場合もある。このイノベーションでは海外子会社はほとんどかかわりをもたず，それはもっぱら本社で行われる。

　②　ローカル・フォー・ローカル（local-for-local）型…これはイノベーションが現地レベルで海外子会社で生み出され実行されるものである。このイノベーションの大部分は，一般に技術主導というよりもむしろマーケット主導である。したがって，このケースでは既存の技術，製品，および管理システムのマイナー・チェンジが多い。

　③　ローカル・フォー・グローバル（local-for-global）型…これは最初は現地のためのイノベーションであるが，その後世界の多様な地域に適用・普及するイノベーションである。言い換えると，まずある海外子会社でイノベーションが行われるが，その後そのイノベーションが多国籍企業内で広がるにつれて，他の海外子会社も参加することになる。

　④　グローバル・フォー・グローバル（global-for-global）型…これは多国籍企業の多くの海外子会社の資源や能力がプールされ，新たに生じるグローバルな機会に対する解決策を共同で開発するイノベーションである。このイノベーションは多国籍企業の多様な資源や能力を結集することによって行われる。したがって，このイノベーションのプロセスには多様な海外子会社が参加することになる。

　これらのイノベーション・プロセスのタイプのうち，①はまさに伝統的な多国籍企業のイノベーションの方法である。このようなイノベーションは本国で行われ，それを海外子会社に移転するだけであるから，その子会社はイノベーションの創出には無関係である。②は多国籍企業が現地の市場環境に適応するために，海外子会社がイノベーションにかかわることになるが，本国で開発された技術や製品のマイナー・チェンジが多いので，このケースの海外子会社の役割もそれほど大きくない。したがって，①と②のイノベーションのプロセスは，多国籍企業のメリットを十分に活用するものとはいえず，伝統的な多国籍企業のイノベーションの方法といえる。

一方，③は海外子会社の主導で，その資源や能力を活用して現地でイノベーションを創出し，それを世界に普及させていくので，多国籍企業内の組織ユニットの連携も重要になる。それと同様に，④も最初からグローバルなパースペクティブで，世界的に必要なイノベーションを創出しようとする方法であるので，海外子会社の果たす役割が大きくなり，グローバル・ネットワークも不可欠になる。それゆえ，③と④のイノベーションの方法はネットワーク型の組織でなければ実現できない。このようなイノベーションの方法は海外子会社に資源や能力が蓄積されるにつれて可能になってきた。ここに，多国籍企業のイノベーションは海外子会社の資源や能力などを活用し，しかも他の子会社とも連携しつつ，それらの資源や能力を共有しながら，相互にコラボレートし新しい価値の創造を目指すようになってきた。こうして，海外子会社の有する資源や能力などに関心が集まり，その役割が見直されるようになった。

2. 多国籍企業におけるイノベーションの変化と国際提携の進化モデル

2-1　海外子会社の役割の変化とイノベーションの限界

　近年の多国籍企業は，知識の急速な世界的拡散，製品寿命の短縮，技術革新の加速化，リスクの増大，グローバル競争の激化などの環境変化に直面する一方，豊富な資源や優れた能力を有する海外子会社を持つようになってきた。このような環境変化にスピーディに対応し，イノベーションに挑戦するためには，多国籍企業はグローバル・ネットワークを駆使しながら，海外子会社の資源や能力をフルに活用することがますます重要になってきた。このため，国際ビジネスの展開には海外子会社の役割がいっそう重要になるとともに，その役割に関心が集まり，その研究も多くみられるようになってきた。その結果，そのような研究から多国籍企業の子会社には，いくつかのタイプがあることも明らかになった。

　たとえば，ジャリロとマルチネス（Jaillo & Martinez, 1990）は，グローバル統合と現地化という2つの軸から海外子会社の役割を分類し，次の3つのタイ

プがあることを明らかにした。

① 自律的子会社（autonomous subsidiary）…親会社や他の子会社からかなり独立しており，本社の介入もほとんどなく，独自に経営活動を行っている。

② 受容的子会社（receptive subsidiary）…子会社に経営資源が乏しいため，親会社主導で子会社が経営されている。子会社の役割は全社的活動の一部である。

③ 能動的子会社（active subsidiary）…現地市場への適応も親会社による統合も高い子会社である。

また，バートレットとゴシャール（Bartlett & Ghoshal, 1989）は，現地環境の戦略的重要性と海外子会社の能力という2つの視点から，海外子会社には次の4つのタイプがあるとした。

① 戦略的リーダー（strategic leader）…戦略的に重要な市場にあり，また子会社の能力も高いので，本社のパートナーとみなされる。

② 貢献者（contributor）…この子会社は高い能力を持っているが，戦略的にそれほど重要でない市場に進出している。

③ 実行者（implementer）…戦略的に重要でない市場に位置し，かつ子会社の能力も自社の現地の活動を維持するに足りるだけの能力のみを有する子会社である。

④ ブラックホール（black hole）…戦略上重要な市場に位置しているにもかかわらず，能力が低い子会社である。

これらの研究にみるように，多国籍企業の海外展開が進展すると，多様な海外子会社が存在するようになる。子会社が海外での期間が長くなるにつれて，その資源や能力の蓄積も進み，多国籍企業のイノベーションに貢献できる子会社とそうでない子会社が存在するようになる。ジャリロとマルチネスおよびバートレットとゴシャールの分類では，前者では③の能動的子会社，後者では①の戦略的リーダーと②の貢献者が多国籍企業のイノベーションに貢献する可能性のある子会社である。これらの子会社は，前述のノーリアとゴシャールの研究に当てはめてみると，③のローカル・フォー・グローバル型や④のグローバル・フォー・グローバル型のイノベーション・プロセスにかかわるこ

とのできる子会社でもある。このような海外子会社は，多国籍企業内では「セ
ンター・オブ・エクセレンス（Center of Excellence，以下，CoE と略称）」
（Frost, Birkinshaw & Ensign, 2002）になり得る存在でもある。

　ここでいう CoE とは，多国籍企業の子会社で，一定の資源と優れた能力を有
し，そのグローバルな活動に対して，その価値創造に貢献できる「イノベー
ションの創出拠点」になり得る子会社である。言い換えれば，それは自らイノ
ベーションを創出し，それを他の子会社に移転したり，その子会社を通じて，
それを世界的に普及させることのできる子会社である。だからこそ，それは海
外子会社といえども，多国籍企業全体からみても，優れた資源や能力を有する
中心的な存在となるのである。そうした子会社がまさに，多国籍企業のイノ
ベーション・センターともなる（吉原, 1997）。

　このような CoE と称される海外子会社は，かつて多国籍企業ではほとんど存
在しなかったが，近年では欧米の多国籍企業で少しずつみられるようになって
きている。たとえば，スイスに本拠を置く多国籍企業，ネスレの日本子会社
は，1973 年にインスタントのアイスコーヒーを発売した。従来から販売されて
いたインスタントコーヒーは，お湯を注いで飲むものであったが，夏場に売れ
行きが大きく落ち込むという問題があった。そこで，日本子会社は蒸し暑い日
本では冷水で溶かして飲めるインスタントコーヒーが求められると考え，イン
スタントのアイスコーヒーの開発に乗り出した。このアイスコーヒーは販売さ
れると，消費者のニーズにフィットし，日本で大きな成功を収めたのみなら
ず，その後それはアメリカ，イギリス，スイスなどでも販売されることになっ
た（浅川, 2003）。同社はまた，2009 年にコーヒーマシンであるバリスタという
ヒット製品を開発し販売したが，この製品の開発はスイスの親会社と日本の子
会社との共同で進められたといわれているが，それには日本側のアイデアが相
当に入っており，日本の子会社主導で進められたという[2]。

　しかしながら，日本の多国籍企業の海外子会社には，このような事例は少な
い。それはなぜか。いくつかの理由が考えられる。第 1 に，日本の多国籍企業
は海外展開でもフルセットの垂直統合型モデルを採用してきたからである。日
本企業は海外展開でも自社で R&D から販売まで行い，また日本国内の製品や
生産システムを海外子会社に移転してきた。このため，日本の本社が海外子会

社を強くコントロールしなければならなかった。これは逆にいえば，海外子会社は本社の指示に従って製品を製造し，その生産管理をするだけの存在であった，ということである。そこには海外子会社が自律性や創造性を持ってイノベーションに挑戦するような余地はまったくなかったのである。

　第2に，日本企業のイノベーションの特徴はプロセス・イノベーションが中心であった。日本企業は第二次世界大戦後，欧米から優れた技術や製品を導入した経緯もあり，そのイノベーションの重点は生産工程の改善にあった。したがって，日本企業の海外展開でも新製品の開発よりも，生産システムの移転や改善に重きが置かれてきた。海外子会社は製品のマイナー・チェンジをするとはいえ，そこには新技術，新製品の開拓など，プロダクト・イノベーションや探索的イノベーションを行う役割が与えられてこなかったのである。

　こうしたことから日本の多国籍企業においても，いまではグローバル・ネットワーク型の組織にシフトし，CoE として，イノベーション・センターになるような海外子会社の育成が急務となっている。現在の多国籍企業はイノベーションを創出できるような海外子会社を持って，そのグローバル・ネットワークを駆使しつつ新たな価値を創造していけるような経営が求められている。しかし，現在あるいは将来の多国籍企業は，このような次元の経営にとどまっているだけではなお不十分である。というのは，巨大な多国籍企業といえども，近年のグローバルなレベルで急激に変化するビジネス環境にスピーディに，かつ柔軟に対応できるだけの資源や能力を持っているといえないからである。このため，いまや多国籍企業はそのような資源や能力を外部から短時間で獲得し，それをイノベーションの創出へとつなげていかなければならないことになってもいる。だからこそ，いまクロスボーダー M&A や国際提携が国際ビジネスにとって不可欠になり，それが日常茶飯事のように行われるようになっているのである。

2−2　国際提携の形成と進化モデル

　多国籍企業のグループ内のみのイノベーションでは限界があるとすれば，外部の組織と関係を構築してイノベーションに挑戦する方法が考えられる。その

1つの方法として，他企業と手を組む提携が考えられる。この提携は企業が必要とする資源や能力をスピーディに獲得できるとともに，リスクも比較的少なく，しかも当事者の独立性も保持されるので，都合が悪くなれば比較的簡単に関係を解消できるという柔軟性もある。このため，この提携を通じて業績を回復しようとする企業，あるいはいっそうの成長を目指そうとする企業が多い。したがって，この数十年間においては，国境を越えた国際提携も非常に活発になり，いまではあらゆる産業分野で日常茶飯事のように行われている。

　もちろん，企業の国際提携はいまに始まったわけではなく，それはかなり古くから行われていた。日本企業についてみても，第二次世界大戦後欧米の先進的な技術や経営管理ノウハウを獲得するために，欧米企業と提携してきた。日本企業は，この提携を通じて欧米の先進的な技術や経営管理ノウハウを導入し，それを漸進的に改善・改良して世界的にも高品質な製品の製造に成功し，欧米企業にキャッチアップをした。このため，今度は欧米企業が日本企業から提携を通じて，日本企業の強みであった生産技術や生産管理ノウハウを学習するという事態になった。それだけではない。1990年代頃から韓国，台湾，シンガポール，タイなどのアジア企業，さらには近年では中国企業が日本企業と提携して，日本の優れた生産管理システムや経営管理ノウハウを獲得するようになった。

　これらの例にみるように，従来の国際提携は，相手企業から不足する資源や能力を獲得・補完することが主な狙いであった。それはいわば「資源補完型」の提携だった。企業が海外市場に初めて進出する場合，大半の企業は進出先の諸制度，市場動向，経営慣行などに精通していないので，それらの情報，知識，ノウハウなどを得るために，現地企業と提携するのもこの種の提携だった。

　ところが，1980年代の中頃から世界の企業間競争がいっそう激化するにつれて，グローバル競争優位を得るために，明確な戦略的意図をもって外国企業と提携する企業が増えるようになった。したがって，その戦略的意図が実現できそうだと判断すると，たとえ昨日まで熾烈な競争をしていたライバル企業であろうとも，さらに複数の企業に及ぼうとも提携するようになった。こうして，多国籍企業の国際提携は，かつての「ローカル」で「戦術的」な提携から，「グローバル」で「戦略的」な提携へと変質するようになり（Porter *et al.*, 1986; 竹

田, 1992; 長谷川, 1998), その呼称も「国際提携」から「グローバル戦略提携（global strategic alliance)」や「グローバル・アライアンス（global alliance)」などと称されるようになった。それは「競争的共存」とか,「同床異夢」などとも例えられる複雑な性格を有するものになったのである。

　また近年の企業間提携は, 多国籍企業のグローバル・ネットワークの一環として位置づけられ, 短期的な競争優位の獲得のみならず, さらに進んで複数の提携パートナー同士がコラボレートしつつイノベーションを創出し, 新たな価値創造を目指すものともなりつつある。このような企業間提携は,「コラボレーティブ型提携（collaborative alliance)」[3]と称してよく, それには従前の国際提携とは異なる役割を期待されるようにもなっている。このような提携のモデルは, 図表2-3にように示すことができる。

　この図表のモデルは一対一の提携のモデルを想定している。企業Aが別の企業Bと提携をすると, まず両社間で資源や能力のインプットがある。資源や能力の不足を補完するだけの提携であれば, この段階で終わるが, 両社が提携を通じて新たな技術, 製品, 能力などを創造するイノベーションを行い, 最終的に新たな価値創造を目指すとすれば, 次に提携パートナーから, あるいは両社間で組織学習を行うことになる。この組織学習を通じて企業は提携パートナー

図2-3　コラボレーティブ型提携のモデル

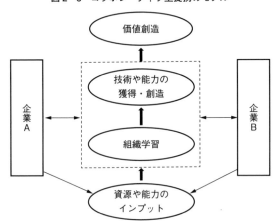

出所：筆者作成。

から新たな技術や能力などを獲得できると同時に，両社がコラボレートすれば，新たな技術，製品，能力などを創造できる可能性が出てくる。

　確かに，提携パートナーは，それぞれ異なる理念，戦略，経営管理システムなどを有しているので，その学習プロセスで利害の不一致からコンフリクトが発生するケースがあるが，両社間のコラボレートが首尾よくいけばシナジー効果がみられ，当初の期待以上の成果を得ることもできるケースもある。

　このような提携に伴う一連の活動を行うためには，多国籍企業はその提携を進化させるという考えを持つ必要がある。提携を進化させるためのキーポイントは提携パートナー間の組織学習である。提携パートナー間の組織学習を通じて，提携が新しい技術や能力を獲得・創造できるという，より高次なものに進化していく。だからこそ，そのような提携を組織間の「学習メカニズム」でもあるという論者もいる。

　事実，国際提携の歴史をみると，それを絶好の学習の機会とみなし，他企業から新しい技術や経営管理ノウハウを学習し，成長・発展を遂げた企業は少なくない。その典型的な企業が，前述のように第二次世界大戦後の日本企業であった。日本の電機メーカーは欧米企業との提携を通じて，多くの先端的な技術や経営管理ノウハウを学習し優れた製品を製造できるようになったし，自動車メーカーも欧州の自動車メーカーとの提携を通じて，ヨーロッパ的なスタイリング技術やマーケティングを身に付けた。日本企業は「生徒」という態度で欧米企業に接近し，学習したのである（Hamel, Doz & Prahalad, 1989）。一方，日本企業に対して，当時「先生」の立場にあった欧米企業は，その後日本企業との競争に直面し，今度は「生徒」の立場になって日本企業から提携を通じて，日本的な生産技術や生産システムを学習するようになった。

　こうした提携の有名な事例として，トヨタとGMのそれがある。両社は1983年にアメリカのカルフォルニアに合弁会社，NUMMIを設立したが，トヨタ側はアメリカで現地生産のためのノウハウ，たとえば労働組合への対応，販売方法などを学習する狙いがあったが，一方GM側はトヨタの優れた生産方式（リーン生産方式）を学習・獲得し，その知識やノウハウを自社のいくつかの工場へ移転し，それらの工場の生産性や自動車の品質を高めようとした。NUMMIの設立後，しばらくの間はGM側の従業員にはトヨタから，その生産

方式を学習する意思が強くなかったが，90年代に入り，具体的な学習や知識移転のシステムが導入されると，トヨタの生産システムがNUMMIに定着すると同時に，そこから他のGMの工場にも導入されようになり，それらの生産性が向上するようになった。ちなみに，NUMMIの生産性はGMの平均的な工場の2倍になったという（吉原, 1997; Inkpen.2005）。

　次に，このトヨタとGMの提携よりも一歩進んだ提携の有名な事例が日産とルノーのそれである。両社の提携は1999年にアジア市場での地位を確立したいルノーと財務状態が悪化し，経営再建を模索していた日産の思惑が一致して締結されたものであった。当初日産はルノーのコスト管理，製品デザイン力などを学習し，他方ルノーは日産の品質管理，製品開発や技術などを学習することを目的としていたが，提携が進展するにつれて，両社はシナジー効果を追求するようになり，共同プロジェクトを立ち上げるようになった。ルノー日産共同購買会社の設立，日産のメキシコ工場でのルノー車の開発から始まり，製品開発，購買，供給体制，生産，マーケティングなど，実に多くの面で，日産とルノーの共同プロジェクトを立ち上げた。この共同プロジェクトの根底には，両社に当初から相互の学習とシナジー効果を活かす「共創の精神」があったという（野中・徳岡, 2009）。

　この提携は，スタート時には「日産の技術をルノーのコストで」という合言葉で相互学習が中心であったが，その後両社による地球環境問題への対応など，大局的な戦略まで話し合いが行えるまで進化したという。近年両社の提携は，社内外の種々な問題からややギクシャクしたものになっているが，その提携によってイノベーションを創出し，顧客や社会に対して新しい価値を創造しようとした事例といってよい。

2-3　日本企業の国際提携に関するいくつかの課題

　これまでにみたように，多国籍企業の提携はそのパートナー同士が単なる資源や能力の相互補完にとどまらず，相互にコラボレートし学習しながらイノベーションを創発し，新しい価値を創造するような形態へ進化する方向に動いてきている。しかもその多くが提携をグローバル・ネットワークの構築の一部

として位置づけているため，複数の企業と連携するようにもなっている。それゆえ，現在の多国籍企業の提携はグローバルなレベルで複数の企業と連携し，相互にコラボレートし学習しながらイノベーションの創発を目指すという意味で，「グローバル・コラボレーティブ型提携」の性格を有するようになっているともいえる。世界の多国籍企業の提携が，このように変化しているという事実に鑑みると，日本の多国籍企業のグローバル提携には多くの課題がある。そこで，その課題について考えてみると，主に次のようなものが重要になるだろう。

　第1に，日本企業は提携をイノベーションの創発の手段と考えることが重要になっている。繰り返すことになるが，現在の多国籍企業の競争優位の獲得にはイノベーション，なかでも将来の顧客や社会の新しい価値創造を目指して，新しい事業，製品，技術，市場などを探索し，企業を変革する探索的イノベーションが重要になる。しかし，これまでの日本の多国籍企業では提携をこのように捉えている企業は多くない。したがって，日本の多国籍企業では探索的提携も少ない。

　第2に，世界の優れた資源や能力を有する複数の企業との提携を考える必要がある。日本企業の外国企業との提携の数は，欧米の多国籍企業のそれと比べると少ない。欧米の多国籍企業では1社で数百件，多い場合には1,000件以上のアライアンスを形成している会社もある。多数の企業と提携を形成すれば，それだけ多様な資源や能力にアクセス・共有することができるので，イノベーションの創出の可能性も高くなる。提携パートナー同士のコラボレーションのうえに立った，多様な資源や能力の共有・活用は，一対一の提携よりもはるかにイノベーションの創出の可能性がある。だからこそ，世界の多国籍企業は，たとえライバル企業であろうとも，多くの企業と提携を締結するのである。もちろん，それには提携ポートフォリオ・マネジメント（alliance portfoliomanegement）が重要になることはいうまでもない（Hoffman, 2005）。しかし現在のところ，そのようなポートフォリオ・マネジメントを実践している日本企業も少ない。

　第3に，日本企業には世界のベンチャー企業との提携の形成も大きな課題である。企業がイノベーションを創出するためには，大企業との提携も考えられるが，むしろベンチャー企業との提携がより重要になっている。大企業の場

合，官僚主義的で，形式主義が強く，加えて企業家精神が希薄な場合が少なく
なく，環境変化にスピーディに対応できるようなイノベーションの創出が期待
できないケースもある。一方，ベンチャー企業はもともとイノベーションに
よって新しい技術，製品，事業を開発することを目指している。確かに，ベン
チャー企業との提携にはリスクが伴うが，しかしイノベーションは辺境から生
まれるといわれる。現在世界においては，有望なベンチャー企業が少なくない
ので，そのような企業と提携し，イノベーションに挑戦することはきわめて重
要であるが，日本企業はこの点でも世界の多国籍企業の後塵を拝している。

　第4に，日本企業は外国企業との提携をグローバル・ネットワークの構築の
一部と考え，そのなかの企業とコラボレートし学習しつつ，新しい価値の創造
を目指す必要がある。前述したように，日本企業は外国企業から学習するのを
得意としている。しかし，さらに進んで外国企業とコラボレートし，何か新し
いものを創造するとなると，その担当者には単なる学習とは異なる能力が求め
られる。それにはバウンダリー・スパナー（boundary sppaner)[4]のような能力
を有する人材が必要になるが，日本企業にはそのような人材は多くない。した
がって，日本企業にはこうした点からも，そうした人材の育成も急務になって
いる。

　さらに第5に，これからの日本企業は，地球環境や気候温暖化，資源・エネ
ルギーの枯渇，低開発諸国における貧困問題，世界の人々の人権など，地球的
規模で解決策を探さなければならない問題に対しても，いま以上にプロアク
ティブに取り組まなければならない。しかし，このような大きな問題への取り
組みは一企業だけでは不可能で，しかも企業レベルだけではなく，国際機関，
政府機関，大学，研究機関，NGOなど，非営利組織とも提携して，コラボレー
トしなければならない。近年では世界の多国籍企業のなかには，BOPビジネス
にみられるように，このような企業とは異質な組織と提携して，そのような問
題に挑戦する企業も出てきているが，このような組織との提携には企業のそれ
とは異なる問題が発生する可能性が高い。

　日本企業は，欧米の先進的な多国籍企業に比べると，このような異質の組織
との提携やコラボレーションの経験が多くない。さらに進んで，日本企業はそ
のような提携を通じてイノベーションに挑戦するという経験にも乏しい。さら

に，そのような組織とコラボレートし，イノベーションに挑戦するには，グローバルに活躍する社会起業家のような人材が必要になるが，日本の多国籍企業にはそのような人材も少ない。

　以上のように，現在の多国籍企業の提携は，世界の顧客や社会に対して新しい価値創造を目指して，多数の企業やその他の組織とコラボレートしつつ，イノベーションを創出するものへと変容しつつあるが，日本企業ではそのような段階に到達した提携はまだ少ない。しかし，世界の多国籍企業ではいま提携は新たな形をとって発展しつつある。そこで次に，この点についてみていくことにする。

3. グローバル・コラボレーティブ型提携によるイノベーションへ

3-1　クローズド・イノベーションからオープン・イノベーションへ

　現在の多国籍企業のイノベーションは，グローバル提携を通じて行われる方向にシフトしつつあるが，かつてのそれは本国の研究所を頂点とする中央集権的な垂直統合の形態で行われていた。たとえば，第1章で述べたように，IBMは海外の複数の国で基礎研究所や製品開発研究所を設立し，世界中から優秀な研究者を集めて，企業内でグローバル・ネットワークを構築して研究開発を行っていたが，それは組織的には本社を頂点とした中央集権的な垂直統合型の研究開発の方法であった。IBMに限らず，GE，デュポン，ゼロックスなど，20世紀に成長・発展した伝統的な多国籍企業は，ほぼ同じような方法で研究開発を行った。それは，チェスブロウ（Chesbrough, 2003）によると，その企業の研究所と外部との間はまるで城壁で隔絶されているような状態で，外部からの助けを受けずに，自社のみで研究開発を行うもので，まさに「クローズド・イノベーション」である。

　しかし，このようなイノベーションは今世紀に入ると，時代遅れになってきた。今世紀に入ると，多くの企業は顧客，サプライヤー，大学，政府の研究所，ベンチャー企業などからイノベーションに必要な知識や情報を得ることができ

るようになった。しかも，コンピュータとネットワークの発達と普及によって，知識や情報のグローバル化も進み，企業はイノベーションに必要な知識や情報を世界中から獲得できるようになった。このため，チェスブローは，企業のイノベーションにおいて，伝統的なクローズド・イノベーションが崩壊し，オープン・イノベーションへとパラダイムシフトが起こるようになったという。彼によると，オープン・イノベーションとは，「企業内と外部のアイデアを有機的に結合させ，価値を創造すること」（Chesbrough, 2003）である。

　オープン・イノベーションは，かつてハリウッドの映画業界のような一部の産業でのみ行われていた。同映画業界ではプロダクションスタジオ，監督，タレント事務所，俳優，脚本家，プロデューサーなどがネットワークを構築し，アイデアや知識などを出し合い，コラボレーションをして映画を作ってきた。だが，現在では一部の産業だけではなく，自動車，バイオテクノロジー，医薬品，ヘルスケア，コンピュータ，通信，銀行，保険など，じつに多くの産業の企業でオープン・イノベーションが行われるようになっている。

　たとえば，インテルはオープン・イノベーションにより成功した企業である（Chesbrough, 2003）。同社の基本方針は外部の研究活動を調査し，内部の知識と外部の知識をどのように結合すれば新たなシステムのアーキテクチャを作ることができるかにある。このため，同社は外部の研究所などとのネットワークの構築に力を入れ，さまざまな活動を行っている。たとえば，テクノロジー・カンファレンス，フォーラム，セミナーなどの開催，Intel Technical Journalの発行，外部の研究所との共同研究，外部の研究プロジェクトへの資金提供などである。このような活動を通じて，インテルはそれまでバラバラだった研究を大規模な研究プログラムに統合しつつ，外部の研究成果を利用して価値創造し利益を得ている。

　このようなインテルのようなケースは，いまや枚挙にいとまがない。世界のリーディング・カンパニーは，いまや多国籍企業のイノベーションを自社で独自に行うだけでなく，提携などを通じて外部のアイデア，知識などを活用して，新しい技術，製品，能力などを創り出すようになっている。それは外部の多様な知識を活用すれば，内部の知識のみの時よりも，よりスピーディに，かつ探索的イノベーションの可能性が高まるからにほかならない。イノベーショ

ンがオープンに行われるようになると，その関係者間のコラボレーションの重要性が高まることはいうまでもない。こうして，現在の日本の多国籍企業においても，未来のビジネスを視野に入れたグローバル・コラボレーティブ型提携を通じたオープン・イノベーションがますます重要になってきている。

3-2 ビジネス・エコシステムの構築

　企業のイノベーションがオープン・イノベーションになると，その提携も発展し，新たな形態へと発展するケースもみられるようになった。それはビジネス・エコシステムと称される形態へも発展するようになった。

　1990年代になって，コンピュータとインターネッの急速な普及をベースとするデジタル革命によって，ビジネス環境がグローバルな規模で，しかもスピーディに激変する時代で，新たな技術，製品，事業を創造するためには，国，業界などの境界を超えて多様な組織と協業し，コラボレートしていく必要がますます高まってきた。ビジネス・エコシステムとは，このような背景のもとで，企業が提携を通じて多様な組織とネットワークでつながり，それぞれが得意分野の知識，技術，能力などを持ち寄って相互に学習し，コラボレートしながら新たな価値を創造するものとして考え出されたものである。

　このビジネス・エコシステムには，次のような特質がある[5]。

・個々の組織の資源や能力だけに頼らず，多様な参加者によるダイナミックな共創的なコミュニティを形成する。

・人間の欲求やニーズ，社会課題に対して協調的な解決策を提供し，新たな価値を創造する。

・その参加者が競争しつつも，共通の利害と価値観をもとに顧客の欲求を満たす解決策を考え，相互に利益を享受する。

　これからの多国籍企業は地球社会に多大な影響を与える組織として，単に自己の経済的目的のみならず，地球温暖化，エネルギー不足，人口増加，貧困問題など，広く地球社会に生起しつつある多様で重要な課題に対しても，その解決策を考える責務がある。ビジネス・エコシステムは，このような大きな課題への挑戦に対しても有益になるものと考えられる。

　ところで，ビジネス・エコシステムの形成の基盤や土台となるのがプラットフォームと呼ばれるものである。ビジネス・エコシステムでは，このプラットフォームがネットワークにおけるハブとして機能し，その参加者に種々の便益を与える。また参加者もそのプラットフォームに何らかの便益を与える。したがって，ビジネス・エコシステムはプラットフォームがなければ成り立たない。マイクロソフト，インテル，シスコシステム，ノキアといった欧米の多国籍企業は，早くからこのプラットフォームを構築し，多くの参加企業を得て価値創造をはかってきた。

　たとえば，第1章でみたように，インテルはパソコンの基幹部品であるMPU（中央演算装置）の技術を開発し，その内部技術をブラックボックス化したが，一方外部との接続部分については，プロトコールを規格化し，それを国際標準にして他社に公開した。同社はMPUを組み込むマザーボードを作るノウハウを開発し，そのノウハウを提携相手の台湾企業に提供し，大量生産させた。この結果，両社がともに膨大な利益を得るというWin-Winの関係になった（妹尾, 2009）。

　またマイクロソフトは，1980年代にMS-DOSやウインドウズなどのOSを提供し始めたが，これらの技術は90年代にかけてさらに発展し，OSとプログラミング・コンポーネントとツールの強力なセットとして顧客に提供されるようになった。この結果，多くのディベロッパーがハードウエア上の制約を心配せずに多様なアプリケーションを開発できるようになった。マイクロソフトは多数のディベロッパーと提携を通じたネットワークを構築し，彼らの開発能力を活かすビジネスモデルを構築し，いっそうの発展を遂げた（Iansiti & Levien, 2004）。

　近年ではグーグル，アマゾン，フェイスブック，アップル，ウーバー，エアビーアンドビー，アリババなどといった，いわゆる「破壊的イノベーター」と称されるインターネット企業が，デジタル技術をベースにするプラットフォームを用いたビジネスモデルを構築し，短時間で世界市場を席捲する巨大企業になったのは周知の事実である。

　最近わが国でも，このようなプラットフォームを構築してビジネス・エコシステムによるイノベーションに挑戦する企業が増えてきているが，その数と規

模の面では欧米とは比較にならない。こうしたなかで，コマツとトヨタのプラットフォームは注目に値する。

　コマツは，2017年にNTTドコモ，SAPジャパン，オプティムと提携し，「LANDLOG」というプラットフォームを構築した[6]。同社は以前から自社建機に搭載したセンサーを通じて，各車体の位置情報や車両情報を取得し，「顧客の使い方」のデータを収集・分析することで，建機のユーザー企業に遠隔保守管理サービスやオペレーションの最適化などのサービスを提供してきた。しかしLANDLOGは，こうした個別のサービスにとどまらず，建設生産プロセスにかかわる地形・建設機械・資材・車両などあらゆる「モノ」のデータを集め，そのデータを活用したアプリケーションや新たなサービスを開発することを目指すものである。

　このプラットフォームはさまざまな建設業企業が接続利用可能なオープン・プラットホームとなっているため，外部からの参加者もそのデータを活用し，アプリケーションの開発・提供を行うことができるようにもなっている。それは単にLANDLOGというプラットフォームを提供するだけでなく，エコシステムを作る「場」を提供するものでもある。それは企業体自体がオープン・イノベーションとなっている。

　またトヨタ自動車は，2018年1月にアメリカのラスベガスで開催された2018年International CESで，移動，物流，物版など多目的に活用できるモビリティ・サービス（MaaS）専用の次世代電気自動車（EV），e-Palette Conceptを発表した[7]。同社はこのe-Palette Conceptを活用した新たなモビリティ・サービスを実現する「モビリティ・サービスプラットホーム」を構築するために，アマゾン，ウーバー，ピザハット，マツダなど，多くの多様な企業と提携した。この展示会で豊田章男社長は次のように述べた。

　「自動車業界はいま，電動化，コネクテット，自動運転など著しい技術の進歩により，100年に一度の大変革を迎えています。トヨタは，もっといいクルマをつくりたい，すべての人が自由に楽しく移動できるモビリティ社会を実現したいという志を持っています。今回の発表は，これまでのクルマの概念を超えて，お客様にサービスを含めて新しい価値が提供できる未来のモビリティ社会の実現に向けた，大きな一歩と考えています」。

　ここで紹介した日米の多国籍企業は，いずれも近未来の社会を洞察し，世界の多様な組織と提携し，ビジネス・エコシステムを構築して，新たな価値創造のためにイノベーションに果敢に挑戦している。そのイノベーションは未来にかかわるもので，不確実でリスクも多い。そのイノベーションは探索的イノベーションでもある。このようなイノベーションにはグローバルな企業家精神とデジタル技術が求められる。近年，イノベーション型のエコシステムを構築して発展してきた企業は，その両者を備えている企業である。いまの多くの日本企業には，このグローバルな企業家精神とデジタル技術の面で欧米の先進的な企業と比べると後れを取っているといわれる。しかし，それでは今後の激変するグローバル・ビジネス時代において，成長・発展はもちろん，その生存すらも難しくなる。これからの日本企業のグローバル提携のあり方について考えるとき，こうした面からの変革も必要になろう。そうでなければ，外国企業をも巻き込んだビジネス・エコシステムの構築もできないだろう。

おわりに

　現在の多国籍企業の成長・発展にはイノベーションへの挑戦が不可欠である。このため，持続的な成長・発展を遂げている多国籍企業は絶えずイノベーションに挑戦し，時代や顧客のニーズに合った事業，製品・サービスを創出してきている。このイノベーションの方法はビジネス環境の変化と多国籍企業の発展とともに進展してきている。

　本章では，多国籍企業の発展とともに，そのイノベーションの方法がどのように変化してきたのか，という視点から議論を展開してきた。多国籍企業のイノベーションは，当初は本国の親会社で行われていたが，その後他企業との提携を通じても行われるようになった。この提携を通じたイノベーションは，その後さらに世界の多数の企業とコラボレートし，顧客や社会に対して，新しい価値を創造する，というパースペクティブでも行われるようになった。それはグローバル・コラボレーティブ型提携によるイノベーションとなったのである。そしてさらに，近年ではそれは世界の多様な組織が参加するビジネス・エ

コシステムの形態をとるようにもなっている。こうしたイノベーションの動き
は，日本の多国籍企業においてもみられる。

　しかし，そのようなイノベーションの動きは，日本の多国籍企業において
は，欧米の先進的な多国籍企業のそれに比べると，そのスピードはかなり遅
い。このため，日本の多国籍企業にはここで議論してきたような新しいパース
ペクティブに立ったイノベーションへの挑戦については，スピードをあげて取
り組むことが求められているといえる。そうでなければ日本の多国籍企業は，
ますます激化するグローバル競争で成長・発展はもちろんのこと，その存続す
らも危機にさらされることになるかもしれない。

（桑名義晴）

［注］

1）ハイマー（Hymer）は，多国籍企業の組織について，権力がトップに集中するピラミッドのよう
　な階層組織と捉えている。
2）この事例の詳細については，井上（2017）を参照されたい。
3）野中（1991）は，戦略提携には補完性の獲得を目的とする段階の「相互補完」型と新しい知識の
　創造が行われる段階の「共同創造」型があり，後者の段階に到達することによって，それは真に意
　味あるものとなるとしている。
4）ここでいうバウンダリー・スパナーとは，現地でビジネスチャンスに関連する情報や知識を感
　知・獲得し，それらを組織メンバーへ伝達し共有しつつ，その組織のイノベーションにつなげる能
　力を有する人材をさす。したがって，こうした人材には組織のイノベーションの視点から考える
　と，企（起）業家精神，ネットワーク構築力，ファシリテーター力などが求められる（Ryan &
　O'Malley, 2016）。
5）日置圭介「ビジネスの"生態系"がもたらす5つの変化」htttp://www.dbbr.net/article/-/3993）
　を参照されたい。
6）このケースについては，次を参照されたい。https://iotnews.jp/archives/85975（2018/02/21）
7）このケースについては，次を参照されたい。https://global.toyota/newsroom/corporate/
　20508200.hyml（2018/01/09）

［参考文献］

浅川和宏（2003）．『グローバル経営入門』日本経済新聞社。
Bartlett,C.A. & Ghoshal, S. (1989). *Managing Across Border : The Transnational Solution*, Harvard
　　Business School Press. (吉原英樹監訳『地球市場時代の企業戦略―トランスナショナル・マネジ
　　メントの構築―』日本経済新聞社，1990 年)。
Chesbrough,H. (2003). *Open Innovation*, Harvard Business School Press. (大前恵一朗訳『OPEN
　　INNOVATION』産業能率大学出版部, 2004 年)。
Doz, Y., Santos J., & Williamson P. (2001). *From Global to Metanational : HowCompanies Win in the
　　Knowledge Economy*, Harvard Business School Press.
Frost T. S., Birkinshaw J. & Ensign P. (2002). Center of excellence in multinational corporations,

Strategic Management Journal, 23(11): 997-1018.

Gilsing,V.A., Lemmens C.A.V. & Duysters, G. (2007). Strategic alliance networks and innovation : A Deterministic and voluntaristic view combined, *Technology Analysis & Strategic Management*, 19(2): 227-249.

Hamel,G. (2000). *Leading the Revolution*, Harvard Business School Press.（鈴木主税・福島俊造訳『リーディング・ザ・レボリューション』日本経済新聞社，2001年）。

Hamel,G.,Y.Doz & Prahalad, C.K. (1989). "Collaborate with your competitors –and win," *Harvard Business Review*, January–February: 133-139.（「ライバルとの戦略的提携で勝つ法」『DIAMOND ハーバード・ビジネス』1989年4・5月，11-29）。

一橋大学イノベーション研究センター編（2001）．『イノベーション・マネジメント入門』日本経済新聞出版社。

長谷川信次（1998）．『多国籍企業の内部化理論と戦略提携』同文舘。

Hoffman,W.H., (2005). How to manage a portforio of alliance, *Long Range Planning*, 38(2): 121-143.

Hymer,S., (1976). *The Internatioanl Operations of National Firms : A Study of Direct Foreign Investment*, MIT Press.（宮崎義一編訳『多国籍企業論』岩波書店，1979年）。

Iansiti, M., & Levien, R. (2004). *The Key Advantage*, Harvard Business School Press.（杉本幸太郎訳『キーストーン戦略―イノベーションを持続させるビジネス・エコシステム―』翔泳社，2007年）。

Inkpen,A.C. (2005). Learning through alliances : General Motors and MUMMI, *California Management Review*, 47(4): 114-136.

井上真里（2017）．「ネスレにおける製品開発とメタナショナル経営」大石芳裕編著『グローバル・マーケィング零』白桃書房，第1章。

Jarillo,J. & Martinez, L. (1990). Different roles for subsidiaries : The case of multinational corporations in Spain, *Strategic Management Journal*, 11(7): 501-512.

Kanter,R.M. (1994). Collaborative Advantage *Harvard Business Review*, July–August, 96-108.（「コラボレーションが創る新しい競争優位」『DIAMOND ハーバード・ビジネス』1994年10・11月，22-36）。

小宮昌人・楊皓・小池純司（2020）．『日本型プラットフォームビジネス』日本経済新聞社。

桑名義晴（2020）．「近未来の多国籍企業の組織―アントレプレナー型共創組織の構築―」浅川和宏・伊田昌弘・臼井哲也・内田康郎監修『未来の多国籍企業―市場の変化から戦略の革新，そして理論の進化―』文眞堂，第8章。

―――（2012）．「グローバル・アライアンス戦略のダイナミズム―競争優位の構築の視点から―」『桜美林経営研究』第2号，桜美林大学大学院経営学研究科。

野中郁次郎（1991）．「戦略提携序説―組織間知識創造と対話―」『ビジネスレビュー』第38巻第4号，1-14。

―――・徳岡晃一郎（2009）．『世界の知で創る―日産のグローバル共創戦略―』ダイヤモンド社。

Linnarsson, H. & Werr, A. (2004). Overcoming the innovation – alliance paradox : a case study of an explorative alliance, *European Journal of Innovation Management*, 7(1): 45-55.

Nohria,N.,& Ghoshal, S. (1997). *Diffrenciated Network : Organizing Multinational Corporations for Value Creation*, Jossey-Bass Inc., Publishers.

小川紘一（2014）．『オープン＆クローズ戦略―日本企業再興の条件―』翔泳社。

Phelps,C.C., & Paris, H. (2010). "A Longitudinal study of the influence of alliance network structure and composition on firm exploratory innovation," *Academy of Management Journal*, 53(4): 890-913.

Porter.M. (eds) (1986). *Competition in Global Industries*, Harvard Business School Press.（土岐坤・

中辻萬治・小野寺武夫訳『グローバル企業の競争戦略』ダイヤモンド社，1989年）。

Prahalad,C.K., & Krishnan, M.S. (2008). *The New Age of Innovation*, The McGraw-Hill Companies. （有賀裕子訳『イノベーションの新時代』日本経済新聞出版社，2009年）。

Prahalad,C.K., & Ramaswamy, V. (2004). *The Future of Competition*, Harvard Business School Press.（有賀裕子訳『価値共創の未来へ―顧客と企業の Co-Creation―』ランダムハウス講談社，2004年）。

Ryan, A., & O'Malley (2016). The role of the boundary spanner in bringing about innovation in cross- sector partnerships, *Scandinavian Journal of Management*, 32(1): 1-9.

妹尾堅一郎 (2009).『技術力で勝る企業が，なぜ事業で負けるのか―画期的な新製品が惨敗する理由―』ダイヤモンド社。

吉原英樹 (1997).『国際経営』有斐閣。

――――・林吉郎・安室憲一 (1988).『日本企業のグローバル経営』東洋経済新報社。

竹田志郎 (1992).『国際戦略提携』同文舘。

Vives,L., Asakawa,K & Svejenova,S. (2010). Innovation and the multinational enterprise, *Advances in International Management*, 23: 497-523.

Wright, R. & Dana, L.P. (2003). Changing paradigms of international entrepreneurship strategy, *Journal of International Entrepreneurship*, 1(1): 135-152.

第３章

日本企業の組織構造の変化
——多国籍企業の組織構造研究と両利き研究——

はじめに

　いくら素晴らしい戦略を策定しても，うまく実行できるかどうかはヒト次第であり，そのヒトの行動に少なからず影響を及ぼすのが組織である。分業と調整の枠組みである組織構造は誰が責任を持って何をすることになっているのかを決める（伊丹・加護野, 1989）。戦略経営研究において戦略と組織構造の関係は重要なトピックの１つであり続け，チャンドラー（Chandler, 1962）の「組織は戦略に従う」という命題に代表される組織と戦略の適合関係を暗示するコンティンジェンシー理論をはじめ，今日まで多くの研究が蓄積されてきた[1]。多国籍企業の組織構造研究も，チャンドラーの命題を多国籍企業で検証したストップフォードとウェルズ（Stopford & Wells, 1972）以降蓄積されていったが，1980年代半ば頃から停滞していく。マクロ組織構造（解剖学）のみならず，生理学や心理学にも目を向けるべきである（Bartlett & Ghoshal, 1989）とか，フォーマルなマクロ組織構造は多国籍企業の部分的な表現でしかなく，「フォーマルな組織図は組織がいかに機能しているかについて貧弱な描写である」（Ghoshal & Nohria, 1993: p.27）など，批判も目立つようになっていった。その結果，国際ビジネスのテキストを開けば，組織に関する章で取り上げられるのは今でもストップフォードとウェルズ（1972）であり，半世紀の間まるで時間が止まってしまったかのようである。多国籍企業の組織構造研究は終わってしまったのだろうか。
　本章は，そうした問題意識から，多国籍企業の組織構造研究に改めて焦点を

あてる。とくに関心を寄せているのは日本企業の戦略と組織構造の関係である。日本企業はアジアなどの中間層市場において過剰品質で価格が高すぎる，いくら良い製品を作っていてもその製品の良さが理解されない，そもそも製品の仕様が現地のニーズからずれている，といった問題に直面していることが指摘されてきた（天野, 2010）。固定観念にとらわれず新興国向けにビジネスを展開しながらも先進国で経営を維持することは可能か。自社の経営資源を活用しながら自前主義の弊害を回避できるのか。ますます複雑化しているジレンマに対応していかなければならない（浅川, 2013）。

　本書が出版される 2022 年は多国籍企業の組織構造研究の古典ともいえるストップフォードとウェルズからちょうど半世紀の節目の年に当たる。半世紀前に提示されたグローバル・マトリックスという解は，当時より格段に複雑化したジレンマに対応すべく採用される戦略に今なお有効なのだろうか[2)]。

1.　ストップフォードとウェルズ（1972）が突き付けた問い

　組織構造と戦略を関連づけるロジックはしばしば戦略-構造パラダイムと呼ばれる。企業の組織構造が戦略の実行を促進するというチャンドラーの命題を多国籍企業で検証したのがストップフォードとウェルズ（1972）にほかならない。1965年にスタートしたハーバード大学の多国籍企業プロジェクトの一環として，187 社の米系多国籍企業からデータを収集した同研究が明らかにしたのは次の点であった。

　企業の国際化の第一歩は製品の輸出から始まる。現地生産を開始し，それが軌道に乗るようになると，本格的な海外事業に乗り出し世界の複数の国や地域に製造子会社を設立していく。そうして世界の複数の国や地域に製造子会社を設立し国際的な視点から事業を展開するようになると，それら海外子会社の活動を調整しなければならず，一括して管理する組織が必要になる。国際事業部である。アメリカ企業の場合，半数以上が海外に 5 番目の子会社を設立するまでに国際事業部を設置していた。海外子会社の活動の調整とコントロールが最重要課題である国際事業部は，企業のグローバル化が進み製品ラインが多様に

なってくると限界に達し，1960年代半ば時点で国際事業部をすでに廃止した
か，あるいは廃止する方向にあった。国際事業部に代わる新たな組織であるグ
ローバル構造として，海外市場向け製品多角化を急速に進め，その後に製品の
売り上げを拡大していくと世界的製品事業部制（国際戦略の成長・変化の典型
的な経路 α），海外売上高比率を高めた後に新製品を投入していくと地域別事
業部制が採用された（経路 β）。海外向け製品多角化の度合いと海外売上高比
率のどちらも高くなると（2つの経路の行きつくところ）グローバル・マト
リックスを採用するとの仮説は，当時は採用する企業が少なかったこともあり
弱く支持されただけだった[3]。

　組織構造とは組織を構成するメンバー間の相互作用の安定的なパターンを意
味し，マクロ組織構造とは組織のなかの個人や小集団レベルではなく，企業レ
ベルでのパターンで，組織図に描かれる（Puranam & Goetting, 2012: p.1）。マ
トリックス構造はグルーピングの軸を複数にした組織であり，製品×機能マト
リックスであれば製品・市場の要求と機能部門の要求の対立を組織内に表出さ
せ，この2つの要求をダイナミックにバランスさせる意図を持って採用される
（沼上, 2004）。製品・市場への適応と機能を統合することによるメリットのど

図表3-1　ストップフォードとウェルズのモデル

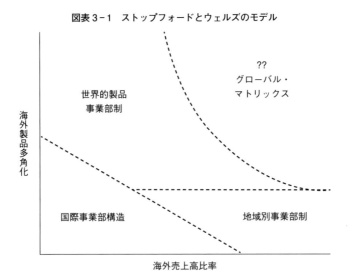

出所：Galbraith & Nathanson (1978) p.63.

ちらも重要な場合に，両方の軸を盛り込んだのがマトリックス構造なのである。しかし，マトリックス構造は命令一元化の原則が崩れることによりコミュニケーション・チャネルが複雑になり，責任が重複し，その所在が不明確になり，その結果コンフリクトが発生するといった欠点を抱え，期待されたほど成果を生まず放棄されることも少なくなかった。多国籍企業がますます海外売上高比率を高め，海外向け製品多角化の度合いも高めていくなかで，図表3−1の「？？」のところに入るのは本当にグローバル・マトリックスなのか，いつ，そしてなぜ採用されるのか，フィットする国際戦略は何か，の検討が続いていくことになる。

2.　終わっていなかった多国籍企業の組織構造研究

2−1　繰り返されたストップフォードとウェルズのモデルの検証

　まず，エゲルホフ（Egelhoff, 1988）は，エゲルホフ（1982）で導入した戦略要素である海外生産の規模を組み込んでストップフォードとウェルズのモデルを再検討した。彼は世界的製品事業部制も地域別事業部制も海外売上高比率が高いことから，この組織形態を変える決定的な要因は多角化度ではなく，海外生産比率であったことを発見している。高水準の海外生産は地域内の海外子会社間の相互依存性を高め，本国親会社の国内オペレーションと海外子会社の相互依存性を低下させる。この手の相互依存にフィットしているのは地域別事業部制である。海外売上高比率が高く，かつ海外生産比率も高いことが地域別事業部制に欠かせない。ストップフォードとウェルズ同様，製品×地域のグローバル・マトリックスを採用している多国籍企業は少なかったとはいえ（2社），両社の製品多角化と海外生産比率はともに高かった。ストップフォードとウェルズ（1972）で示唆された海外売上高比率が高く，製品多角化度が高いことはグローバル・マトリックスの必要条件であると結んでいる。第3の条件として海外生産比率が必要なのであった。

　多国籍企業の組織に関する研究は，マクロ組織構造→親子関係→子会社役割

→子会社進化→子会社ネットワークと，時代の流れとともに焦点をシフトさせていき（Birkinshaw, 2000; Ma, Delios & Yu, 2020）[4]，マクロ組織構造への関心は失われたようにみえたが，21世紀になってからも細々と続いた。プラバルベル（Pla-Barber, 2002）は117社のスペイン系多国籍企業を対象に組織構造と戦略のフィットの再検証に加え，組織構造と戦略フォーカス（Bartlett & Ghoshal, 1989; Prahalad & Doz, 1987）の関係を検証した。製品多角化と海外関与[5]の双方が相対的に高い場合，多国籍企業はグローバル・マトリックスあるいは混合構造など，最も複雑な組織構造を採用するという仮説が支持された。さらに，組織構造と戦略フォーカスとの間にも，地域別事業部制とマルチナショナル戦略，国際事業部とグローバル戦略，そしてマトリックス組織とトランスナショナル戦略の間に強い関係が見出された[6]。グローバル化の進展が多国籍企業の組織の収斂をもたらしており，スペイン企業のような後発多国籍企業も先進国の多国籍企業と同じパターンをたどることが示された。それだけでなく，グローバルな相互依存性が増し，より集権的な組織構造が求められる一方で，現地適応のプレッシャーも強まるなか現地での生産や研究開発が求められるようになっており，そうした国際ビジネス戦略の新しいイシューを考慮しても「ストップフォードとウェルズのモデルはバートレットとゴシャールの分類の観点から多国籍企業の進化を説明するのに今なお妥当である」（p.152）と結論づけている。

　また，ウルフとエゲルホフ（Wolf & Egelhoff, 2002）は，海外売上高比率が10％以上のドイツ企業95社を対象に，伝統的な戦略要素（海外多角化度・海外オペレーションの規模・海外生産の規模）ならびに新しい戦略要素（海外R&D比率・親会社と海外子会社間の移転）で測定した戦略変数と組織構造の関係を検証した。グローバル・マトリックス（採用企業は24社）は機能×製品マトリックス（6社），機能×地域マトリックス（5社），製品×地域マトリックス（5社），機能×地域×製品の3次元マトリックス（8社）に分類され，以下のことを明らかにした。製品軸を含む世界的製品事業部制，グローバル・マトリックス（機能×製品，製品×地域），ならびに3次元マトリックスは製品軸を含まない組織構造よりも製品多角化の度合いが高い。しかし，製品×地域マトリックスの製品多角化度に比べて製品軸と機能軸をともに含む機能×製品マトリッ

クスと3次元マトリックスの製品多角化度は低く，軸をマトリックス構造に組み合わせる場合に交互作用がある（機能軸と製品軸を組み合わせると機能軸の低製品多角化とのフィットが製品軸の高製品多角化とのフィットに勝る）。地域軸を含む地域別事業部制，機能×地域マトリックス，製品×地域マトリックス，および3次元マトリックスは，地域軸を含まない組織構造より海外生産比率が高い。グローバル・マトリックスを細分類したうえで，より精緻に戦略とのフィットが検討されたのである。

　彼らの分析結果を再利用するという斬新な手法を用いてチウとドナルドソン（Qiu & Donaldson, 2012）は，ストップフォードとウェルズのモデルに修正を加え，再検討した。同モデルのグローバル・マトリックスのところで実証的に結論が出ていない最大の理由の1つは，海外向け製品多角化にグローバル・マトリックスがフィットしていないからだと考えた彼女たちは，海外製品多角化を統合に変えて検証している。統合に変えると[7]，機能軸を含むすべてのグローバル・マトリックスが高×高象限（右上）にプロットされるが，国際事業部制，世界的製品事業部制，そして地域別事業部制はいずれも高×高象限にプロットされず，「ストップフォードとウェルズは正しかった」（p.686）と結論づけた。グローバル・マトリックスは海外売上高比率が高く統合が強い戦略にフィットすることが確認された。

　そして，マトリックス多国籍企業における戦略と組織構造の関係のより完全なモデルを開発することを目指したエゲルホフとウルフとアジッチ（Egelhoff, Wolf & Adzic, 2013）は，ウルフとエゲルホフ（2002）と同様，グローバル・マトリックスを細分類し，海外売上高10％以上のドイツ企業を対象に調査を行った。グローバル・マトリックスの情報処理能力は組み合わせる軸によって変わる。たとえば，製品×地域マトリックスから製品×機能マトリックスへ移行すると，地域軸の情報処理能力を失い，機能軸の情報処理能力を獲得する。すなわち，国（ドイツ）レベルおよび地域（欧州）レベルでの事業（プラスチックなど）間の調整能力を喪失するが，各機能分野（R&Dや製造）内でのグローバルな調整能力は高まるのである。グローバル・マトリックスを採用する多国籍企業は57社あり，グローバル・マトリックスに地域軸を加えることがトランスナショナル戦略にフィットさせる主な方法であることを明らかにした。

地域軸は，海外オペレーションの規模が非常に大きくなると，本社の地理的範囲と統制範囲を狭め，本社レベルの情報処理の過度の負荷を防ぎ，グローバルな機能活動ならびに／あるいは製品活動とローカル環境の情報処理要求の間を架橋するのである。プラバルベル（2002）で確認されたグローバル・マトリックスとトランスナショナル戦略の関係は精緻化された。

2-2　繰り返された検証から分かったこと

　ストップフォードとウェルズは最後の「将来への見通し」のパートで次のように述べていた。

　「すでにグローバル構造を開発してきた多国籍企業は新しい組織形態を実験する可能性がある。もし多国籍企業が成長し続けオペレーションを多様化し続けたら，伝統的な手段によって解決することが難しいコンフリクトや選択に直面するだろう…グリッド構造（本章ではグローバル・マトリックスで統一）はそうした実験の始まりだが，成功するかどうかまったく分からない」（p.172）。

　これまでみてきたように，実験の始まりにすぎなかったグローバル・マトリックスが図表3-1の「？？」に入るのか，成長＝規模の拡大と多角化＝多様性の増大が同時に進行する戦略にフィットした組織構造なのか，という議論が半世紀の間繰り返されてきた。根底にあるのは戦略と組織構造のフィットであり，牽引した研究者の1人であるエゲルホフは多国籍企業の戦略と組織デザインに多くの変化があったものの，戦略と組織構造のフィットは過去の退化した属性などではなく重要な属性の1つなのだと主張する（Egelhoff *et al.*, 2013）。このフィットを理論的に説明するのが情報処理アプローチである（Galbraith, 1973）。組織は情報処理システムとみなされ，組織が利用できる組織構造はそれぞれある種の情報処理を促進する一方で，ある種の情報処理を制限する。組織構造と戦略の良いフィットとは戦略の情報処理要件が組織構造の情報処理能力によって満たされる状態を意味する。組織構造の各軸は異なるタイプの情報処理能力を提供し，2つ（あるいは3つ）の軸が重なり合うグローバル・マトリックスは組み合わされた情報処理能力を持つ（Egelhoff *et al.*, 2013）。

　ストップフォードとウェルズ（1972）は戦略の重要な次元として活動の規模

と地理的な広がりを挙げた[8]。「今日の多国籍企業ほど規模が大きく，複雑性の高い組織は過去に存在しない」（p.3）という一文からも分かるように，拡大する規模と高まる多様性のマネジメントを多国籍企業の課題だとみなした。これから本格化していく米系多国籍企業の国際化とそれに対処するための組織の問題を捉えた研究だったのである。海外市場で成長を試みる企業はさまざまな戦略ルートをたどってきたし，企業の戦略は時間の経過とともに進展していくが，国際化戦略はシンプルに 2 つの次元で描かれ，量的拡大が続くとどうなるのか，多角化し，技術を高度化させた場合どうなるのか，が問われた（Galbraith & Nathanson, 1978）。ストップフォードとウェルズのモデルはいわゆる「段階モデル」と呼ばれることもあるが，行きつくところは高×高，つまり右上の象限である。米系多国籍企業の国際化がさらに進展していったときに直面するであろう難しい問題に対する組織構造の解決策はグローバル・マトリックスに違いない。

　チウとドナルドソン（2012）のサブタイトル「『高×高』戦略にフィットするのはマトリックス構造」が象徴しているように，海外向け製品多角化を進めていくと，海外売上高比率を高めていくと（Stopford & Wells, 1972; Franko, 1976），海外生産比率が高まると（Egelhoff, 1988; Wolf & Egelhoff, 2002），あるいは統合が高まると（Qiu & Donaldson, 2009），組織構造はどうなるのか，また，国際戦略がより多次元化し，グローバル統合へのプレッシャーと現地適応へのプレッシャーのどちらも高まると（Pla-Barber, 2002; Egelhoff *et al.*, 2013），組織構造はどうなるのか，がテーマとなってきた。

　発展経路のどこで止まっても構わないし，発展経路を遡って再度たどることもできるが，「最終的に…企業はグローバル・マトリックスに達することになる」（Bartlett & Ghoshal, 1989; 邦訳 p.41）ことが暗に仮定されてきた。1980 年代以降，多次元的な戦略の同時達成がますます求められるようになるにつれ，規模の拡大と多様性の増大，効率性と現地適応といった 2 つ以上の要因に同等の優先順位を与えるグローバル・マトリックスは，ある軸による縦割りの組織に別の軸の横串を通すことにより，部門や事業部間の調整やコミュニケーションを促進することが期待された。ただ，内在するコンフリクトの解決まで保証しているわけではなく，距離，時間，言語，文化といった壁によってさらに深

刻になるため「ほとんどの企業は失望する結果となる」（同 p.42）とまでいわれ
たが,「理論上では, この解決法はうまくいくはず」（同 p.42）であることから,
国際ビジネス研究ではグローバル・マトリックスを構成する軸を考慮して細分
類したり, フィットする戦略を検討するなど, その有効性が繰り返し確認され
てきたのである。

2−3　トヨタ自動車の事例（1）

　では, 日本を代表する多国籍企業の１つであり, 組織改編の動きも新聞等で
報じられることの多いトヨタ自動車の組織構造の変化を事例として取り上げ,
ストップフォードとウェルズ以降の多国籍企業のマクロ組織構造研究の視点か
ら解釈することにしたい。

　トヨタの社内に残るという 1937 年に正式に会社が発足する直前の組織図に
は, すでに製造や購買など機能別の組織の名称がみられたという[9]。工販合併
後の新生トヨタのスタートから 10 年後の 1992 年 9 月には技術部門センター制
が導入された。当時車種が急増し, 製品開発の効率化やリードタイムの短縮が
大きな課題となっており, 検討の結果, 商品軸による「開発センター制」組織
へ改革したのである[10]。といっても, 商品軸になったのは技術部門で, 他は購
買部門, 国内営業部門, 部品事業部門, 海外関係部門, 生産技術部門, 生産・
生産管理部門, 物流部門など機能別に編成されていた。さらに 10 年後の 2003
年には部門制から本部制に移行しているが, 機能別の編成であることに変わり
はない。

　大きな変化が起きたのは 2012 年である。生産や技術に関する本部と同等の
位置に北米本部や欧州本部といった地域本部が誕生した。さらに翌 2013 年に
は北米, 中国, アジア・豪州など国や地域ごとに販売や生産を担う 6 つの事業
体を「第 1 トヨタ（先進国）」と「第 2 トヨタ（新興国）」に分け, トヨタブラ
ンドの車両事業を製品企画から生産・販売まで一貫してみる体制となり, エン
ジンや変速機を手がける部門は「ユニットセンター」として集約し, そして
「レクサス」を手がける「レクサス・インターナショナル」の 4 つの事業体に括
り直した。「生産は生産, 開発は開発でそれぞれ頑張る機能別組織はトヨタの

強さ。ただその強さを残しながら，事業別組織の視点をもっと入れたい」[11]（内山田竹志副会長・当時）という発言からも分かるように，伝統的に機能別だった組織体制にビジネスユニットで横串を刺した形になる。

そして 2016 年にカンパニー制へ移行する。第 1 トヨタ（先進国）と第 2 トヨタ（新興国）を営業組織として存続させる一方，製品企画や車両系生産技術・製造など機能別の本部を解消して小型車，乗用車，CV の 3 カンパニーに再編し，レクサスを加えた車両別の 4 カンパニーがトヨタの全車両の企画から生産までを担当する。先進技術開発など 3 分野もそれぞれ新設・改組するカンパニーが担うようにした。豊田章男社長はカンパニー制導入の狙いについて次のように述べている。

「トヨタ全体を象に例えると，象の足ばかり見ている人，鼻ばかりの人，尻尾ばっかりの人などがいて，それぞれ専門家ではあるが，象を動かすのはあくまで社長 1 人になってしまっていた。カンパニー制を導入して，いくつかの小さい象をつくった」[12]。

小さい象とは製品で括った象であり，製品を軸により自律した小さなカンパニーに思い切って分けることによって「もっといいクルマづくり」を一歩前に進めることが目指された。2013 年のビジネスユニット制と基本的な考えは同じ，つまりトヨタ伝統の機能別編成に製品で横串を刺すことに主眼があることが読み取れる。ただ横串は必ずしも製品軸ではなく，自動運転などの先行開発や IoT といった機能軸，エンジンやトランスミッションの開発を行う部品（製品）軸，さらには先進国と新興国という地域軸もある。機能を縦軸，製品と地域が混ざった横軸になるが，一気通貫な機能を製品軸で集約した点がポイントになりそうだ。2017 年には地域軸ビジネスユニットが再編され，第 1 トヨタと第 2 トヨタを事業・販売ビジネスユニットに統合した[13]。企画から生産までを製品軸カンパニーで完結させるべく，商品コンセプト企画，生産企画および生産技術などの体制の見直しも行われ，製品軸がより強調された。

このように，トヨタは機能軸が強みであった。技術が発展過程にあり，生産台数も 300 万台くらいだった 1980 年代はとくに欧州メーカーに追い付け追い越せで，技術を究めていくような組織が必要だった。マクロ組織構造に大きな変化がみられたのは 2013 年に導入されたビジネスユニット制であり，機能軸に

加え，事業別組織の視点が取り入れられた。機能別だった組織にビジネスユニットで横串を刺した形であり，2016年のカンパニー制への移行後も横串は残り，この2度の組織改編を経てトヨタはマトリックス的な組織構造を採用したといわれるようになった（トヨタは自ら「マトリックス構造」とは呼ばない）。

　トヨタといえば，専門比率[14]が0.95以上であるため，チウとドナルドソン（2012）の修正版を用いると，彼女たちが「高」という内部移転比率28〜47％，海外生産比率38〜56％に，2001年以降ほとんどプロットされ（海外生産比率は2001年と2002年のみ38％に届かない），高×高象限にある（マトリックス構造に移行した2013年の前後でさらに右上に推移している）（図表3-2参照）[15]。海外売上高比率で操作化された海外オペレーションの規模が地域軸を含むグローバル・マトリックス採用の要因であることも指摘されている（Egelhoff *et al.*, 2013）。基本構造よりもグローバル・マトリックスが高く（Qiu &

図表3-2　トヨタも高×高戦略なのか

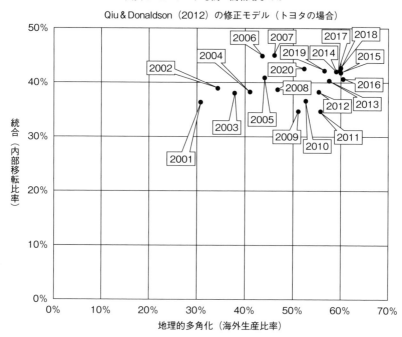

出所：筆者作成

Donaldson, 2012; Wolf & Egelhoff, 2002), トヨタの海外売上高比率は 2001 年度以降 55.7〜69.8％と同程度の高い水準で推移している。

　組織構造と戦略フォーカスとの関係については, グローバル・マトリックスとトランスナショナル戦略のフィット (Pla-Barber, 2002), 地域軸を含むグローバル・マトリックスとトランスナショナル戦略のフィット (Egelhoff *et al.*, 2013) が指摘されてきた。トヨタでは世界に点在するミニトヨタを結び付けアジア・南アフリカ・アルゼンチンの各拠点が相互に供給することで量産効果を引き出し, 1つのプラットフォームから世界の新興国の多様なニーズに合わせたクルマを提供する IMV (Innovative International Multi-purpose Vehicle) プロジェクトが 2004 年にスタートした。さらには「もっといいクルマづくり」を実現するために全社を挙げて取り組んでいるグローバルなクルマづくりの構造改革である TNGA (Toyota New Global Architecture) は, 全体最適を考えて, 賢い共用化を図り, 効率化や原価低減につなげ, この TNGA を土台に地域の市場ニーズやユーザーの嗜好に合わせて個性と魅力ある愛車に仕上げていく。トヨタも現地適応と効率性を同時に実現するトランスナショナル戦略を志向しているといえよう。

　したがって, ストップフォードとウェルズ (1972) が示した高×高象限に位置する戦略をとるとグローバル・マトリックスを採用すること, 海外生産比率が高まり内部移転比率が高まると, グローバル・マトリックスを採用すること, そしてトランスナショナル戦略がグローバル・マトリックスにフィットすることはトヨタの事例にもあてはまりそうである。

　けれども, ストップフォードとウェルズ (1972) は正しかった, で終わってしまっていいのだろうか。トヨタは機能軸を縦軸, 製品軸と地域軸を横軸とするビジネスユニット制, あくまで一気通貫な機能を製品軸で集約したカンパニー制, 第1トヨタと第2トヨタの事業・販売ビジネスユニットへの統合と, 手を加えてきた。重なり合う軸が違えばグローバル・マトリックスの情報処理能力は変わると考えられている。新興国市場の開拓を目指して第2トヨタが設置されたのが 2013 年だが, 地域軸は地域内のオペレーションが大規模かつ複雑で, 他の地域のそれとかなり異なる場合に適しており, 地域内の情報処理を促進する。その第2トヨタが 2017 年に姿を消した (第1トヨタも)。トヨタは

新興国をあきらめたのだろうか。第2トヨタが事業・販売ビジネスユニットに統合されたのは，新興国での巻き返しを図るべく新興国小型車カンパニーという新しいカンパニーを新設した直後のことである。しかも，そのカンパニーの母体となるのはダイハツであった。グローバル・マトリックスというあらかじめ用意された解決策をそのまま借りてきても解決できない問題に直面しているのが，まさに今日の多国籍企業であろう。

　規模と多様性のバランスや効率性と現地適応と知識移転の同時達成と組織構造の問題を扱ってきた国際ビジネス研究分野におけるマクロ組織構造研究と同じように，バランスと組織の問題に注目してきたのが両利き研究である。バランスさせるのは既存のケイパビリティの深化と新しい可能性の探索であり，利益ある成長を追求する限り，このバランスを維持するという挑戦から逃れることはできない（Raisch, 2008）。成長した先に待ち構えている問題ではなく，探索と深化のバランスは常に直面する問題として捉えられているのである。高×高象限にたどり着いた後も，多国籍企業は探索と深化の同時達成という問題に直面し続ける。さらなる問題はバランスをどうやって達成するかである。

3. ジレンマのもう1つの解決策

3-1　両利き（空間的分離）と断続均衡

　組織の長期的な成功は，現在の能力を深化しながら，同時に根本的に新しい能力を探索する力量に依存する（March, 1991）。この探索と深化は組織的適応の事実上あらゆる領域の根本的なテンションを捉えるポピュラーなフレーズになっており，さまざまな研究領域の研究者を引き付けてきた[16]。探索と深化を同時に達成するうえでの難しさは，探索を促進する組織デザイン要素と深化を促進するデザイン要素が異なる点にある（Boumgarden, Nickerson & Zenger, 2012）。そのため，探索と深化を同時に達成する組織をデザインすることはきわめて難しく，その組織の在り方が検討されてきた（Raisch, Birkinshaw, Probst & Tushman, 2009）。探索と深化のバランスが必要であることについて

はコンセンサスがある一方，どうやってバランスをとるかについてコンセンサスはまだないものの（Benner & Tushman, 2003; Gupta *et al.*, 2006; Lavie, Stettner & Tushman, 2010），バランスを達成するのを助けるメカニズムとして両利き（ambidexterity）と断続均衡（punctuated equilibrium）が挙げられている[17]。

　両利き（空間的分離）とは，それぞれ探索あるいは深化のいずれかに特化した分化したサブユニットあるいは個人がルーズにカップリングされることによって探索と深化を同時に追求する[18]。他方，断続均衡は組織分化ではなく時間的な分化であり，探索の期間と深化の期間を循環する[19]。これら2つのメカニズムは，ある時点もしくはある場所で探索活動を深化活動からバッファーすることによって深化活動と探索活動の間のテンションを緩和するのである（Lavie *et al.*, 2010）。これで両利きといえるのかと疑問を抱くかもしれない。両利き（空間的分離）では1つのサブユニットは探索活動と深化活動を同時に行っていないばかりか，いずれかに特化している[20]。分化した組織ユニットで深化活動と探索活動が単に共存していることは両利きの条件として不十分だという指摘もある（Gilbert, 2006）。

　グプタほか（Gupta *et al.*, 2006）によれば，単一ドメイン（たとえば，あるサブシステム）内の探索と深化を分析するなら，探索と深化は相互に排他的なものとして概念化され，当該サブシステムは断続均衡を用いる。複数の，緩やかに結びついたドメインにおける探索と深化を分析するなら，両利き（空間的分離）を追求することが可能になる。さらに，両利き（空間的分離）と断続均衡は個人レベルやサブシステム・レベルより，組織レベルやシステム・レベルで達成が容易である。あるシステムが緩やかに結びついたサブシステムAとBから構成されているとする。t_1期でAは探索，Bは深化を追求しており，t_2期にAは深化，Bは探索に切り替えるとする。AとBそれぞれのサブシステム内では断続均衡を通じた長期的な適応が，サブシステムをまたがる両利き（空間的分離）を通じた長期的な適応が起きているのである（図表3-3）。

　例外はあるものの，大半の両利き研究は探索と深化の相対的な割合がだいたい等しいだけでなく，スタティックであると仮定しているが，最適なバランスは組織ライフサイクルのステージやCEOの交代パターンなどの組織要因およ

図表3-3　両利き（空間的分離）と断続均衡を通じた長期的な適応

	t_1期	t_2期	
サブシステムA	探索	深化	断続均衡
サブシステムB	深化	探索	断続均衡
	両利き（空間的分離）	両利き（空間的分離）	

出所：Gupta *et al.*（2006）をもとに筆者作成

び複雑性などの環境要因に依存する。そのため，時間の経過とともに直面するさまざまな状況に対処すべく組織は自らの活動のパターンを継続的に調節する必要がある（Raisch *et al.*, 2009; Ramachandran & Lengnick-Hall, 2012）。では，どうするのか。

　探索ユニットを分離するとする。独立した事業部あるいは海外子会社を設け，高い自律性を与える。ユニットを分けて別々に探索活動と深化活動に取り組んだところで両利きになるわけではないので，両利きであるためにはユニット間の統合もある程度維持する必要がある（Raisch, 2008）。シゲルコウとレビンサル（Siggelkow & Levinthal, 2003）によれば，パーマネントな分権化組織構造は高パフォーマンスにつながらず，一時的に分権化し，その後に再統合すると長期的なパフォーマンスが最も高くなる。分離形態と統合形態を時間の経過とともに切り替えるのである。再統合するタイミングは早すぎても，かといって分権化（探索）フェーズが長すぎても良くない。また，タイミングだけでなく，探索活動と深化活動をつなげる適切な仕組みがなければ，探索活動は主力事業から孤立したままになり，両者間に対立が生まれやすくなる（柴田・児玉・鈴木, 2017）。探索活動と深化活動を別ユニットに分離した後に統合を実現するメカニズムには育成（nurturing）と共有（sharing）がある（Raisch, 2008）[21]。

3-2　トヨタ自動車の事例（2）

　トヨタ自動車の組織構造の変化，とくに新興国小型車カンパニーをめぐる動きを事例として取り上げ，本節では両利き研究の視点から解釈することにしたい。

2017 年 4 月，小型車よりさらに小さい象，新興国向けの小型車という象「新興国小型車カンパニー」が発足した。同じ小型車でもトヨタ・コンパクト・カー・カンパニーは「カローラ」や「ヴィッツ」など先進国向けを手掛け，新興国向けの小型車を担うカンパニーが空白になっていた。この部分を担うのが当時完全子会社化したばかりだったダイハツである。

ダイハツはトヨタにとって「気難しい子供」だった[22]。1907 年に設立され，現存する国内自動車メーカーとしては最も歴史があるダイハツは，トヨタが設立された 1937 年にはすでに小型四輪自動車を完成させていた。そのダイハツがトヨタと資本・業務提携を締結したのは 1967 年のことで，資本自由化による外資の本格参入に備えた業界再編の動きの一環として注目された。トヨタは業界トップとはいえ後発だったため，ダイハツのなかに「トヨタ何するものぞ」という気概が脈々と受け継がれ，「兄弟会社」という意識はなかなか消えなかったそうである[23]。

日野が提携を機に大型商用車に特化したのとは対照的に，ダイハツとは明確な分業をしなかった。といっても，トヨタグループの軽自動車事業を担ってきたのは専らダイハツであり，トヨタは 2011 年まで国内大手乗用車メーカーで唯一軽自動車に参入しなかった[24]。1998 年の子会社化は両社の関係を兄弟から親子に変化させ，開発体制も一体化したが，トヨタと共同開発した「ヴィッツ」のエンジンのノウハウを基に独自開発した小型車「YRV」を 2000 年に投入した際，「YRV はヴィッツの対抗車にもなる。トヨタとも競合することで新たな市場を切り開く」[25]と山田隆哉・ダイハツ社長（当時）は語っており，従順な子供になったわけではなかった。しかし，2004 年発売の「パッソ（トヨタ）／ブーン（ダイハツ）」のエンジンはダイハツ主導のもと共同開発され，同型のエンジンがトヨタの欧州戦略小型車「アイゴ」に搭載されるなど，「悲願の一体化」[26]を実現していった。

一体化したのは開発だけではなかった。子会社化を機にトヨタはダイハツに現地現物を徹底していく。年 5〜6 回開催される商品企画委員会では，有力な販売会社の社長から既存商品に対する顧客の反応や新商品に取り込む機能などを話し合った。開発にかかわる技術者には軽自動車が多い食料品店の駐車場などに出向かせ，顧客層や使用方法を観察・取材させた。「『消費者』といった漠然

とした対象に向けた開発」[27]（箕浦輝幸ダイハツ社長・当時）から「軽自動車を使う場面を意識した商品開発」[28]（瀬尾聖和ダイハツ副社長・当時）へと変わっていったのである。2002年に軽自動車のオープンスポーツカー「コペン」を発売し，30代女性をターゲットにした「ムーヴ」と40〜50代女性に人気の「ミラ」を全面改良し，翌2003年には若い母親向けの「タント」を発売した。商品企画担当者の人事交流を通じたトヨタ流の手法の移転も進み，営業担当者による戸別訪問が主流だったダイハツでは広告宣伝費を2002年まで減らす傾向にあったが，指名買いしてもらえる商品イメージを訴求する広告戦略へと切り替え，テレビCMに力を入れるようになる。ネッツ店を担当した経験を持つトヨタ出身の神尾克幸ダイハツ副社長（当時）を中心に，広告で来店客を増やし，店舗で勝負できる顧客満足度の高い来店誘致型の販売を進めていった[29]。

　子会社化後に入社した社員の比率が高まるにつれ，ダイハツの独立心は薄れつつあるといわれるなか，提携開始から約半世紀後の2016年にダイハツはトヨタの完全子会社となる。「トヨタは中堅車クラスの技術を下ろしていくやり方。小型車開発を大きく変えるにはダイハツの手を借りるのが有効」[30]（豊田章男トヨタ社長）とあることから，トヨタが苦手とする小さいクルマづくり，小型車を開発する力がダイハツの強みである。「ミライース」のプラットフォームをベースにグローバルAセグメントプラットフォームを開発し，インドネシアでAstra Daihatsu社の「AYLA」（2013年9月発売）に初めて採用し，マレーシアではPerodua社の「AXIA」（2014年9月発売）にも採用した[31]。1つのプラットフォームを複数の国や地域で使うことによりコストを抑え，燃費性能の高い車種を効率よく開発することを狙いながら，インドネシアでは2000人以上に聞き取り調査を実施したり，マレーシアでは現地の合弁パートナーであるPerouda社とともにアッパーボディを開発するなど，現地のニーズに合わせた専用車を投入している[32]。

　もともと独立した企業であったダイハツは，トヨタとの提携の際の共同声明に謳われたように，それぞれの経営については自主性と責任体制を堅持して運営されてきた。その後半世紀にわたって時間をかけながらトヨタはゆっくりとダイハツを統合していくなかで，ダイハツ内には「ちょっとつまずいた時に横から資本を入れられた」と思っている社員も少なからずいて[33]，「兄弟会社」

の意識がなかなか消えず，トヨタ車と競合するクルマを自社開発して投入する気難しい子供だった。ダイハツのバッジを付けることに対する誇りや自主性を堅持しようとする気概が垣間みえる。とはいえ，1973年にトヨタ自工副社長の山本正男氏がダイハツの社長に就任してから，ダイハツ生え抜きの大須賀二朗氏（期間 1988～1992年）と三井正則氏（同 2013～2017年）の2人を除いて社長にトヨタ出身者が就いてきたし，今日の製品開発につながるターゲットの絞り込みがトヨタの現地現物の徹底によって変わり始めたように，両社は人材交流や知識移転を続けてきた。

　ダイハツが2005年2月に1991年2月以来14年ぶりに単月の軽自動車国内販売で首位に立ち，2007年には34年ぶりにスズキから首位を奪取した（2013年まで7年連続でダイハツが首位，2014年にスズキが返り咲く）背後にはトヨタ流の改善があった。結果として，ダイハツはトヨタ流のノウハウが移転されている部分と，トヨタにはできない（TNGAとは正反対の）「軽自動車の技術を限界まで引き伸ばす」＝「小から大を生み出すアプローチ」（松林氏）であるDNGA（Daihatsu New Grobal Architecture）のような独自に磨き上げた部分とを保有するようになった。トヨタが展開する軽自動車「ピクシス」のベースはダイハツ車で，「ピクシスジョイ」は「キャスト」，「ピクシスエポック」は「ミライース」のOEMで，生産するのはもちろんダイハツである。こうした生産設備の共有は稼働率を上げる。

　磯辺・牧野・チャン（2010）によれば，新興国ではどの地域に進出するかが海外子会社の経営成果に与える影響がより大きい。新興国では地域によって制度変化の速さも違えば，文化的にも民族的にも多様だからである。そうしたことも一因になって，日本企業にとって新興国ビジネスはすでに知っているものの利用＝深化だけでは対応できず，新しい知識の追求＝探索が求められる。難しさは，新興国向けにビジネスを展開しながら，先進国で経営を維持していかなければならないことにある。トヨタは2010年にインドで発売した新興国戦略車「エティオス」が価格と品質のバランスを取れず惨敗した。トヨタ・コンパクト・カー・カンパニーのプレジデント（当時）の宮内一公氏によれば，同カンパニーは日本や欧州など，要求性能が厳しい市場でも戦えるクルマづくりをしており，新興国の価格帯に落とし込めないのだという。その点で「ダイハ

ツが培ってきたノウハウは特別なもの」であり，ダイハツの実績を尊重して新興国小型車カンパニーが発足した[34)]。ダイハツという探索ユニットは，長らく既存のオペレーションから分離され，後により統合された形態へ移行する，最初は分離アプローチ（Westerman, McFarlan & Iansiti, 2006; Siggelkow & Levinthal, 2003）がとられた，と考えることができよう。

4．両利きグローバル・マトリックスに向けて

　組織構造としては同じようにみえても，実際には異なる面がある（Galbraith & Nathanson, 1978）。

　「…今はカンパニー制になって商品軸になっていますが，それだけじゃなくて，昔の機能軸の横串も残っていますから，そこで横側の情報もきちんとやり取りしているんです。どちらの階層が上かということですが，これは時代に合わせて変わっているものです。機能軸を優先すると機能が強くなって車両が弱くなる，次に車両を優先すると機能が弱くなる，これを繰り返しています」[35)]（中嶋裕樹氏・CVカンパニーのエグゼクティブ・ヴァイス・プレジデント・当時）。

　マトリックス構造は2つ以上の要因に同等の優先順位を与えるが，とかく一方の権限が優勢になるものであり，機能別マトリックスと製品別マトリックスというマトリックス構造の変形版が生まれてもいる（Daft, 2001）。トヨタの場合，ビジネスユニット制，カンパニー制，新興国小型車カンパニーの新設，そして第1トヨタと第2トヨタの事業・販売ビジネスユニットへの統合と，マトリックス的な組織を維持しながらも微調整を加えてきた。グローバル・マトリックスは「最終段階の組織構造」（Galbraith & Nathanson, 1978: 邦訳 p.85）ではないのである。中嶋氏の発言にあるように，伝統的に強い機能軸と製品軸のバランスを実際にとることは難しい。地域軸を備えたグローバル・マトリックスと海外生産比率の高さやトランスナショナル戦略のフィットが示されたが（Egelhoff *et al.*, 2013），2017年の再編による地域軸の後退は海外生産比率の低下やトランスナショナル戦略から減退を示唆するのだろうか。前述したよう

に，トヨタの海外売上高比率は高い水準で推移しているし，トランスナショナル戦略の手を緩めたようにはみえない。両利き研究の視点を導入することによって，探索ユニットとしてのダイハツに着目しながら，分離と再統合，育成，共有そしてリバース育成などを通じて，探索と深化のバランスを経時的に実現する取り組みについて捉えることが可能となる。

　ダイハツの現社長の奥平総一郎氏は，豊田章男トヨタ社長から「ダイハツらしさをしっかりと磨き上げてください。トヨタと同じような会社にするのではなく，ダイハツの個性を発揮してください」[36]といわれたという。この半世紀で統合が最も強まっているなか，ダイハツらしさを失わずにいることはできるのか。トヨタは新興国＋小型車という事業領域でスズキと2019年8月から資本提携を始めており，スズキがインドで生産する小型車をトヨタに OEM 供給している。両社は2016年に提携を検討すると発表後，連携を徐々に深めてきた。組織の境界の外にある新しい知識にアクセスすることによって，また既存知識をパートナーとともに活用することによって，パートナーとのコラボレーションが学習を促進することが再認識されるにつれ，提携は探索と深化の装置の1つとして改めて注目されている（Lavie & Rosenkopf, 2006）。社内のサブユニットにとどまらず，社外のパートナーとの提携も含めて（ドメイン分離）ドメイン間で探索と深化をバランスさせる一方で，ある時点では探索ドミナントあるいは深化ドミナントといった非対称な両利きを時間の経過とともにバランスさせていく（Ramachandran & Lengnick-Hall, 2012）。ダイハツとの関係だけで両利き＝バランスを議論することにも限界がありそうだ。

おわりに

　「両利き」という概念は国際ビジネス研究者も引き付けてきた。「国際両利き（international ambidexterity）は持続可能な国際企業の基礎である」（Prange & Verdier, 2011: 131）という研究者もいるが，本章で何度も登場したエゲルホフは遺作（Egelhoff, 2020）で彼なりの両利き問題に対する解答を示している。伝統的なマトリックス構造で通常みられるようなどちらの軸も相対的に等しい

パワーと影響力を持つバランスモードの意思決定と，意思決定のタイプ別に特定の軸に前もって割り当てておくルールベースの意思決定モードである（Egelhoff & Wolf, 2017）。前者では，2 つのヒエラルキーの多様な視点を情報交換を通じた権限の重複や必要なら上の階層に上げて解決しようとするため，優れた解を得ることができる一方，時間がかかり工数も増えコンフリクトを生むリスクもあるのに対し，後者ではルールに基づき意思決定を 1 つのヒエラルキーに導く。深化的な意思決定にはルールベースモードを，探索的な意思決定にはバランスモードを想定しており，柔軟なマトリックス構造と名づけられた組織構造はマクロレベルで多国籍企業をより両利きにし得ると主張するのであった。

　「組織改正はソリューション（解決策）ではなく，オポチュニティ（機会）である」[37]（豊田章男社長）。

　柔軟なマトリックス構造においてバランスモードとルールベースモードのどちらの意思決定モードを用いるのかをどうやって見極めるのか（Egelhoff, 2020）。提携パートナーも含め，いかに探索と深化をダイナミックにバランスさせるのか（Luger, Raisch & Schimmer, 2018）。グローバル・マトリックスもまた新たな研究の機会を提供しているのである。

（齋藤泰浩）

［付記］
本章は，JSPS 科学研究費（基盤研究（C）18K01846）の助成を受けたものである。

［注］
1 ）世界は大きく変化したのだからチャンドラーの命題はもう古いと主張する研究も少なくないなか，ギャランとサンチェスブエーノ（Galan & Sanchez-Bueno, 2009）はスペイン企業 100 社を対象にした実証研究を行い，チャンドラーの命題が 21 世紀にも妥当性があることを明らかにしている。
2 ）組織構造論が経営学の中心から周辺へと移動したという認識は間違っていたとして，沼上ほか（2007）は組織構造の実証研究を再開させたりもした。日本の経営組織論者が組織構造の研究から遠ざかっていった原因を，経営組織論のオーソドックスな理論が閉塞状況に陥り，経営戦略の方が注目されるようになったことと，日本企業の抱えている課題が事業組織ではなくイノベーションにあると認識されるようになったことに求めている。日系多国籍企業を対象にしたマクロ組織構造研究には上野（2011）がある。
3 ）ストップフォードとウェルズ（1972）では「グリッド構造」である。海外子会社が複数の事業部本社に同時に報告する，海外子会社の利益についての権限を世界的製品事業部と地域別事業部がシェアする新しい組織構造を指し，権限のラインが交錯することから「グリッド」と呼ばれる。ガ

ルブレイスとネサンソンによれば，ストップフォードとウェルズならびにフランコ（Franko, 1976）が次に来る組織は何かという問題をわれわれに突き付け，1970年代後半になり「疑問符のところが…マトリックス組織になり，このような同時的構造が間違いなく新しいタイプの組織構造であると主張」（Galbraith & Nathanson, 1978: 邦訳 p.148）されるようになった。本章ではグローバル・マトリックスで統一する。

4）バートレットとゴシャール（1989）以降，海外子会社を一律的に捉えることは非現実的であり，各子会社を取り巻く環境も違えば子会社内部の経営資源のあり方も異なるため，各子会社が担う戦略上の役割は異なるという考え方が広まり，子会社役割モデルがいくつも示されていった（Bartlett & Ghoshal, 1989; Jarillo & Martinez, 1990; Taggert, 1997）。さらにそうした役割が親会社から与えられるだけでなく，子会社自らのイニシアチブによって獲得，変更，遂行されることに関心が向けられていくことになる（Birkinshaw & Hood, 1998）。本書第2章と第4章を参照されたい。

5）「海外関与」は，海外売上高比率（Stopford & Wells, 1972），海外生産比率（Egelhoff, 1988），さらに製品を販売している国の数で測定された。

6）マトリックス（混合）構造の企業（18社）のうち，38.9％がトランスナショナル戦略フォーカスだったが，マルチナショナル戦略フォーカスの企業も同じく38.9％であった。

7）統合は内部移転，地理的多角化は海外生産で操作化された。なお，高いか低いかは相対的なものではあるが，軸の目盛り次第で高×高象限の印象はいくらか違ってくる。根拠となっている修正モデルの図4（Qiu & Donaldson, 2009; p.683）の横軸（海外生産比率）の最大値をオリジナルのストップフォードとウェルズのモデルである図3（同）に倣って70％にすると（図4では海外売上高比率の最大スコアが67％のところ最大値が80％になっている。海外生産比率の最大スコアは56％なので最大値を70％にした），当然若干左にずれる。

8）イントロダクションのサブタイトルも「規模と多様性のマネジメント」である（Introduction: The Management of Size and Diversity）。

9）『日経産業新聞』2016年4月4日。

10）トヨタ自動車75年史　https://www.toyota.co.jp/jpn/company/history/75years/data/company_information/management_and_finances/management/organizational/organizational_changes10.html（2022年1月30日閲覧）

11）東洋経済オンライン「トヨタ，『トップ1人体制』からの脱却」　https://toyokeizai.net/articles/-/13172（2022年1月30日閲覧）

12）『週刊東洋経済』2019年8月31日号，p.82。

13）トヨタ自動車ニュースリリース「「仕事の進め方変革」をさらに推進―役員体制の変更，組織改正，および人事異動について―（2017年3月1日）」https://global.toyota/jp/detail/15197162（2022年1月31日閲覧）

14）最大の売上規模を持つ事業が売上高全体に占める比率（Specialization Ratio：SR）で測定される。

15）ウルフとエゲルホフ（2002）は，内部移転比率を親会社の調達のうち海外子会社からの調達が占める割合と親会社の売上高のうち，海外子会社への売上高が占める割合の合計で測定している。トヨタの逆輸入についてはハイラックスをタイから輸入した例（『日経新聞』2017年9月13日）くらいしかないため，親会社からの輸出に限定し，データは所在地間の内部売上高を用いた。海外生産比率に関しては台数ベース計算している（KDは国内生産に含めた）。ダイハツと日野を含むグループでの数字を用いたが，海外生産比率はトヨタ単体が平均して4.5ポイント高い。

16）探索と深化は組織化がもたらすテンションの1つであり，スミスとルイス（Smith & Lewis, 2011）によれば学習パラドックスに分類される。彼女らはパラドックスを「同時に存在し，経時的に存続する，矛盾するが相互に関連している要素」（p.386）と定義し，相反するテンションに対していかに同時に関心を向けることができるかが問題となる。当初研究者は探索と深化のテンション

をジレンマとして扱い，彼女たちの分類では，両利き（空間的分離）も断続均衡もジレンマに分類されるが，本章では「ジレンマ」を一般的な意味で用いる。

17) ノセラほか（Nosella *et al.*, 2012）によれば，両利き研究の系譜のなかで最も引用され，同分野で基礎となっているのが両利き（空間的分離）など構造的な解決策に関する研究である。構造的な解決策に対して，ギブソンとバーキンショー（Gibson & Birkinshaw, 2004）が提唱したのがコンテクスト両利きである。両利きは組織文化，価値観，規範といった組織コンテクストから生じ，個人レベルで実現される。コンテクスト両利きは個人レベルの時間的分離（断続均衡）の形態の 1 つにすぎないとの指摘もあるが（Papachroni *et al.*, 2015），組織レベルの構造的な解決策に焦点をあてる本章では取り上げない。

18)「両利き」をこうした限定した意味で用いることは必ずしも一般的ではない。「両利き」といいながら，断続均衡的な要素を加える研究者もいる（たとえば，Prange & Schlegelmilch（2009）の構造両利き（structural ambidexterity）と断続両利き（punctuated ambidexterity））。本章では探索活動と深化活動の同時達成という広い意味で「両利き」という言葉を使用し，狭義の「両利き」として用いる場合は「両利き（空間的分離）」と記す。

19) 組織論や管理論においてテンションへの対応として頻繁に用いられてきたのがプールとヴァン・デ・ヴェン（Poole & Van de Ven, 1989）の（1）受容（acceptance），（2）空間的分離（spatial separation），（3）時間的分離（temporal separation），（4）統合／合成（synthesis）の 4 分類である。本章の「両利き（空間的分離）」という表記は（2）に由来する。

20) フロイデンベルグ NOK では工場労働者，マネジャー，外部関係者を含む 12 人でチームを編成し，各チームは 3 日かけてコスト削減と生産性向上のためのアイデアを練り，終わるとチームメンバーは通常の職務に戻る（Daft, 2001）。数日で終わるテンポラルなサブユニットを設置する空間的分離の例だが（個人レベルでは断続均衡），同じメンバーが異なる構造環境を行き来しながら探索と深化を同時達成するメカニズムであるため「並行構造」として分類されることもある（Raisch, 2008）。両利き（空間的分離）では探索と深化に別々のメンバーが従事する。

21) ネスレ社のネスプレッソ事業では，ネスカフェ事業部から来たマネジャーが同事業部との競合を恐れ，ネスプレッソ事業をネスレの伝統的なコーヒー事業から外に出し，独立させた（Raisch, 2008）。そうした分離が，ネスレ社の分権的な構造とは対照的に，ネスプレッソを世界中に標準化製品を販売するグローバルビジネスとして展開することを可能にし，起業家文化が素早く動くこと，そしてネスレ社にとって初のダイレクトマーケティング実験であり，ネスプレッソの成功の鍵とされるネスプレッソクラブなど革新的なアイデアを生み出すことを助けた。ネスプレッソ社は財務，PR，購買，R&D，マーケティングといった分野でネスレ本体からサポートを受けている（＝育成）。育成は新規事業の立ち上げの初期段階でより重要だが，ライフサイクルを通じて続いていく。後期段階になると，いわゆる「リバース育成」も観察される。ネスプレッソで培った技術やマーケティングのノウハウはネスレに移転され，ネスレの既存顧客層を狙ったネスプレッソのローエンド版「ネスカフェ・ドルチェグスト」の立ち上げを可能にした。他方で，既存の事業とは距離を取りつつも，同じ生産設備などを活用することにより重複を回避できる（＝共有）。

22)『日経産業新聞』1998 年 8 月 31 日。

23)『日経産業新聞』2016 年 2 月 1 日。

24) 一方のダイハツは背伸びをしてはトヨタから強い反発を受けたこともあった。1977 年に発売したリッターカーの先駆けとなる「シャレード」は同社初のカー・オブ・ジ・イヤーに輝いた。自信を深めたダイハツ社内ではトヨタと競合する小型乗用車分野の開発機運が高まり，1989 年に「アプローズ」を発売した。トヨタの部品を流用せず，100％ダイハツの設計という技術陣の威信をかけた戦略車種になることが期待されていた。排気量 1,600cc で「カローラ」と競合する。（『日経産業新聞』1998 年 8 月 31 日）

25）『週刊東洋経済』2000 年 9 月 30 日号，p.82。
26）『日経産業新聞』1998 年 8 月 31 日。
27）『日経ビジネス』2005 年 7 月 4 日号，p.55。
28）『日経ビジネス』2005 年 7 月 4 日号，p.53。
29）『週刊東洋経済』2006 年 3 月 25 日号。
30）『日経ビジネス』2016 年 2 月 8 日号，p.10。
31）『Nikkei Automotive』2015 年 4 月号。
32）新プラットフォーム DNGA（Daihatsu New Global Architecture）は共通領域と車種ごとに変える変動領域に分かれている。エンジンやサスペンションの取付位置やボディーの骨格構成などは共通領域で，変動領域は車種ごとに変える。考え方はトヨタの TNGA に近いが，TNGA が基本的に北米や欧州といった先進国向けであるのに対して，「DNGA は軽自動車の技術を限界まで引き伸ばす考え方」だと松林淳氏（ダイハツ　取締役）はその違いを説明している（『Nikkei Automotive』2019 年 2 月号，p.37）。トヨタの IMV も 1 つのプラットフォームで 3 車種を開発し，5 種類のボディー形状を実現し，全量を新興国で生産してコストを下げる，などを通じた「Global Best」と 1000 を超える膨大な仕様を用意して国と地域のさまざまな要求に応える「Local Best」の両立を目指すものである。（『Nikkei Automotive』2016 年 4 月号）
33）『日経産業新聞』1998 年 8 月 31 日。
34）『Nikkei Automotive』2017 年 4 月号，p.90。
35）Car Watch「カンパニー制導入でトヨタはどう変わった？　CV カンパニー Executive Vice President 中嶋裕樹氏に聞く」https://car.watch.impress.co.jp/docs/news/1095982.html（2022 年 1 月 31 日閲覧）
36）日経ビジネス電子版「ダイハツ新社長「EV はトヨタに頼らない」奥平総一郎氏が語るグループにおけるダイハツの役割」https://business.nikkei.com/atcl/report/15/110879/061400696/（2022 年 1 月 31 日閲覧）
37）東洋経済オンライン「トヨタがカンパニー制で試す"次期トップ"」https://toyokeizai.net/articles/-/109148（2022 年 1 月 31 日閲覧）

[参考文献]

天野倫文（2010）.「新興国市場戦略と日本企業の国際経営―アジア等中間層市場への浸透化―」『世界経済評論』11-12 月号，36-44。

浅川和宏（2013）.「顧客は世界に広がる　総括」『日本経済新聞』2013 年 1 月 18 日。

Bartlett, C. A. & Ghoshal, S. (1989). *Managing across Borders: The Transnational Solution*, Harvard Business School Press.（吉原英樹監訳『地球市場時代の企業戦略』日本経済新聞社，1990 年）

Benner, M. J. & Tushman, M. L. (2003). Exploitation, exploration, and process management: The productivity dilemma revisited. *Academy of Management Review*, 28(2): 238-256.

Birkinshaw, J. (2000). *The Flexible Firm: Capability Management in Network Organizations*. Oxford University Press.

Birkinshaw, J. & Hood, N. (1998). Multinational subsidiary evolution: Capability and charter change in foreign-owned subsidiary companies. *Academy of Management Review*, 23(4): 773-795.

Boumgarden, P., Nickerson, J. & Zenger, T. R. (2012). Sailing into the wind: Exploring the relationships among ambidexterity, vacillation, and organizational performance.*Strategic Management Journal*, 33(6): 587-610.

Chandler, A. D. (1962). *Strategy and Structure: Chapters in the History of the Industrial Enterprise*. MIT Press.（三菱経済研究所訳『経営戦略と組織―米国企業の事業部制成立史―』実業之日本

社，1984年）。

Daft, R. L. (2001). *Essentials of Organization Theory & Design* (2nd Edition), South-Western College Publishing.（高木晴夫訳『組織の経営学—戦略と意思決定を支える—』ダイヤモンド社，2002年）。

Egelhoff, W. G. (1982). Strategy and structure in multinational corporations: an information-processing approach. *Administrative Science Quarterly*, 27(3): 435-458.

Egelhoff, W. G. (1988). Strategy and structure in multinational corporations: A revision of the Stopford and Wells model. *Strategic Management Journal*, 9(1): 1-14.

Egelhoff, W.G. (2020). How a flexible matrix structure could create ambidexterity at the macro level of large, complex organizations like MNCs. *Management International Review*, 60: 459-484.

Egelhof, W. G. & Wolf, J. (2017). *Understanding Matrix Structures and their Alternatives: The Key to Designing and Managing Large, Complex Organizations*. Palgrave Macmillan

Egelhoff, W.G., Wolf, J. & Adzic, M. (2013). Designing matrix structures to fit MNC strategy. *Global Strategy Journal*, 3(3): 205-226.

Franko, L. G. (1976). *The European Multinationals: A Renewed Challenge to American and British Big Business*, Harper & Row.

Galan, J. I. & Sanchez-Bueno, M. J. (2009). The continuing validity of the strategy-structure nexus: New findings, 1993-2003. *Strategic Management Journal*, 30(11): 1234-1243.

Galbraith J. R. (1973). *Designing Complex Organizations*. Addison-Wesley.

Galbraith, J. R. & Nathanson, D. A. (1978). *Strategy Implementation: The Role of Structure and Process*, West Publishing.（岸田民樹訳『経営戦略と組織デザイン』白桃書房，1989年）

Ghoshal, S. & Nohria, N. (1993). Horses or courses: Organizational forms for multinational corporations. *Sloan Management Review*, 34(2): 23-35.

Gibson, C. B. & Birkinshaw, J. (2004). The antecedents, Cconsequences, and mediating role of organizational ambidexterity. *Academy of Management Journal*, 47(2): 209-226.

Gilbert, C. G. (2006). Change in the presence of residual fit: Can competing frames coexist? *Organization Science*, 17(1): 150-167.

Gupta, A. K., Smith, K. G. & Christina E. Shalley, C. E. (2006). The Interplay between Exploration and exploitation. *Academy of Management Journal*, 49(4): 693-706.

磯辺剛彦・牧野成史・クリスティーヌ・チャン (2010).『国境と企業—制度とグローバル戦略の実証分析—』東洋経済新報社。

伊丹敬之・加護野忠男 (1989).『ゼミナール経営学入門』日本経済新聞社。

Jarillo, J. C. & Martinez, J. I. (1990). Different roles for subsidiaries: The case of multinational corporations in Spain. *Strategic Management Journal*, 11(7): 501-512.

Lavie, D. & Rosenkopf, L. (2006). Balancing exploration and exploitation in alliance formation. *Academy of Management Journal*, 49(4): 797-818.

Lavie, D., Stettner, U. & Tushman, M. L. (2010). Exploration and exploitation within and across organizations. *The Academy of Management Annals*, 4(1): 109-155.

Luger, J., Raisch, S. & Schimmer, M. (2018). Dynamic balancing of exploration and exploitation: The contingent benefits of ambidexterity. *Organization Science*, 29(3): 449-470.

Ma, X., Delios, A. & Yu, S. (2020). Innovation in MNC'S strategy and structure: the (re) emergence of host country headquarters in large emerging markets. *Asia Pacific Journal of Management*, 36(3)：609-632.

March, J.G. (1991). Exploration and exploitation in organizational learning. *Organization Science*, 2

(1): 71-87.

Nickerson, J. A. & Zenger, T. R. (2002). Being efficiently fickle: A dynamic theory of organizational choice. *Organization Science,* Vol. 13(5): 547-566.

Nosella, A., Cantarello, S. & Fillipini, R. (2012). The intellectual structure of organizational ambidexterity: A bibliographic investigation into the state of art. *Strategic Organization,* 10(4): 450-465.

沼上幹 (2004). 『組織デザイン』日本経済新聞社。

沼上幹・軽部大・加藤俊彦・田中一弘・島本実 (2007). 『組織の＜重さ＞―日本的企業組織の再点検―』日本経済新聞社。

O'Reilly, C. A. & Tushman, M. L. (2013). Organizational ambidexterity: Past, present, and future. *Academy of Management Perspectives,* 27(4): 324-338.

Papachroni, A., Heracleous, L., & Paroutis, S. (2015). Organizational ambidexterity through the lens of paradox theory: Building a novel research agenda. *Journal of Applied Behavioral Science,* 51 (1): 71-93.

Pla-Barber, J. (2002). From Stopford and Wells's model to Bartlett and Ghoshal's typology: New empirical evidence. *Management International Review,* 42(2): 141-156.

Poole, A. S. & Van de Ven, A. H. (1989). Using paradox to build management and organization theories. *Academy of Management Review,* 14(4): 562-578.

Prahalad, C.K. & Doz Y. (1987). *The Multinational Mission : Balancing Local Demand and Global Vision,* Free Press.

Prange, C. & Schlegelmilch, B. B. (2009). The role of ambidexterity in marketing strategy implementation: Resolving the exploration-exploitation dilemma. *Business Research,* 2(2): 215-240.

Prangea, C. & Verdier, S. (2011). Dynamic capabilities, internationalization processes and performance. *Journal of World Business,* 46(1): 126-133.

Puranam, P. & Goetting, M. (2012), Note on analysing organizational macrostructures. http://faculty.london.edu/ppuranam/assets/documents/NOTE_ON_ANALYSING_ORGANIZATIONAL_MACROSTRUCTURES% 283% 29.pdf.

Qiu, J. & Donaldson, L. (2012). Stopford and Wells were right! MNC matrix structures do fit a "high-high" strategy. *Management International Review,* 52(5): 671-689.

Raisch, S. (2008). Balanced structures: Designing organizations for profitable growth. *Long Range Planning,* 41(5): 483-508.

Raisch, S., Birkinshaw, J., Probst, G. & Tushman, M. L. (2009). Organizational ambidexterity: Balancing exploitation and exploration for sustained performance. *Organization Science,* 20(4): 685-695.

Ramachandran, I. & Lengnick-Hall, C. A. (2012). Toward a dynamic view of organizational ambidexterity: Promoting a sense of balance and contingency. The University of Texas at San Antonio, College of Business Working Paper series WP # 0018MGT-199-2012.

柴田友厚・児玉充・鈴木潤 (2017). 「二刀流組織からみた富士フィルムの企業変貌プロセス」『赤門マネジメント・レビュー』第16巻第1号，1-21。

Siggelkow, N. & Levinthal, D.A. (2003). Temporarily divide to conquer: Centralized, decentralized, and reintegrated organizational approaches to exploration and adaptation. *Organization Science,* 14(6): 650-669.

Simsek, Z., Heavey, C., Veiga, J. F. & Souder, D. (2009). A typology for aligning organizational ambidexterity's conceptualizations, antecedents, and outcomes. *Journal of Management Studies,* 46 (5): 864-894.

Smith, W. K. & Lewis, M. W. (2011). Toward a theory of paradox: A dynamic equilibrium model of organizing. *Academy of Management Review*, 36(2): 381-403.

Stopford, J. M. & Wells, L. T. (1972). *Managing the multinational enterprise: Organization of the firm and ownership of subsidiaries*, Basic Books.（山崎清訳『多国籍企業の組織と所有政策―グローバル構造を超えて―』ダイヤモンド社，1976年）。

Taggert, J. H. (1997). An evaluation of the integration-responsiveness framework: MNC manufacturing subsidiaries in the UK. *Management International Review*, 37(4): 295-318.

Tushman, M. L. & O'Reilly, C. A. (1996). Ambidextrous organizations: Managing evolutionary and revolutionary change. *California Management Review*, 38(4): 8-30.

上野恭裕（2011）．『戦略本社のマネジメント―多角化戦略と組織構造の再検討―』白桃書房。

Westerman, G., McFarlan, F. W. & Iansiti, M. (2006). Organization design and effectiveness over the innovation life cycle. *Organization Science*, 17(2): 230-238.

Wolf, J. & Egelhoff, W. G. (2002). A reexamination and extension of international strategy-structure theory. *Strategic Management Journal*, 23(2): 181-189.

Wolf, J. & Egelhoff, W. G. (2013). An empirical evaluation of conflict in MNC matrix structure firms., *International Business Review*, 22(3): 591-601.

第4章

日本企業における本社 - 海外子会社のマネジメント
――埋め込みとネットワークの視点から――

はじめに

　巨大多国籍企業（言い換えれば，複数事業を複数国で展開する多国籍企業；以下，多国籍企業）をとりまく環境は，21世紀に入り，ますます複雑化・多様化しており，それに呼応して，多国籍企業内部における構造的側面も複雑化・多様化している。海外子会社のみをとりあげても，量的・質的双方の側面において複雑化しており，本社が従来のように一律に海外子会社をマネジメントすることは困難になってきている。たとえば，国境を越えたM&Aについても，かつてないような大規模なM&Aが増加しており，場合によっては本社規模を超えるような子会社が海外に出現する場合もみられる。さらに，買収した企業が複数の海外拠点を有することが散見される。多国籍企業の組織は1990年代の時点でもその複雑性が議論されていたが（Doz & Prahalad, 1991），その傾向はますます強まっていることは異存のないところであろう。

　本章では，製造業を営む日本の多国籍企業へのインプリケーション導出を念頭に置きながら，複数の事業を擁しており，世界各地に展開する多国籍企業（製造業企業）に焦点をあてる。海外子会社といっても，機能や役割など多様化しているが，本章では，主として東南アジア諸国でみられるような日本企業の生産子会社（非M&Aのケース）を想定することとしたい。

1．問題意識の着想

　本章で，こうした日本企業の生産子会社を念頭に置くのは，以下の筆者の着想に基づいている。

　筆者が主に 2010 年代に訪問した東南アジア諸国の日本企業の生産拠点にあくまで限定した内容となるが[1]，以下の事実が傍証としてみられた。

（1）生産機能にかかわる発展

　それまで事業部ごとに海外子会社が設立される傾向にあったが，1つの海外子会社が複数事業部の品目の生産にかかわる事例が散見された。また，本国の生産拠点を部分的に上回るような先端的な生産技術の導入（ロボティクス，環境関連技術など）やマザー工場の能力を超える海外生産拠点もみられるようになった。

（2）現地アクターとのつながりの強化

　現地の著名な大学との連携を図り，共同で研究所を開設したり，現地の理系人材を積極的に採用している。また，ある繊維メーカーでは日本では採用が困難となった繊維に特化した理系人材を，インドでの採用に切り替えるといった活動も行っている。

　他方，現地社員の育成や昇進は進んでいるものの，海外子会社の社長／CEO は本社から派遣された日本人が担っているケースが圧倒的多数を占めていた。したがって，こうした海外子会社では，生産拠点としての能力は蓄積され，ますます高度化しつつあることがいえよう。ただ，日本本社と海外子会社の関係という面では，本社からの海外派遣社員に依存するマネジメントを当然のように実行している企業が多いといえる。

（3）海外子会社に与えられた業務範囲（charter）の変化

　東南アジアの生産子会社によるイニシアティブ（すなわち，権限や役割の変化を海外子会社側から起こすこと）については，あくまで筆者のみた範囲内であるが，ごくわずかな事例しか観察することはできなかった。一時的にせよ，権限や役割の変化がみられた事例としては，以下があげられる。

　I 社（タイ生産子会社）は，グローバルな日系住宅用設備メーカーであり，

タイに生産子会社を有している。元来，住宅用設備の完成品および部品の生産を行うことが付与された業務範囲であった。しかし，アジア通貨危機（2008年）やタイでの洪水被害（2011年）の影響から，計画通りに完成品を出荷できず，一部の生産ラインを停止せざるを得ない状況に追い込まれた。その後，同子会社の現地社員が機転を利かせ，I社で保有している生産設備や部品を使って，元々供給していない他産業に属する企業向けに本業とは無関係の部品を生産することを思いつき実行した。そのお陰もあり，損失を一定程度カバーすることができた。しかしその後，I社の本社は他産業向けの部品の生産にかかわらないように指示した。そのため，新たな潜在的な事業機会があったといえるが，タイ子会社はそれにはかかわらないことになっている[2]。つまり，現地社員のアイデアで，別の生産品目が産み出されたにもかかわらず，本社による承認を最終的に得ることができなかったのである。

　このように，日系多国籍企業の生産拠点は，日本本社の意向に異を唱えることはほとんどないが，危機に瀕する状況になると，元々の業務範囲を越えた活動を行うこともあり得る点が見受けられた。

　概して，生産機能は深化（exploitation）志向がきわめて強い機能であるため（Benner & Tushman, 2003），自ら探索的活動（exploration）に着手するのは容易なことではない。なぜなら，生産機能では相対的にルーティンとなる業務が主活動であるためである。そのため，かかわる従事者が他の領域に視野を広げることが非常に難しい。しかしながら，外国企業では生産子会社であっても，海外子会社レベルでオープン・イノベーションを自ら推進するというように（たとえば，ネスレ・インドネシア），探索的活動に着手する事例もみられる。

　多くの日系多国籍企業では，日本本社と海外生産子会社間の強い関係的埋め込みを通じて，暗黙知や複雑で移転がきわめて困難な生産技術，生産スキルの移転が行われてきた。また，こうした組織間関係は長く続いてきており，その功罪が生じているといえる。メリットとしては，日本のマザー工場の能力を超えるような生産拠点が海外に出現しはじめている点である。

　他方で，生産機能の側面でみた子会社レベルの成長はなされたが，全社レベ

ルでみると，日本の生産拠点で用いられなくなった生産ノウハウは，海外拠点にしか存在しなくなってしまった事例もある。

　今後の海外子会社の発展経路を鑑みると，一部の生産子会社では，本社から付与された業務範囲に注力するだけではなく，それ以外の探索的な活動にもわずかであれ着手することは重要と考える。また，日系多国籍企業の傾向として，親会社による海外子会社への出資比率がきわめて高い傾向にあり，100％出資の子会社の割合もかなり大きいことが知られている（Ando, 2012）。当初，受入国パートナーとの合弁事業の形態で参入を行った後，パートナーとの関係構築がうまく行えず，100％出資に出資形態を変更するケースも数多くみられる。

　したがって，いわゆる「自前主義」が海外子会社マネジメントにおいてもみられる傾向にあるといえる。今後，こうした日系海外子会社にどのように親会社以外（現地ネットワークや他の海外子会社）からの知識フローを取り込んでいくのかは大きな課題といえる。

　埋め込み（embeddedness）に関する知見に基づけば，海外子会社の存在によって，現地特殊的優位は，多国籍企業全社としての企業特殊的優位に変化し得ることになる（Scott-Kennel & Michailova, 2016）。そうした論述は，学術研究ではなされているものの，実際にどのようにそれを実行するのか，どのような促進要因が働くのかといったことはほぼ明らかにされてきていない。また日本企業にとっての実務的インプリケーションとして，海外子会社が全社戦略の策定あるいは企業特殊的優位を構築するプロセスにどう組み込まれるべきなのか，という視点がますます求められるのではないだろうか。

　本章では，こうした問題意識に基づきながら，本社−海外子会社間のマネジメントのあり方について論じる。次節では，国際ビジネス研究における本社−海外子会社間の既存研究の流れについて概観を行う。また，それに関連して，多国籍企業における埋め込み（社内の埋め込み，社外の埋め込み，二重の埋め込み）の概念に関する検討も行う。4節では，日本企業として独特な本社−海外子会社のマネジメントを行っている事例として，HOYAを取り上げる。それに続き，インプリケーションを論じる。

2. 国際ビジネス研究における本社−海外子会社観 ― 概観 ―

　本節では，国際ビジネス研究において，本社と海外子会社間の組織間関係がどのように議論されてきたのかについて，概観することとしたい。また，埋め込みに関する研究についても言及する。

2−1　本社−海外子会社間のマネジメントに関する研究

　フォルスグレン（Forsgren, 2008）は，1960 年代後半から 2000 年代半ばまでの主要な既存研究に基づき，国際ビジネス領域における多国籍企業観を 6 つに類型化している。また，バーナー−ラスムゼンほか（Barner-Rasmussen *et al.*, 2010）は，フォルスグレン（Forsgren, 2008）の議論を援用しながら，多国籍企業の本社−海外子会社間の組織観について論考している。それらをまとめると，多国籍企業における本社−海外子会社観は，図表4−1のようにまとめることが可能であろう。

① 支配志向型の多国籍企業（dominating multinational）：寡占理論（代表的研究として，ハイマー（Hymer, 1976））

② 調整志向型の多国籍企業（coordinating multinational）：内部化理論（代表的研究として，バックレーとカソン（Buckley & Casson, 1976），ラグマン（Rugman, 1981））

③ 知識志向型の多国籍企業（knowing multinational）：国境を越えた知識の移転や創造に関する能力に基づく視座（代表的研究として，コグートとザンダー（Kogut & Zander, 1992; 1993））

④ 設計志向型の多国籍企業（designing multinational）：組織構造のコンティンジェンシー理論（代表的研究として，ストップフォードとウェルズ（Stopford & Wells, 1972），ゴシャールとノーリア（Ghoshal & Nohria, 1997））

⑤ ネットワーク化する多国籍企業（networking multinational）：ビジネス・ネットワーク理論ならびに埋め込み理論に基づき海外子会社と外部環境

図表4-1　6つの多国籍企業観

	①支配志向型の多国籍企業	②調整志向型の多国籍企業	③知識志向型の多国籍企業	④設計志向型の多国籍企業	⑤ネットワーク化する多国籍企業	⑥制度的側面にかかわる多国籍企業
基盤とする理論	寡占理論（産業組織論）	内部化理論（取引コスト理論）	資源ベース論，組織能力理論	組織のコンティンジェンシー理論	ビジネス・ネットワーク理論	制度化理論
多国籍企業観	単一的，集権的	単一的，集権的	国境をまたがる「社会コミュニティ」	単一的，集権的	ネットワーク	異質的
組織のパワーの源泉	寡占に基づく優位性	国境を越えて市場を内部化する能力	鍵となる知識を有する組織主体，アクター	本社：階層と所有関係　子会社：規模，戦略的重要性	本社：階層と価値観の共有　子会社：外部ネットワークへの所属	本社：階層　子会社：外部環境によって与えられる資源
本社の海外子会社に対する位置づけ	海外子会社を「分割統治」しようとする	取引コストの観点で，適切な行動制約を課す	知識や能力を創造するように促す	すべてに精通しており，子会社に役割を課す	海外子会社の社外ネットワークの知識に乏しく，「よそ者」	海外子会社の制度環境に関する知識に乏しく，「よそ者」
研究の対象となる主な焦点	産業構造，海外の競合他社	（国境を越える）取引	本社－海外子会社間，海外子会社間	本社－海外子会社間，（海外子会社間）	海外子会社を中心とした社外アクターと本社の関係	海外子会社，本社それぞれの制度環境との関係

出所：主にForsgren（2008），Barner-Rasmussen, *et al.*（2010）に基づき筆者作成。

との組織間関係に焦点をあてている（代表的研究として，フォルスグレンほか（Forsgen *et al.*, 2005））。

⑥ 制度的側面にかかわる多国籍企業（institutionalizing multinational）：制度化理論に基づき，相異なる制度環境を越えて，企業内におけるロジック（論理）がどのように正当化され，受容されていくのか，あるいはされないのかに焦点をあてている（代表的研究として，コストヴァとザヒール（Kostova & Zaheer, 1999））。それに関連して，多国籍企業内における組織主体の政治的行動についても関心を寄せている（Forsgren, 2008）。

本社が多国籍企業の唯一の中心であり，本社を海外子会社に対して資本関係や人的なつながりを通じた統制を行使しようとする主体とみなしているのが，

① 支配志向型の多国籍企業，② 調整志向型の多国籍企業，④ 設計志向型の多国籍企業の組織観である。したがって，これら 3 つの組織観においては，海外子会社は基本的に本社に従属した組織主体であり，本社にあらかじめ設定された役割，ドメイン，機能を担うこととなり，受動的に行動する位置づけといえる。

　また，①，②，④ の先駆的研究（寡占理論，内部化理論，組織構造のコンティンジェンシー理論）については，研究対象の焦点は，多国籍企業内部にあり，海外子会社と外部環境の関係にあるとはいいがたい。その後，海外子会社と外部環境の関係に一義的に焦点をあてたのが，ビジネス・ネットワーク理論（たとえば，Forsgen *et al.*, 2005）をはじめとする北欧の学者が中心になって開発した ⑤ のパースペクティブであった[3]。

　時系列でみると，① 1960 年代に国際ビジネス論研究の嚆矢として世にでたハイマーの研究，② 内部化理論（嚆矢である研究は 1970 年代～80 年代），③ 知識志向の研究（1990 年代），④ 設計志向の研究（嚆矢となる研究は 1970 年代から 1990 年代）であり，⑤ や ⑥ の研究ストリームは 90 年代後半から 2000 年代以降に研究蓄積がなされてきた領域である。以降では，主に ⑤ や ⑥ の研究ストリームを援用しながら論を展開する[4]。

2-2　埋め込みに関する研究

　埋め込み（embeddedness）という概念は，カール・ポランニー（Polanyi, 1957）による概念化に端を発する。その後，グラノベッター（Granovetter, 1985）による再解釈を通じて，経済社会学の鍵概念として浸透していった（渡辺, 2015）。その後，社会学，経済学のみならず，経営学，マーケティング，国際ビジネスなど非常に広範な学術領域でも援用されてきている。

　埋め込みの考え方のエッセンスは，個人や組織は社会におけるネットワークに埋め込まれた存在であり，個人や組織の行動は自らが埋め込まれているネットワークの関係性に影響を受けるというものである。埋め込みという概念はこれまでさまざまな類型化がなされているが，このうち，本社－海外子会社マネジメント研究において頻繁に援用されているのは，「構造的埋め込み（struc-

tural embeddedness）」と「関係的埋め込み（relational embeddedness）」とい
う概念である。

「構造的埋め込み」とは，当該組織が，つながりを持つ組織ネットワーク全
体においてどのようなポジショニング（構造上の位置づけ）にあるのかに焦点
をあてている。

「関係的埋め込み」に焦点をあてる研究では，当該組織とその関係アクター
との間のインタラクションの質や関係性の深さをとくに重視している（von
Hippel, 1988; Ciabuschi, Holm & Martin, 2014）。なぜなら，そうした当該組織
とその関係アクターとの間のインタラクションの質や関係性の深さといった要
素が，学習の質や知識の吸収度合いに影響し，ひいてはイノベーションに影響
すると考えているためである（Ciabuschi, Holm & Martin, 2014）。関係的埋め
込みは，イノベーションにプラスの効果をもたらし得ることはさまざまな既存
研究で論じられてきた（たとえば，Uzzi, 1997; Dyer & Nobeoka, 2000）。アー
ムス・レングスな関係である場合，財（取引対象，中間財など）が移転される
にとどまるが，関係的な埋め込みが備わっていれば，アクター間で複雑な情
報・知識が移転されたり，協同的な問題解決が促進されたりすることが明らか
にされてきたのである。

前述したように，多国籍企業という組織をネットワークとして捉える組織観
は，バートレットとゴシャール，ノーリア，ドズとプラハラードらにより注目
を集めてきたが，海外子会社を焦点組織としたネットワーク観を提唱したの
が，ウプサラ学派を中心とした北欧の研究者たちであった（たとえば，
Andersson and Forsgren, 1996; Forsgren, Holm & Johanson, 2005）。ビジネ
ス・ネットワーク理論では，海外子会社（海外子会社と他アクター間の埋め込
み，あるいはパワー構造）に焦点があり，本社の位置づけは軽視されている
（Yamin & Ghauri, 2010）。

ビジネス・ネットワーク理論における課題は，「本社は海外子会社ネット
ワークに関する知識が欠如しているのにもかかわらず，どのように海外子会社
をコントロールできるのか」というものである。ネットワーク上のよそもの
（outsider）にとって，当該ネットワークは目に見えないため，そのネットワー
クに関する知識を理解するのは難しい（Yamin & Ghauri, 2010）。そこで彼ら

が焦点をあてたのが，海外子会社を基点とした社内と社外の埋め込みであった。

2-3　多国籍企業における埋め込みに関する研究

　多国籍企業における埋め込みは，さまざまな類型化がなされている。多国籍企業内における組織ネットワークの結合主体に応じて，(1) 社内埋め込み (internal embeddedness)，(2) 社外埋め込み (external embeddedness)，(3) 二重の埋め込み (dual embeddedness) に分けられるのが一般的である (Scott-Kennel & Michailova, 2016)。

　社内埋め込みとは，本社（親会社）と海外子会社間や，海外子会社間といった多国籍企業内のユニット間の関係性や当該ユニットの位置づけに焦点をあてている。社外埋め込みとは，海外子会社と受入国内のさまざまな組織主体（サプライヤー，研究機関，政府関連組織など）との関係性に焦点をあてるものである[5]。二重の埋め込みとは，社内埋め込みと社外埋め込みに同時に焦点をあてる考え方であり，海外子会社が本社と現地のさまざまな組織主体の間における架橋的な役割を果たし得ることに，とくに注目する概念である。

　また，本社−海外子会社間のインタラクションで交換される内容で類型化を行う研究がある (Garcia-Pont, Canales & Noboa, 2008)。すなわち，① 日常業務に関する埋め込み (operational embeddedness)，② 能力に関する埋め込み (capability embeddedness)，③ 戦略性にかかわる埋め込み (strategic embeddedness) であり，各定義は下記に示すとおりである。

① 日常業務に関する埋め込み：日々のルーティン活動（報告，メールなどのコミュニケーションなど）にかかわる子会社と他ユニットとの関係。コンピュータ上での社内コミュニケーションツール（Slack, Microsoft Teams など）や Zoom などのオンライン技術の急速な発展により，従前よりもこのタイプの埋め込みの継続的な維持は容易になってきているといえる。

② 能力に関する埋め込み：能力開発にかかわる子会社と他ユニットとの関係。ベンチマーキング，ベストプラクティス活動などが例としてあげられる。

③ 戦略性にかかわる埋め込み：子会社が多国籍企業全社の戦略に影響を与え

る能力にかかわる，本社や他の海外子会社との関係を指している。

　多くの日本の多国籍企業の場合，①日常業務に関する埋め込みについては，ほぼすべての本社－海外子会社間において形成されており，②能力に関する埋め込みについても，数多くの本社－海外子会社間において形成されていることが多いと考えられる。だが，③の戦略性にかかわる埋め込みについては，一部の戦略子会社を除いて，形成されている事例は非常に少ないであろう。というのも，③を実行するためには，海外子会社が，自ユニットが持つ埋め込みを戦略策定に活用しようとする「意図」を持つことが求められるためである。

　社外埋め込みについては，前述したビジネス・ネットワーク理論に基づく研究が着目してきた。また，海外子会社が関係するイノベーション研究においても，イノベーションの源泉としての海外子会社の役割として，海外子会社が現地で新しい事業機会や知識を感知し，吸収することの重要性が論じられた（Doz, *et al.*, 2001; Govindarajan & Trimble, 2012）。新奇なナレッジを海外で感知し，そこにアクセスし，現地のコンテクストに埋め込まれた「現地固有知識」を獲得するためには，さまざまな現地アクター（顧客，政府，提携パートナー，研究機関など）との埋め込みを構築することを通じて，現地アクターにとっての身内（insider）となる必要があるためである（Forsgren *et al.*, 2005; Johanson & Vahlne, 2009）。そうしたいわば橋頭堡的な役割が海外子会社に求められることが指摘されたのであった。

　そして，海外子会社の「二重の埋め込み」に関しても，徐々に研究蓄積が進められつつある。たとえば，在ブラジル子会社7社の関係的な二重の埋め込みに関するフィールドワークを行ったフィゲイレド（Figueiredo, 2011）は，社内埋め込みと社外埋め込みを同時に達成している生産子会社が存在することを明らかにした[6]。ただ，これは特定の子会社に限定された事例であり，ネットワークの維持にかかるコストを鑑みれば，あらゆる子会社で同時達成するのは難しい。いくつかの研究によれば，二重の埋め込み双方にコミットしている海外子会社は非常に少ないという証左もある（Forsgren *et al.*, 2005; Ciabuschi *et al.*, 2014）。さらに，社外ネットワークと社内ネットワークのアクターが異なる利害を追求している場合，子会社の調整コストは大きくなる可能性が高い（Gammelgaard & Pedersen, 2010）。

　また本社−海外子会社間の埋め込みが過度に強く存在する場合，意図せざるマイナスの影響が働く場合があることも論じられている（Hagedoorn & Frankort, 2008）。たとえば，過度な埋め込み内での業務ばかりを実行すると，従業員の視野の範囲が狭まってしまい，その結果，情報や知識のフローが限定されてしまう可能性がある。また組織的慣性が生じ，海外派遣者人材が本社の業務方針を踏襲してしまい，海外子会社での革新的な活動が起こりにくくなってしまう可能性もある。

　このように既存研究を振り返ると，多国籍企業全社として構築・保持される埋め込みは，多国籍企業全社にとってプラスの影響をもたらすのか，あるいはマイナスの影響をもたらすのかについては，まちまちな研究結果が存在しているといえる。言い換えれば，どのような仕組みを構築すれば全社にプラスの影響をもたらすのかという点について，研究の余地が大いに残されているといえるであろう。

　そこで次節では，本社−海外子会社のマネジメントを行っているユニークな事例として，HOYA を取り上げることとしたい。

3. HOYA の事例[7]

3−1　HOYA の概要

　HOYA は，1941 年の創業以来，ガラスやレンズを軸として，光学技術に基づき新たな事業創造を展開し，着実な成長を遂げてきた企業である。

　ニーズに合わせて事業資源の最適配分を変化させる「事業ポートフォリオ経営」と，強みを発揮できるニッチ市場を開拓し，そこにおける高シェアを実現させる「小さな池の大きな魚」戦略を採用しているのが大きな特徴である。たとえば，HDD ガラス基板，半導体ブランクス，眼鏡レンズといった世界シェア 1 位あるいは 2 位の事業を育成してきた。その結果，1973 年の東証一部上場以降，赤字を計上したことは一度もなく，2009 年からの 10 年間でみても，売上高営業利益率を 15% から 40% へと大きく増加させ，時価総額ベースでも約 4

倍へと成長を遂げている。

　グローバル化についても，海外売上比率は71％となり，海外従業員比率も90％（うちアジア・オセアニアで約70％），経営トップの現地化率も約94％に至るまでに推進がなされている[8]。

3－2　HOYAにおける本社と事業部門（社内カンパニー）の位置づけ

　HOYAでは，鈴木哲夫元社長[9]の時代から，本社の役割を非常に少なくし，その役割を明確化させようとしてきた。本社の役割として，事業部を管理する役割をはずし，グループ全社における投資や資源配分に関する意思決定の側面に絞ってきている。その結果，本社の人員数も非常に少なくなっている。

　こうした狙いをもった組織再編に関して，鈴木哲夫氏は，次のように語っている。

　（1997年に，HOYAを事業部制からカンパニー制に再編した狙いを聞かれて）

　「事業部だと人事権もないし，バランスシートも独立していないので，利益責任を負えないんですね。それをカンパニーにし，さらに事業子会社にすれば，より独立性，自主性が高まります。

　それと同時に本社の機能も変えました。これまで事業部門の管理をしてきたのをやめて，グループ全体の経営戦略を考えることにしたんです。（中略）個別の事業には一切干渉しません。（中略）まだ過渡期なので，子会社の社長など事業の執行役員も取締役会に入っていますが，いずれ，執行役員は本社の取締役会の外に出てもらいます」[10]

　「（本社の役割は）事業子会社に対する投資家という立場です。グループ全体の戦略を立てて，資金を調達し，どの分野にどのくらい投資するかを決めます。人間は戦略企画と財務スタッフ，総務と法務の担当者が少しいればいい。いままでは本社は微に入り細に入り，事業部門を管理し過ぎていました。（中略）本社がやるべきは経営で，管理ではありません」[11]

　より具体的には，HOYAの組織構造には次のような特徴が存在している。第

1 に，社内カンパニーには人事権を与え，採用手法や賃金体系も，事業の性質に応じて異なるのが当然であるという論及を行っている。現在（2022 年 2 月時点）では，鈴木哲夫氏の子息である鈴木洋氏が CEO を担っているが（2000 年に就任[12]），本社の役割や社内事業部門の位置づけは，鈴木哲夫氏の考え方と大きく変化はしていない。

第 2 に，事業部門（SBU）に大きな権限が与えられた経営が実践されている。そこでは，後述する鈴木洋 CEO のコメントにあるように，HOYA という企業グループとしての一体感は求められていない。事業部単位での利益が重視され，事業部に非常に大きな権限が付与されている。利益を着実に生み出す要因としては，3 ヵ月単位で PDCA を繰り返すという「高速」の短期志向主義が貫かれていることが関連している。

第 3 に，事業部間の人事異動はほとんど行われず，全社での人事新卒一括採用も行っていない。そして，海外拠点も事業部ごとに別個に設立されている点に大きな特徴がある。そのため，事業ごとの独立性がきわめて強く，「私は全体の調和や求心力をさらさら求めていない。ある事業に所属した人は，その事業でキャリアを全うするのが前提だ。従業員の帰属意識は事業にあり，ロイヤルティーは事業部長にある。事業の結果責任を追求すると，それなりの権限を与える必要がある。責任と権限は同じ比重でなければならない」[13]と，鈴木洋 CEO は語っている。

第 4 に，本社のコーポレート・ガバナンスや取締役会の側面でも大きな改革が行われてきた。1989 年には，社内取締役が 17 名，社外取締役はゼロであった取締役会が，形骸化を防ぎ，活発な議論を促進するために，社内取締役の数を削減し，94 年には 10 名となった。2003 年には，取締役の総数が 8 名であるのに対して，社外取締役が 5 名となり過半数となった。つまり従来は本社の役員であった社内取締役が本社業務からは離れ，事業部門の業務に専念することとなったといえる。その後，取締役会改革はさらに進み，2003 年に委員会等設置会社への移行がなされた。こうした「極めて小さい本社」の傾向は，昨今でも保持され続けており，社内取締役は 2 名のみにとどまっている（鈴木洋 CEO ともう 1 名の役員）。

3−3　海外への本社機能の移管

(1)　事業本部機能の海外への移管

　このように HOYA では，本社と事業部の役割分担がきわめて明確になされ
ており，事業部に非常に大きな権限が付与されてきた。本社部門には事業部門
のトップは置かず，そのうえで，日本に置かれていた事業本部を海外に移管す
ることも行われてきた。本節では，本社機能の海外移管について論じることと
する。

　まず眼鏡レンズの事業本部が，2004 年に日本からオランダに移管されたが，
その後 2009 年に大きな生産拠点を有するタイに事業本部を移動させた。現在
では，眼鏡レンズが含まれる「ビジョンケア・カンパニー」部門のグローバル
本社がタイに置かれている。

　また，医療用眼内レンズの事業（HOYA Surgical Optics）の本部は，当初は
日本に置かれていたが，のちにアメリカのチノヒルズに移転された。チノヒル
ズに本部が置かれた理由としては，世界的に著名な眼科医が集積する先端的立
地であるためであった。しかし 2011 年に，シンガポールに事業本部が再移転す
ることとなった。アメリカからシンガポールに移転された理由としては，2003
年から最先端の眼内レンズ工場をシンガポールで稼働していることや，重要な
新興市場の顧客へのアクセスがしやすくなる点を，当時の事業部門長は挙げて
いる[14]。また，シンガポールという立地において，先端的な医療技術や医療施
設が備わっており，医療関連の高度人材が集積していることも一因として考え
られる[15]。

　さらに医療用眼内レンズ事業部門では，2018 年に R&D 拠点をシンガポール
の「バイオポリス」に創設した。その結果同部門は，シンガポール国内に，事
業本部，販売拠点，生産拠点，R&D 拠点を擁することとなった。シンガポール
の「バイオポリス」は，シンガポール政府が多額の資金を拠出し，最先端の施
設やインフラを建設した国家的プロジェクトであり，世界中の優秀な高度研究
人材も集積してきている。そうした立地において，白内障向けの患者負担の少
ない新たな技術や製品開発を創造する目的で，この R&D 拠点が設立されてい
る[16]。

(2) CEO オフィスのシンガポールへの移管

　CEO オフィスも，2011 年にシンガポールに移管された。その結果，鈴木洋 CEO は，1 年間の半分以上を海外拠点で活動している。

　鈴木 CEO によれば，シンガポールは世界に散らばっている事業責任者にとって最も集まりやすい場所となっている。なぜなら，HOYA の生産拠点や市場がアジアに集積していることや，また欧米の事業責任者にとっても，英語を使えるという点で心理的ハードルが下がり，訪問しやすくなったためである，と述べている[17]。

　ここから，物理的距離を縮めるだけでなく，欧米人幹部社員にとっての心理的距離を縮める意味合いがあることがわかる。他方で，日本本社にいる社員（とくに日本人）にとっては，心理的距離が広がることになるが，従来の心理的距離が近すぎたと解釈することもできるであろう。

(3) スタッフ部門の海外への移管

　またグローバル財務本部は，2003 年にオランダに移管されており，当時の CFO は 1 年のうち多くの時間をオランダで滞在していた。

　このように，HOYA では，コーポレート本社機能だけでなく，複数の事業部や機能における本部機能を海外に移動させている。また機能によっては，複数回移動させているところもある。したがって，ある機能をどこに立地させるのが望ましいかについて，単発ではなく経時的に検討を行い，そのうえで意思決定がなされていることがうかがえる。

4. インプリケーション

　HOYA の事例のように，本社機能や事業本部の一部が海外移管されると，本社－海外子会社間における埋め込みはどのような影響を受けるであろうか。試論的な内容も含まれるが，考えられるのは以下の点である。

　第 1 に，多国籍企業内に複数の中心が置かれることによる影響は少なくない。なぜなら，本国にある本社の位置づけと海外移管された事業本部の位置づ

けが異なるためである。というのも，海外移管された事業本部は，本国に位置する本社よりも中心性が低いとか，異質な拠点と認識される可能性がある。また，従来型の日系多国籍企業のように，日本に非常に大きな本社があれば，多中心な組織と海外従業員からは認識されにくい。しかしHOYAのように，各事業部門の置かれた状況に応じて，事業本部の立地が異なったり，さらには，時間の経過と共にその立地が変化し得ると従業員に認識されることになれば，組織としての中心が変化し得ると同時に，その中心は本国にあるとは限らないという認識がメンバーに共有されていくであろう。そして，そうであれば，海外移管された事業本部は，従来型の本社が有する競争優位が移転される拠点という位置づけではなく，新規知識の獲得・供給源という役割になり得る可能性もあるだろう。またHOYAの事例では，外国人社員の視点からみると，よりアクセスしやすいCEOオフィスや事業本部がシンガポールなどに存在することになり，コミュニケーションが容易になったことが示唆されている[18]。

　第2に，HOYAのように，いわゆるコーポレート本社の役割を限定し，事業本部の管理には携わらないという経営を行うことには，多国籍企業内における本社－海外子会社間関係をいかにマネジメントするのか，に対する1つの方向性が提示されていると考えられる。ひいては，本社－海外子会社間における過度の社内埋め込みから生じるデメリットの削減にもつながり得る。

　巨大な多国籍企業において，きわめて数多く擁するユニット間に縦横無尽に強い関係的埋め込みを作り上げることは，効率性やコストの観点からは望ましいことではないし，現実的なことではない。それは，埋め込みを強い水準で維持するためには，本社サイドからみても，海外子会社サイドからみても，経営資源の注ぎ込みが不可欠となるためである。しかし，海外子会社の経営資源は限られており，外部埋め込みと内部埋め込み双方にコミットできる海外子会社は限られていることが明らかになっている（Forsgren *et al.*, 2005；Ciabuschi *et al.*, 2014）。またコーポレート本社としても，世界各国に拡がる海外子会社の管理を一律に高レベルで持続し続けることは，きわめて困難であろう。

　メガネレンズ事業や医療用眼内レンズ事業で扱う製品は，生産する側面では国によるニーズの違いがそれほど大きく異なるものではないといえる。他方で，販売・流通といった側面では，国による法規や規制に大きく影響を受ける

製品であり，国ごとの細かい対応が必要となる製品である。その意味で，今後の需要が最も見込まれるアジア新興国市場に両事業のグローバル本部を置き，HOYA本社との埋め込み維持にかかる負荷を削減させることによって，各国へのきめ細かい対応を行うのに必要な社外ネットワークの構築に注力することを可能にさせている可能性がある。

　本社の中核機能の一部がなぜ海外に移転するのかに関する既存研究では，コーポレート本社の中核機能を海外に移転させる促進要因として，① 多国籍企業の国際化度の増加，② 本国の魅力の低下が挙げられている（Baaij, Mom, Van den Bosch, & Volberda, 2015）。HOYAのケースは，こうした事由よりも，さらに自ら意欲的・積極的に，事業本部機能を海外に移管させているという点で，注目に値するケースといえるのではないだろうか。

　第3に，本社機能とは何であるのか，本社とは何のために存在するのかに関して，さらなる検討が必要であることが，HOYAの事例から改めて浮き彫りとなったと考えられる。コーポレート本社，地域本社，事業本社といった本社の役割はますます複雑化していると考えられ，その役割分担のあり方については正解があるわけではないであろう。

　第4に，組織硬直性を持った多国籍企業にとって，その慣性を打破するための方策の1つとして，すでに存在する本社以外の中心的ユニットを新たに設立する意味があることを，HOYAの事例は示唆しているかもしれない。近年，他の日本企業においても，海外事業本部をスイスに設置したJTのように，本国以外の場所に事業本部を設置する事例も出現してきた。また，一部の事業に限り，海外に本部を設置する企業数は近年増加してきている。したがって，どの事業の中心も本国に設置する必要性は必ずしもないということが示唆されていることになる。

おわりに

　多国籍企業のすべてのユニットが自らの制度環境に埋め込まれることなく，生存し続けることはできない。他方で，すべてのユニットが同じレベルで非常

に強い埋め込みを持つ必要もない。その意味で，各ユニットは，どの程度の埋め込みを保持していくのか，戦略的に選択し得るという発想を持つことが重要となってくる。加えて，コーポレート本社は，各ユニットの埋め込みの方向性のあり方について，一定程度のビジョンを示すことは可能であろう。HOYAのように，求心力を持たないコーポレート本社を目指し，「完全な事業部制」に基づく組織戦略や人事戦略は，その一例といえるかもしれない。

　他方で，このような理念を醸成してきていない企業が，HOYAのような方策を模倣し得るのかというと，それは容易ではないであろう。したがって，HOYAのケースは非常に極端な事例でもあるが，他方でそこから学習できる点も数多く存在すると考えられる。

　最後に，本章の限界について記しておきたい。第1に，コーポレート本社のみならず，地域本社や事業本社といった本社機能の多様化が進んでいるが（浅川，2020)，それが本章で論じたテーマにどのように影響しているのかについては論じることができなかった。

　第2に，海外子会社そのものも，そのタイプや性質が多様化・複雑化してきている[19]が，その影響についても触れることはできなかった。さらには，クロスボーダー M&A が増大しており，買収先の被買収企業が子会社や孫会社を有しているような場合，多国籍企業のネットワークや埋め込みが大きく変化することは考えられる。

　第3に，属する産業や扱う製品の特性が，多国籍企業のあるべき本社—海外子会社関係や多中心性のマネジメントに影響を与えることが考えられる。たとえば，本国における優位性が喪失しつつあるような産業や製品を扱っている場合の方が，本社を海外に移転させたり，海外に事業本部を設置することは行いやすいかもしれない。こうした課題点については，今後の研究で論じることとしたい。

（山本崇雄）

［付記］

本章は，JSPS 科学研究費（若手研究（B）24730334，基盤研究（C）16K03906, 20K01894）による助成を受けたものである。

[注]

1）2011年から2019年にかけて，タイ，マレーシア，ベトナムにある複数の日系企業の同じ生産拠点について，複数回の訪問調査を行った。ここで，すべての訪問企業を挙げることができないが，調査を受け入れて頂いた企業の方々に心より御礼申し上げたい。

2）むろん，I社のドメインと大きくかかわる事項であり，海外子会社が本業と関連の乏しい事業機会に突如携わることが望ましいわけではない。しかしながら，タイ子会社の業績はその後芳しい方向に向かったわけではなかった。

3）ネットワークという概念に基づき多国籍企業を解釈した研究は，これ以外にもさまざま存在している。ヘットランドによる「ヘテラルキー」，ノーリアとゴシャールによる「分化されたネットワーク」，バートレットとゴシャールによる「トランスナショナル組織」などが挙げられるが，これらに共通する点は，多国籍企業内のユニット間ネットワークに主な焦点をあてており，社外ネットワークには大きく焦点をあてていないことである。この点が，ビジネス・ネットワーク理論との大きな違いであるといえる。

4）ただし，これは①から④に挙げられる研究ストリームを軽視しているという意味ではない。また，21世紀に現存する実際の多国籍企業にも，①から④のストリームは適用し得る。あくまで，多国籍企業観としてさまざまな見方があり得るという点は記しておきたい。

5）なお，海外子会社と現地アクター間のみならず，本社と現地アクター間の関係を，「社外埋め込み」として捉えようとする研究も存在している（Nell, Ambos & Schlegelmilch, 2011）。

6）この研究は組織間の関係的埋め込みに焦点をあてており，海外子会社の埋め込みに関して，次のように類型化している。まず，社内埋め込み（本社−海外子会社間）については，弱い順に，組織同士の結びつきがない状態→アームス・レングスの組織間関係→生産向けの学習がなされている関係→中間的なイノベーション向けの学習がなされている関係→研究開発に関する知識共有がなされる関係となっている。社外埋め込み（海外子会社−現地ユニット間）については，弱い順に，組織同士の結びつきがない状態→アームス・レングスの組織間関係→人材の採用，教育・研修の実施→基礎的なイノベーション活動向けの知識共有がなされる関係→さまざまな研究活動について協働を行う関係となっている。

7）本節におけるHOYAの記述は，注記のない場合，同社公表資料（アニュアルレポート（2002年版〜2019年版），統合報告書（2020年版），決算説明会資料，有価証券報告書，同社のホームページのコンテンツ）に基づいている。また本節の着想は，筆者が2010年代に3度訪問したマレーシアの同社現地法人とのやり取りに基づくところが大きい。

8）「HOYA統合報告書2020」より（https://www.hoya.co.jp/japanese/ir2020/highlight/）

9）1957〜67年および1970〜93年に社長を務めた。その後，会長になってからもHOYAの経営改革に関与した。

10）『日経ビジネス』，1998年11月30号，p.67。

11）「朝日新聞」，1997年10月25日夕刊，インタビュー。

12）鈴木哲夫氏の後任には，HOYA創業者の一人である山中茂氏の長男である山中衛氏が就任した（1993〜2000年）。

13）「日経産業新聞」，2020年3月4日。

14）メディカル事業部のトーマス・A・ダンラップ事業部門長（当時）のコメント（HOYAのプレスリリース，2011年3月8日より；http://www.jpubb.com/press/239976/）

15）シンガポールでは，眼科専門病院が数多く存在し，医療用眼内レンズを用いるような手術（特に白内障）も活発に行われている。このため，治験のデータにアクセスしやすいといった利点もあると考えられる。

16）シンガポールEDBホームページ（https://www.edb.gov.sg/ja/industries-case-studies/case-studies–library/2018may–jp–article–04.html)。

17)「日本経済新聞」, 2015 年 4 月 15 日。

18) 日本人社員にとっては, 役員がどこにいるのかを探す必要があり, コミュニケーションしにくくなったというデメリットがあることが伝えられているが, 外国人の幹部社員のプレゼンスがHOYA では大きい点を考えれば, メリットの方が大きいと思われる。

19) いわゆる中間的ユニット (Intermediate Units; IU) の出現がそれに相当する。中間的ユニットとは,「子会社ともコーポレート本社とも異なるが, 一部はそれらと共通の特徴をもっているハイブリッド組織主体 (Hoenen *et al.*, 2014)」のことである。具体的には, 従前より研究がなされたきた, 本社機能のバリエーション (事業本社, 地域本社) もある一方で, 近年出現してきた新しい組織形態として, 地域マネジメント・マンデート (regional management mandates (RMM)), 足がかり拠点 (springboards), 地域マネジメントセンター (regional management centers (RMC)), 受入国本社 (host–country headquarters), 特定国本社 (country–specific headquarters) といった存在が挙げられている (Pla–Barber *et al.*, 2021)。

[参考文献]

Ando, N. (2012). The ownership structure of foreign subsidiaries and the effect of institutional distance: a case study of Japanese firms, *Asia Pacific Business Review*, 18(2): 259–274.

Andersson, U., & Forsgren, M. (1996). Subsidiary embeddedness and control in the multinational corporation. *International Business Review*, 5(5): 487–508.

浅川和宏 (2020).「未来の多国籍企業におけるこれからの「本社」のあり方」, 浅川和宏・伊田昌弘・臼井哲也・内田康郎監修『未来の多国籍企業』, 文眞堂, 第 6 章。

Baaij, M. G., Mom, T. J. M., Van den Bosch, F. A. J., & Volberda, H. W. (2015). Why do multinational corporations relocate core parts of their corporate headquarters abroad? *Long Range Planning*, 48(1): 46–58.

Barner–Rasmussen.W, Piekkari, R., Scott–Kennel, J. & Welch, C. (2010). Commander–in–chief or absentee landlord? Key perspectives on headquaters in multinational corporations, in Andersson, U. & Holm, U. (eds.) *Managing the Contemporary Multinational: The Role of Headquaters*, Edward Elgar Publishing.

Bartlett, C. A., & Ghoshal, S. (1989). *Managing across Borders: The Transnational Solution*. Harvard Business Press. (吉原英樹監訳『地球市場時代の企業戦略』日本経済新聞社, 1990 年)。

Benner, M. J., & Tushman, M. L. (2003). Exploitation, exploration, and process management: The productivity dilemma revisited. *Academy of Management Review*, 28(2): 238–256.

Buckley, P. & Casson, M. (1976). *Future of the multinationals*, Palgrave Macmillan. (清水隆雄訳『多国籍企業の将来』文眞堂, 1993 年)。

Ciabuschi, F., Holm, U., & Martín, O. M. (2014). Dual embeddedness, influence and performance of innovating subsidiaries in the multinational corporation. *International Business Review*, 23(5): 897–909.

Doz, Y. L., & Prahalad, C. K. (1991). Managing DMNCs: a search for a new paradigm. *Strategic Management Journal*, 12(S1): 145–164.

Doz, Y., Santos, J., & Williamson, P. (2001). *From global to metanational: How companies win in the knowledge economy*. Harvard Business Press.

Dyer, J. H., & Nobeoka, K. (2000). Creating and managing a high–performance knowledge–sharing network: the Toyota case. *Strategic Management Journal*, 21(3): 345–367.

Figueiredo, P. N. (2011). The role of dual embeddedness in the innovative performance of MNE subsidiaries: Evidence from Brazil, *Journal of Management Studies*, 48(2): 417-440.

Forsgren, M. (2008). *Theories of the Multinational Firm: A Multidimensional Creature in the Global Economy*, Edward Elgar.

Forsgren, M., Holm, U. & Johanson, J. (2005). *Managing the embedded multinational: a business network view*, Edward Elgar.

Gammelgaard, J. & Pedersen,T. (2010). Internal versus external knowlgde sourcing of subsidiaries and the impact of headquarters control, in Anderssn, U. & Holm, U. (eds.) *Managing the Contemporary Multinational: The Role of Headquaters.*

Garcia-Pont, C., Canales, J. I., & Noboa, F. (2009). Subsidiary strategy: The embeddedness component. *Journal of Management Studies*, 46(2): 182-214.

Granovetter, M. (1985). Economic action and social structure: The problem of embeddedness. *American Journal of Sociology*, 91(3): 481-510.

Ghoshal, S. & Nohria, N. (1997). *The Diffrentiated Network: Organizing Multinational Corporations for Value Chain*, Jossay-Bass Publishers.

Govindarajan, V. and Trimble, C. (2012). *Reverse Innovation: Create far from home, win everywhere*, Harvard Business Review Press. (渡部典子訳『リバース・イノベーション―新興国の名もない企業が世界市場を支配するとき―』ダイヤモンド社, 2012年)。

Hagedoorn, J., & Frankort, H. T. (2008). The gloomy side of embeddedness: The effects of overembeddedness on inter-firm partnership formation, *Advances in Strategic Management*, 25, 503-530, Emerald Group Publishing Limited.

Hoenen, A. K., Nell, P. C., & Ambos, B. (2014). MNE entrepreneurial capabilities at intermediate levels: the roles of external embeddedness and heterogeneous environments. *Long Range Planning*, 47(1-2): 76-86.

Hymer, S. (1976). *The international operations of national firms: A study of direct foreign investment*, MIT Press. (宮崎義一編訳『多国籍企業論』岩波書店, 1979年)。

Johanson, J., & Vahlne, J. E. (2009). The Uppsala internationalization process model revisited: From liability of foreignness to liability of outsidership. *Journal of International Business Studies*, 40(9): 1411-1431.

木村公昭・原市郎 (2013). 『RESEARCH REPORT 地域統括組織を超えて』アビームコンサルティング。

Kogut, B., & Zander, U. (1992). Knowledge of the firm, combinative capabilities, and the replication of technology. *Organization Science*, 3(3): 383-397.

Kogut, B., & Zander, U. (1993). Knowledge of the firm and the evolutionary theory of the multinational corporation. *Journal of International Business Studies*, 24(4): 625-645.

Kostova, T., & Zaheer, S. (1999). Organizational legitimacy under conditions of complexity: The case of the multinational enterprise. *Academy of Management Review*, 24(1): 64-81.

Mom, T. J. M., Van Den Bosch, F. A. J., & Volberda, H. W. (2007). Investigating managers' exploration and exploitation activities: The influence of top-down, bottom-up, and horizontal knowledge inflows. *Journal of Management Studies*, 44(6): 910-931.

Nell, P. C., Ambos, B., & Schlegelmilch, B. B. (2011). The MNC as an externally embedded organization: An investigation of embeddedness overlap in local subsidiary networks. *Journal of World Business*, 46(4): 497-505.

Pla-Barber, J., Botella-Andreu, A., & Villar, C. (2021). Intermediate units in multinational corporations: Advancing theory on their co-parenting role, dynamics and outcomes. *International*

Journal of Management Reviews, 23 (1): 116-147.

Polanyi, K. (1957). The Economy as Instituted Process, in Granovetter, M. & Swedberg, R. (eds.) *The Sociology of Economic Life*, Westview Press.

Rugman, A.M. (1981). *Inside the multinationals*, Columbia University Press. (江夏健一・中島潤・有沢孝義・藤沢武史訳『多国籍企業と内部化理論』ミネルヴァ書房, 1983年)。

Scott-Kennel, J., & Michailova, S. (2016). Subsidiary internal and external embeddedness: trade-up and trade-off. *International Journal of Multinational Corporation Strategy*, 1(2): 133-154.

Stopford, J.M. & Wells, L.T. (1972). *Managing the Multinational Enterprise: Organization of the Firm and Ownership of the Subsidiaries*, Longman. (山崎清訳『多国籍企業の組織と所有政策』ダイヤモンド社, 1976年)。

Uzzi, B. (1997). Social structure and competition in interfirm networks: The paradox of embeddedness. *Administrative Science Quarterly*, 42(1): 35-67.

Von Hippel, E. (1998). Economics of product development by users: The impact of "sticky" local information. *Management Science*, 44(5): 629-644.

渡辺深 (2015).「「埋め込み」概念と組織」,『組織科学』第49巻第2号, 29-39。

山口隆英 (2006).『多国籍企業の組織能力』白桃書房。

Yamin, M. & Ghauri, P.N. (2010). A critical assessment of the business network perspective on HQ control in multinational companies, in Andersson, U. & Holm, U. (eds.) *Managing the Contemporary Multinational: The Role of Headquarters*, Edward Elgar Publishing.

第5章

日本企業の組織文化と革新
──調整メカニズムとしての社会化──

はじめに

　国際ビジネスの分野では，1990年代以降さまざまなケイパビリティを備えた海外子会社から構成される異質な企業体であるという多国籍企業観が広く受け入れられるようになっている。しかし，海外子会社が生み出した革新が他のユニットでも利用されるようにするのは容易ではない。世界に散らばった知識のネットワークをマネイジすることはまさに今日の多国籍企業にとって大きな挑戦なのである（Mudambi & Swift, 2011）。

　そうした課題に関して，本書ではこれまで組織構造や親会社－子会社関係といった，組織のフォーマルな側面に着目してきた。しかし，これでは組織の解剖学をみているに過ぎず，生理学および心理学にも関心を向ける必要があることはかねてから指摘されてきた（Bartlett & Ghoshal, 1989）[1]。そこで本章では組織の心理学，すなわち組織文化に焦点をあてる[2]。

1. 日本企業に求められるもの

　『日本経済新聞』の2021年1月の「私の履歴書」は『奇想の系譜』の著者である美術史家の辻惟雄氏だった。伊藤若冲や曽我蕭白といった独特のエキセントリックな画風を持つ異端の画家たちの作品とめぐり合ううちに従来の定説を打ち破る独自の見方が芽生え始めていた辻氏は，傍流扱いされ美術史研究にお

いて正当な評価を受けることなく埋もれていた，それらの画家を「主流の中の前衛」と結論づけ，同書のなかでその新奇性，先進性を積極的に評価した。若冲が自らの画風を作り上げることができたのは，裕福な町人の家に生まれ基本的に生活のために絵を描く必要がなかったため，流派に縛られることなくさまざまなジャンルの絵画から学んだからだといわれている[3]。他方，鈴木其一[4]は琳派の伝統を徹底的に叩き込まれた後に，琳派の常識を覆すような作品を残したことで知られ，伝統が存在しないところに革新は生まれないという意見もある[5]。

　奇想，独創性，革新が日本，日本企業に欠けていると言われて久しい。新聞を開けば，イノベーションが既存技術の延長線上にあった時代には大きな武器となった中核部品の開発や作り込み，完成品の組み立てまで自前主義と完璧主義への拘り＝高品質の製品を量産する「日本流」が行き詰っている[6]とか，19世紀に芽吹いた新技術の深掘りが得意で，かつては世界を引っ張った日本企業も21世紀には異分野の技術やノウハウを探し，知の領域を広げ続けることが求められる[7]など，依然として厳しい状況にあるようだ。革新には深掘りも探索も必要なのである。

　多国籍企業においては，本国から遠く離れた海外子会社が革新の担い手になることが期待されるが，日系多国籍企業は集権化した階層組織を創り上げ，海外子会社をタイトにコントロールしてきたので，海外子会社には自律性あるいは企業家精神が乏しく，新しいビジネスや製品を生み出すことは容易ではないといった指摘もある（Kuwana, 2016）。第2章で述べたように，「多国籍企業内の他のユニットがそのオペレーションに際して依存している資源をコントロールする中心としての属性を備えた子会社」（Holm & Perdersen, 2000; p.2）はセンター・オブ・エクセレンス（CoE）と呼ばれる。多国籍企業はこうした海外子会社を通して技術クラスターに接近し，現地の知識にアクセスできるが，価値ある知識の多くは暗黙知であり，現地のコンテクスト外へ理解できるような形で伝えることは難しい。海外子会社の外部ネットワークへの埋め込みと他ユニットへの知識移転の可能性の間のトレードオフもまた，海外子会社がただ革新的であればいいという問題では済まなくしているのである（Anderson, Forsgren & Holm, 2001）。

　そうした課題に関して，本章では組織文化に焦点をあてる。国際ビジネス研究ならびに多国籍企業研究においても組織文化は重要な役割を果たしてきた。とりわけ海外子会社の調整メカニズムの１つとしての社会化が関心を集めてきた。CoE のような海外子会社に対しては社会化が有効であることが分かってきたが（Nobel & Birkinshaw, 1998; Björkman, Barner-Rasmussen & Li, 2004），社会化に疑問を投げかける研究もないわけではない（Ambos & Schlegelmilch, 2007）。日本企業の海外子会社の探索活動と組織文化，社会化の関係を検討していくことにする。

2.　海外子会社の探索活動を促進するよういかにコントロールするか

2-1　官僚的コントロールと文化的コントロール

　かつて多国籍企業の海外子会社は自律的であった。第３章で取り上げたストップフォードとウェルズ（Stopford & Wells, 1972）[8] が示した国際拡張のフェーズ１は自律的子会社というフェーズであった。その理由は，大半の米系多国籍企業の国際化が大した計画もなく行われたからである。初期の投資のほとんどは市場を失う脅威に対する防衛的な対応であり，海外事業のマネジメント経験のあるエグゼクティブはほとんどおらず，海外子会社が小規模のままで全体にとって重要な貢献もない限り，コントロールを導入するプレッシャーもほとんどなかった。利益が出たら儲けものの「ギャンブル」であり，結果を出している限り自由に経営できたのである。しかし，コントロールと組織が導入される新しいフェーズに移行するのにそれほど時間はかからなかった[9]。効率的な生産立地，規模の経済，重複した活動の統合・整理のため，自律的だった多くの子会社は本社の直接的なコントロール下に置かれることになる。

　チャイルド（Child, 1973）によれば，そもそもコントロールは本質的に政策，計画，目標のなかで確立された期待と合致するよう組織において活動を制限することとかかわりがある。では，どうやって期待に合致するよう行動を制限するのか。コントロールの核心にあるのは監視プロセスであり，監視できて評価

できる現象は成果と行動の2つしかない（Ouchi, 1977）。成果あるいは行動を監視するため，組織は官僚的コントロールかパーソナル・コントロールかを選択できる。多国籍企業で考えてみると，海外子会社のマネジャーの役割や権限を明確に制限するルールや規制や手続きを用いるのが官僚的コントロールであり，本社から信頼できる人材を海外子会社の重要ポジションに送り込み子会社を監督させるのがパーソナル・コントロールとなる。成果あるいは行動を監視することが難しい場合は，組織メンバーに組織の価値観を植え付け，組織の意図と一貫性があるよう振る舞わせる（Baliga & Jaeger, 1984）。マネジャーの海外移動が調整・コントロール戦略として用いられると指摘したのはエドストロムとガルブレイス（Edstrom & Galbraith, 1977）であり，海外赴任者と現地人マネジャーの組織文化への社会化および海外子会社と本社を結ぶコミュニケーション・ネットワークの創造から成る。この第3のタイプのコントロール，すなわち社会化によるコントロールとパーソナル・コントロールはまとめて「文化的コントロール」と呼ばれ，「官僚的コントロール」と「文化的コントロール」が海外子会社のコントロールに用いることのできる2つの支配的コントロールシステムとされた（Baliga & Jaeger, 1984）。

　現実世界の組織は純粋な「理念型」ではないので，多国籍企業も官僚的コントロールと文化的コントロールを組み合わせて用いることになる。80年代までの多国籍企業の調整メカニズム研究についての網羅的レビューを行ったマルチネスとジャリロ（Martinez & Jarillo, 1989）は，官僚的コントロールを含む構造およびフォーマルな調整メカニズムと文化的コントロールを含むよりインフォーマルで巧妙な調整メカニズムに大別したうえで，フォーマルな調整メカニズムへの関心は廃れていないが，インフォーマルな調整メカニズムへの関心が増したことを示している。組織文化自体が80年代の重要な発見なのだから当然といえば当然だが，文化的コントロール，社会化への関心は今日まで続いていくことになる。

2-2　海外子会社の役割と調整メカニズム

　合理性の規範のもと，異質なタスク環境に直面する組織は同質的なセグメン

トを識別し，それぞれに対処するため構造ユニットをつくろうとする
（Thompson, 1967）。この命題をもとに，ゴシャールとノーリア（Ghoshal &
Nohria, 1989）は異質なタスク環境に直面している組織の典型である多国籍企
業の内部分化を示した。海外子会社はそれぞれ異なる環境条件に埋め込まれ，
異なる歴史的状況下で発展してきたので，多国籍企業の内部構造は海外子会社
のコンテクストにフィットするよう分化しているであろうと考えた。彼らが本
社－子会社関係の構造要素としたのは集権化と公式化，そして本章で焦点をあ
てている規範的統合（社会化）の3つであり，それらの組み合わせが姉妹子会
社と比べた相対的な資源レベルと現地環境の複雑性で把握される海外子会社コ
ンテクストといかに関連しているかを検討した。それぞれのコンテクストにお
いて最も効率的（限られた管理資源を効率よく活用するという意味）な構造
は，特定のコンテクスト下での各要素のコストと有効性の間の最適なトレード
オフを反映した構造要素の組み合わせに違いない。

　たとえば，現地資源が豊富で複雑な外部環境に直面しているコンテクストで
は資源を保有する海外子会社は依存を受け入れたくないので，集権化は最も適
さない。公式化は自律的な利害を制約するため，また調整された意思決定のた
めの枠組みを提供するので望ましいが，環境圧力への迅速な対応に関して慣性
を創り出すから制限されるだろう。規範的統合は高くつくが，相互依存を促進
するという利点は有益なので最も適している。したがって，集権化の程度が低
く，公式化が中程度で，規範的統合の程度が高いという組み合わせがフィット
すると予想された。『世界多国籍企業総覧』に掲載された欧米系多国籍企業を
対象に行った分析の結果仮説は支持され[10]，規範的統合は海外子会社の保有資
源レベルが高く，不確実性が高い状況下で威力を発揮する[11]。

　1990年代以降も，海外子会社の役割が変化する，また役割は与えられるので
はなく子会社によって獲得されるといった批判を受けながらも，海外子会社の
役割と調整メカニズムの関係を探る研究が蓄積されていく。ノーベルとバーキ
ンショー（Nobel & Birkinshaw, 1998）は，海外子会社がますます特化した役
割を果たすようになるにつれて本社が上位にあるとか階層コントロールといっ
た伝統的な仮定が崩壊し，出現しつつある組織形態を理解するためには，トラ
ンスナショナル（Bartlett & Ghoshal, 1989）やヘテラルキー（Hedlund, 1986）

といった代替的なモデルが必要だという議論がR&Dユニットにも当てはまると考えた。彼らはピアース（Pearce, 1991）などをベースにR&D拠点を以下の3タイプに分類し，R&D拠点の役割が環境の異質性に応じて分化している限り，集権化・公式化・社会化の相対的な重点は本社－R&D拠点関係によって異なると予想し検証した。

・現地適応ユニット（*Local Adaptor*）：当該多国籍企業の既存の主流技術を有効に活用すべく，現地生産拠点をサポートする。現地適応ユニットの役割の本質は親会社から海外製造拠点への技術移転を容易にすることにある。

・国際適応ユニット（*International Adaptor*）：現地適応ユニットと同じく現地生産拠点を支援するが，現地適応ユニットより根本的にクリエイティブな役割を担い，海外子会社に製品の自律性を付与する。

・国際クリエイターユニット（*International Creator*）：国際適応ユニットとは異なり，製品改良でなく研究開発に従事しており，現地生産拠点ではなく全社・事業部R&Dと関係を有する。

　「本社から遠く離れたところに立地する影響力のあるセンター」（Nobel & Birkinshaw, 1998: 484）である国際クリエイターユニットを階層的な手段でコントロールすることは望ましくないし現実的でもないので，代わりに社会的コントロールが用いられる。国際クリエイターユニットは資源レベルが高く，他ユニットと強い互恵的な相互依存関係を持つので，社会化のようなより洗練された調整メカニズムを必要とするからである。集権化と公式化も用いられるが，社会化は組織の情報処理能力を強化する方法として，また不確実性下での意思決定をガイドし得る規範や価値観を構築する方法としても重要なのである（Hedlund, 1986）。したがって，調整メカニズムの相対的な重点は集権化＝中，公式化＝低，社会化＝高という命題が導かれる。スウェーデンの多国籍企業15社を対象にした調査の結果，R&D拠点の役割は分化しており，3つの調整メカニズムの相対的な重点は大きく異なっていた。命題通り，国際クリエイターユニットは相対的に高い水準の社会化，低水準の公式化，中水準の集権化によってコントロールされていたことが明らかになった[12]。

　ビョークマンとラスムセンとリー（Björkman, Barner-Rasmussen & Li, 2004）も，海外子会社の知識の移転に焦点をあてて社会化との関係を検討し，

社会化を徹底的に用いるほど，海外子会社から姉妹子会社へ移転される知識が増えることを発見している。海外子会社の役割よりも子会社間の関係の方がより知識フローを説明するうえで重要だとして，多国籍企業の子会社間で共有された価値，目標，信念のセットを確立する社会化により，子会社が長期的なビジョンやゴールを共有するほど知識を移転し補完的知識を交換する。また子会社間の社会的相互作用は子会社間の境界を曖昧にして情報や知識の拡散を刺激する。フィンランドおよび中国に立地する海外子会社134社を対象にした調査では，子会社マネジャーが他の子会社を訪問したり，研修プログラムに参加したり，複数の子会社のメンバーで構成される委員会で顔を合わせることによって他の子会社のマネジャーと交流するほど，知識が移転することが確認された。

　他方で，社会化に懐疑的な研究もある。アンボスとシュレゲルミルヒ（Ambos & Schlegelmilch, 2007）は，ノーベルとバーキンショー（1998）と同じく分化を前提とし，コンティンジェンシー理論（本社によるコントロールをR&D拠点が直面するコンテクストの一関数として捉える）に依拠しながら，組織パワー理論（個々のR&D拠点のパワーの差や対立するゴールが本社によるコントロール手法に影響を及ぼす）も取り入れ，R&D拠点と集権化，公式化，社会化との関連性を考察している。R&D拠点の役割はノーベルとバーキンショー（1998）の分類を採用した。

　たとえば国際クリエイターユニットでは，新しい知識を創造するにはオペレーション上の自由が必要である一方，資源の中心性ゆえ調整が強く必要でもある。そうしたミッションの複雑さと遂行するタスクのプログラムしにくさを考慮すると，公式化は失敗しそうであり，集権化と社会化が好まれるであろう。また，組織パワー理論に基づく仮説導出も行われた。海外子会社のパワーの源泉は当該子会社の相対的な資源賦存とネットワーク中心性であるため，R&D拠点が保有するパワーは現地適応ユニットでは相対的に小さく，国際クリエイターユニットでは高く，国際適応ユニットはその間のどこかと仮定される。R&D拠点のパワーが上昇すると，本社はいわゆる「階層権限」によるコントロールを行使できなくなり，そうした状況では社会化が最適だと考えられた。ところが，ドイツ企業106社の海外R&D拠点を対象にした調査の結果，R&D拠点の役割と社会化に関する仮説はほとんど支持されなかった。ノーベ

ルとバーキンショー（1998）で支持された国際クリエイターユニットでも社会化によるコントロールは支持されなかったのである。国際クリエイターユニットは資源パワーを利用して，集権化だけでなく社会化のような調整メカニズムをも中和してしまうのかもしれない（Gupta & Govindarajan, 1991）。

2-3　社会化という調整メカニズムの再検討

　1996年から2009年までの期間にトップジャーナルに掲載された多国籍企業内の知識フローに関する92本の論文をレビューしたミハイロワとムスタファ（Michailova & Mustaffa, 2012）によれば，技術やナレッジマネジメント・インフラの使用の検討から社会的ネットワークや社会化といったよりインフォーマルなメカニズムへと研究の力点がシフトしている。しかしながら，前節でみたように社会化に疑問を投げかける研究もないわけではない（Ambos & Schlegelmilch, 2007）。CoE，知識アウトフローを担う海外子会社には社会化のようなソフトな洗練されたコントロールでさえもフィットしないのだろうか。

　社会化のネガティブな側面については以前から指摘されてきた。固有の考え方を受け入れることにより，別の考え方や行動ができなくなってしまうことは組織文化の定着プロセスそのものが組織メンバーの均質化，画一化のプロセスでもあるため当然の帰結でもある。こうした均質化・画一化そのものは逆機能ではないが，組織を取り巻く環境が変化すると，環境変化に適応すべく変革が求められる場合に逆機能になる可能性がある。過度の社会化に対する警鐘もある（Van Maanen & Schein, 1979）。

　社会化の再検討の必要性を説く中川・中川・多田（2015）は，社会化を推進すると親会社の固有知識の移転は促進されるが，現地での創意工夫が阻害され，反対に社会化を行わなければ現地での創意工夫は闊達に行われるが，親会社からの知識移転が進まないという状況を「組織社会化のジレンマ」（p.46）と呼んだ[13]。海外子会社の経営上は知識移転と創意工夫の両立が望ましい。しかし，海外子会社に社会化を実行するか否かで，一方を追求すれば他方が実現できなくなるジレンマに陥ってしまう。それゆえ，社会化をどの程度実施するか慎重に判断しなければならないし，親会社流の考え方を伝えるのか現地流を尊

重するのかバランスをとっていくことが求められる。そのバランスのとり方について，多田・中川・今川（2015）では社会化を段階的に導入する2つの成功パターンが示されている。

・成功パターン1（現地環境や海外子会社内部の状況と照らして社会化が容易であり，新興国に対して優位な本国知識を有する場合に有効）：まず本国親会社の調整，なかでも社会化を強化して，本国知識の効果的な移転と定着を促し，その後脱組織社会化を行って現地での知識創発を促進する。

・成功パターン2（速やかな現地適応や現地環境の変化が激しくより現地に密着した柔軟な対応が必要な場合，あるいは本国知識の優位性がそれほど期待できない場合に有効）：まずすべての調整手法をあえて極力控えめにとどめ現地での知識創発を促し，それを達成した後に集権化と公式化とのバランスを図りながら再社会化を導入して本国知識の移転を試みる。

　CoEのように，海外子会社での知識創発後，他の子会社に移転するという次の局面を視野に入れると，成功パターン1で脱社会化後に再社会化を行うのか，成功パターン2の本国知識の移転を試みる再社会化は他の子会社への移転にも有効なのかどうか，などについてはさらに検討が必要である。けれども，これまで本章で取り上げてきた研究がクロスセクショナルな研究であったため，海外子会社やR&D拠点の設立間もないときの調整メカニズムを議論しているのか，成長してからの調整メカニズムを議論しているのか曖昧であった。海外子会社が担う役割にフィットするよう調整メカニズムも分化していると仮定すれば，役割が変化するなら調整メカニズムも変化していくに違いない。本国親会社からの知識移転が必要な局面なのか，革新・知識創発が求められる局面なのか，生み出した知識を他の子会社に移転する局面なのか。経時的な事例研究を通じて，ダイナミックな調整メカニズムの変化のなかで社会化を捉えた点，また脱社会化や再社会化といった社会化にも段階があることを示した点は示唆に富む。

　とはいえ，このように時間で分けるアプローチはとくに目新しいものではない。プールとヴァン・デ・ヴェン（Poole & Van de Ven, 1989）は組織理論ならびに管理理論において，パラドックスを論じる4つの方法の1つに時間的分離（temporal separation）を挙げていたし，グプタほか（Gupta *et al.*, 2006）

は探索の期間と深化の期間の循環が同時追求よりも実行可能であることを示唆
し，組織分化ではなく時間的な分化である断続均衡を示している。ベナーと
タッシュマン（Benner & Tushman, 2003）の「スイッチ（切り替え）」やシム
セックほか（Simsek, Heavey, Veiga & Souder, 2009）の「循環型（cyclical）」
も時間で分けている。社会化のポジティブな側面とネガティブな側面は発現す
るタイミングが異なってくることも考えられるのである。

3.　P&G ジャパンの事例

　P&G といえば，バートレットとゴシャール（1989）のなかで，マルチナショ
ナル戦略が適合する市場への適応が戦略課題となる日用雑貨業界でインターナ
ショナル戦略を採用し，本国のアメリカで成功した「タイド」や「アイボリー」
を海外に導入しては失敗し，「自社の伝統的な国際戦略姿勢を修正すべきだと
悟りつつある」（邦訳 p.29）企業として紹介された。他方で，1970 年代に次第
に独立性を高め，1980 年代初めにはかなり自律的な経営を行っていた同社の
ヨーロッパ子会社は，いわゆるユーロ・ブランドの導入により，各子会社が共
同で全欧的な製品市場戦略を策定・実行する計画を立て，子会社の自主的な協
力体制を生んだとか，グローバルな液体洗剤開発プロジェクトではヨーロッパ
の「ビズラ」に用いられた漂白剤の代替品・リンと同等の硬水軟化力を持つ脂
肪酸・液体で酵素を安定させる方法，アメリカの汚れの再付着を防止するビル
ダーの改良，日本の油汚れを除去する界面活性剤といった粋を集めて開発した
「タイド」（アメリカ），「エリア」（ヨーロッパ），「チアー」（日本）が大成功し
たとか，国境を越えた知識の移転・活用が上手い多国籍企業というイメージが
ある。

　その P&G の日本法人である P&G ジャパンは「世界で有数のイノベーション
センターとしての役割」（ロバート・マクドナルド P&G 副会長・当時）[14] を果た
しており，日本で開発された技術を世界に発信するようになっている。長谷川
（2009）も P&G ジャパンが試行・学習型子会社[15] から活動的子会社へと進化を
遂げたことを指摘している。日本において P&G ジャパンという海外子会社が

いかに役割を変化させ，イノベーションセンターとしての役割を果たすように
なったのか，その過程で社会化がどのように影響したのかを考察することを通
じて，日本企業へのインプリケーションを導くことにしたい。

3-1　P&Gジャパンの概要

　P&Gが日本に進出したのは，日本サンホームならびに伊藤忠商事との合弁
でプロクター・アンド・ギャンブル・サンホーム株式会社を設立した1973年の
ことである。76年には100％出資子会社である日本プロクター・アンド・ギャ
ンブル株式会社を設立し，78年にはプロクター・アンド・ギャンブル・サン
ホームを100％子会社化する。この2社を含む関連会社5社を統合して84年に
発足したのがプロクター・アンド・ギャンブル・ファー・イースト・インクで
あり，2006年にP&Gジャパンとなる。

　マクドナルド氏が振り返っているように，進出当初は日本では風呂の水を洗
濯に使うのに，冷たい水だけで効果を発揮する洗剤を発売するという失敗も犯
した[16]。市場調査の欠如によるもので，テスト販売を実施するものの，その結
果が製品改良に活かされないばかりか，競合他社に類似製品を開発する時間を
与えただけだった。しかし，これは日本に限ったことではなく，当時の海外子
会社は単なる販売子会社にすぎなかったことに起因する（長谷川，2009）。花王
やライオンから黒船来航と脅威として受け止められた日本進出の結果は惨憺た
るもので，撤退も検討されたが，日本の戦略的重要性を重視して事業継続を決
断する（中川，2010）。消費者の要求水準が高く，花王やライオンといった競合
他社との競争が熾烈で，世界第2位の市場規模を持つ日本で成功しなければ世
界で成功することはできないと確信したのである。かつて撤退も検討された日
本法人はいまやP&Gグループ全体のために新製品や新発想の成否を占う実験
場として位置づけられ（中川，2010），日本子会社での経験が将来を約束された
マネジャーにとって成長の糧になると評価されるようにまでなっている（長谷
川，2009）[17]。

3-2　置き型ファブリーズ

　2020年4月に発売された「ファブリーズW消臭トイレ用消臭剤＋抗菌」は，コロナ禍で家にいる時間と人数が増えたことにより，トイレのニオイが気になるようになったという悩みを解決する商品としてヒットし，トイレ用消臭剤市場の拡大の牽引役になっている[18]。トイレの壁に染み付いたニオイまで防ぐ従来品の機能に加え，床の菌の増殖を防ぐ24時間抗菌効果も新たに加えたことが受け，P&Gのシェアは10％台から30％強に上昇し，長らく続いたエステーと小林製薬の2強状態から三つ巴状態に変化した。

　ファブリーズは1997年にアメリカで発売が始まった布製品用消臭（芳香）スプレーである。「ファブる」という言葉を生み，布用消臭・除菌製品市場を切り開いてきた同製品はシェア1位に君臨する。日本市場へは，導入準備段階で行われた消費者テストで良い結果が得られなかったことから，香りとパッケージを変更して翌98年に発売された。もともとの消臭効果に加え，毎日ファブることでニオイがつかないようにする，これまで蓄積されたニオイを消臭するといった日本独自のコンセプトも訴求し，大きな成功を収めた。

　室内に置くタイプの製品も売れるのではないか。消費者調査をしてみると，部屋置きタイプの消臭剤を使っている家庭の6割が消臭機能そのものへの不信感，強すぎる香り，部屋のなかで浮いてしまう外観など何らかの不満を持っていた。製品開発に5年以上の時間を費やして生まれた「置き型ファブリーズ」は新しい消臭テクノロジーを使ったホンモノの消臭効果，ほのかな良い香り，部屋に溶け込むデザインで3つの不満すべてを解決する今までにない製品として2005年に発売され，大ヒットする。置き型ファブリーズは内容物の工夫とともに置き型パッケージの開発がポイントの1つであり，パッケージ開発という神戸テクニカルセンター[19]の既存の役割を「現地子会社のイニシアチブによりさらに強化した事例」（長谷川, 2009: p.200）と解釈されている。

　P&Gジャパンが新製品や新コンセプトのテストマーケットとしての役割を担うことは広く認識されるようになったが，P&Gは米本社のやり方をできるだけ踏襲することが成功を保証すると考えていたため[20]，最初から日本子会社は真の創造性を期待されていたわけではなかった（長谷川, 2009）。しかし，日

本市場における苦戦によりその限界が露呈することになる。そんななか，1985年にP&G ファー・イースト・インクの取締役社長に就任したヤーガー氏のもと，3カ年計画「一大飛躍」計画によって，新製品の投入と既存製品の改良が相次いだ。液体モノゲンユニ（洗濯用洗剤），アテント（大人用おむつ），ウィスパー（生理用ナプキン），リジョイ（リンス入りシャンプー），バウンス（柔軟仕上げ剤），シャスタ（ボディローション）などが発売された。なかでも日本向けに改良された新生パンパースが1988年に紙おむつ市場でトップシェアを回復し，アメリカの開発期間を大幅に短縮したパンパースを原型にして，アメリカでライバル企業のキンバリークラークのハギーズとの競争を有利に展開できたことは，日本発のイノベーションの逆移転というこれまでにない経験を通じて，P&G ファー・イースト・インクは戦略拠点へと役割を変えていくことになる（吉原，1990）。また1986年発売のウィスパーも日本市場向けの製品改良と日本市場での成功によりアメリカへ逆輸入された。日本子会社におけるノウハウの蓄積や人材の育成効果を生み，子会社の組織能力を向上させた（長谷川，2009）。

3-3　ダイバーシティ&インクルージョンの社外での啓発活動

　P&G ジャパンは2016年春から同社のダイバーシティ&インクルージョンの考え方をセミナー形式で紹介したり，ワークショップを無償で提供し始めた。P&G がダイバーシティマネジメントに熱心に取り組んできた理由の1つは多様な市場への対応が必要だからである（中川，2010）。それゆえ同社のダイバーシティ&インクルージョン推進には長い歴史がある。3つの期間に分けることができるという。
① 1992〜1998年の女性活躍期
　1992年に「ウィメンズネットワーク」が自然発生的に発足。職種ごとに社内で集まり，仕事上の相談やプライベートな情報交換を行う。女性にも活躍の場を，という時期。
② 1999〜2007年のダイバーシティ期
　「ウィメンズネットワーク」がさまざまな職種で活発に活動するようになる

と，なぜ女性だけが対象なのか，女性だけでは男性社員の理解を得にくいのではないか，といった疑問が出てくるようになり，性別以外の要素も含めた個々の多様性を尊重することが重視されるようになる。

③ 2008〜現在のダイバーシティ＆インクルージョン期

多様性を認める＝尊重するだけでなく，それを活かすことが組織のイノベーションには必須であることから，多様性を受容し活用することが重視されている。

長い歴史のなかで，P&G ジャパンが正式に全社一丸となってダイバーシティを推進するようになったのは，ウィメン・サポート・ウィメン・ワークショップ（WSW）が開催された 1999 年とされる（有村, 2005）。アメリカ本社からの命令や強制があったわけではなく，当時アジア地区の新規事業開発担当ヴァイス・プレジデントに日本人として初めて就任していた和田浩子氏が，カナダで初めて実施されたばかりの WSW を日本で開催することを提案したことに端を発する（中川, 2010）。その後，第2回 WSW セミナー（2000 年）への参加者のなかから女性の活用についてトップ経営者層に具体的な要望を出す必要性があることを訴える声が上がり，全社規模のウィメンズネットワークが設立される。非公式チームとして誕生したが，和田氏が上層部に提案した結果，公式組織として承認され，ダイバーシティマネジャーの役職も新設された[21]。

こうした取り組みを通じて，多様性を推進し活用するためにはダイバーシティ＆インクルージョンのスキルが必要であるという結論に至る。そのスキルを身につけることができる研修を開発して社内で実施していたところ，研修の内容を日本の企業社会にシェアすることにより P&G にとっても大きなメリットがあることに気づく[22]。日本のビジネスの環境全体を底上げすることにより，間接的に P&G の従業員の働きやすさや生きがいにつながるとともに優秀な社員を確保できること，日本企業のダイバーシティの実態が把握できること，他社の良い点を学び P&G ジャパンに還元できること，トレーナーを務める社員のモチベーションやロイヤリティがあがること，などである。臼田美樹氏（P&G ヒューマンリソーシス　アソシエイトディレクター）たちが長年にわたり企業秘密であったダイバーシティ＆インクルージョン研修を社外に提供することを提案し，ベセラ社長を説得した。そしてベセラ社長がアメリカ本社を

説得し[23]，2016年3月に同社長直轄の社外啓発組織「P&Gダイバーシティ＆インクルージョン啓発プロジェクト」を立ち上げた。これまでノウハウを提供した企業・団体は400以上にのぼる（2020年末現在)[24]。

　外資系企業とはいえ，和田氏がプロクター・アンド・ギャンブル・サンホームに入社した1977年当時女性は秘書か事務だけで，「社員にお茶をいれるなんてやりたくないからP&Gに入ったのに」入社間もないころはお茶くみ当番をやらされたり[25]，女性には出世の道が開けていないと感じられるなど[26]，女性がすでに活躍していたアメリカとはずいぶん違っていた。進出当初からダイバーシティへの理解が進んでいたわけではなかった。

　P&Gは企業方針，中核となる価値観，理念を全世界で共有しており，またその企業方針を実現するために必要な重要な戦略を全世界のすべての組織において徹底して共有する伝統と文化を持つが（有村, 2005），外資規制によるにやむを得ない形での合弁企業であったため，それほど浸透していなかったようである。1974年に，経営難を機に75.17％の株式を手に入れ経営権を取得し，社長を円城氏からネデール氏に交代させるなどを通じて，P&G化は徐々に進展していった（ライアン, 1995）。そうした日本の状況を改善しようと考えたのか，和田氏は女性キャリア職第1号になり，「女性社員のパイオニアであり，会社のモルモットでもある存在」[27]としてキャリアを歩んでいく。1992年からウィメンズネットワークが自然発生的に生まれるようになり，ターニングポイントとされる1999年のWSWの開催に際しても，アメリカ本社の命令や強制はとくになく（有村, 2005），アメリカP&Gが進めているダイバーシティが，その流れを汲んで日本国内でも推進されるようになっていたことがうかがえる。合弁の解消や生え抜き社員の比率の上昇は組織文化の共有を促していったと考えられる。

4.　日本企業は何を学ぶべきか

　前節でみたように，P&Gジャパンは置き型ファブリーズを開発したり，日本独自の取り組みであるダイバーシティ＆インクルージョンの社外での啓発活動

を始めている。それらは自らのイニシアティブで始めており，どちらも探索的な活動と呼べないまでも，活動的子会社あるいはCoEという役割をいかに獲得していったのか。そうした役割の変化において社会化はどのように影響を及ぼしたのか。イノベーションの担い手として海外子会社に成長してほしいと願う日本企業にP&Gの事例から参考になる点を考察する。

　もともと創造的であることを期待されていないなかったP&Gジャパンの役割の変化を推進した要因として，まず日本市場の重要性と課題先進国としての遅れという環境要因を挙げることができる。進出当初の苦戦・失敗はリングル原則の限界を明らかにした。同原則は製品についてはアメリカ市場で販売されている製品のレプリカではなく，各国の消費者の需要に合うように調整されなければならないとしていたが，実際は市場調査もせず，日本の消費者のニーズを把握していたとはいえず，惨憺たる結果であった。そうしたなか，ヤーガー社長（当時）の「一大飛躍」計画のもと，80年代後半のパンパースやウィスパーの改良と，アメリカへの逆輸入を経て，置き型ファブリーズのような自主開発に至る。このプロセスを通じて能力を構築し，90年に売上高が10億ドルを超えた日本は世界の戦略拠点と位置づけられ，神戸テクニカルセンターが完成した。

　このような外資系企業の日本子会社がCoEに変化していく様子は多田（2008）でも描かれている。コカ・コーラグループのなかで最も製品開発活動が進展している日本コカ・コーラは「HI-C」（1973年発売）の自主改良により製品開発活動の進展段階（フェーズ1）へ移行し，「ジョージア」（75年発売）で現地市場へ自主開発製品を導入する段階（フェーズ2）へ移行した。「ジョージア」の開発の際，日本のボトラー各社からの缶コーヒー飲料の開発要請に対して，アメリカコカ・コーラ社は開発を許可せず，反対を押し切って日本コカ・コーラは自主開発を決行した（最終的に承認されたものの厳しい条件がついた）。また75年に，社長が岩村氏から生粋のコカ・コーラマンであり，「Back to the Basis」と「コカ・コーラ第一主義」をスローガンに掲げたモートン・ホジソン氏へ交代したことにより，日本コカ・コーラの自主開発は一時抑制されたりもした。それと比べてP&Gジャパンのフェーズ移行がスムーズにみえるのは，やはり進出当初の日本市場での苦戦が影響しているであろう。市場調査

の欠如，テスト販売の結果が製品改良に活かされず，競合他社に類似製品を開発する時間を与えた。しかし，消費者の要求水準が高く，花王やライオンといった競合他社との競争が熾烈で，世界第2位の市場規模を持つ日本で成功しなければ世界で成功することはできないと確信したP&Gにとって，日本に根を張ることを宣言した80年代半ばから，日本市場の戦略的な重要性は変わっていない。ベセラ社長はその理由を「日本が革新的なアイデアを導入すればこたえてくれる市場だから」[28]だと述べている。ポーター（Porter, 1990）が指摘するように，周囲からダイナミックな刺激を受けるような環境に自らを置き続けることが重要である。

　アメリカP&G（ならびに姉妹子会社）との関係性もスムーズなフェーズ移行に貢献した。上述したように，日本法人のトップ経験者がアメリカ本社のトップに就いたほか，和田氏がアメリカ本社ヴァイス・プレジデント，日本人社長であった桐山一憲氏がアメリカ本社プレジデント兼アジア最高責任者に就くなど，P&Gではグローバルな異動が行われている。遠く離れたアメリカから日本市場の特殊性を認識することは容易ではない。多国籍企業は文化的多様性に加え，地理的多様性が高く，さらには事業・機能・市場の複雑なポートフォリオを持つため，本社が世界中の子会社に対して十分な関心を向けることは不可能である。個々の子会社のマネジャーにとっては本社から必要な水準の関心をいかにして獲得するかが主要な問題の1つとなる（Bouquet & Birkinshaw, 2008）。多田（2008）も指摘しているように，親会社との関係性，それを生むヒトを動かすことが重要である[29]。

　そうしたグローバル異動はエドストロム＝ガルブレイス（1977）の組織開発，すなわち社会化と海外子会社−本社間ネットワーク，さらには海外子会社間ネットワークの創造にもつながる。「…世界各地で経験してきたことを生かし，新しいコンセプトを日本で導入できるのではないか…日本発のアイデアを世界のP&Gに伝えられます」[30]とベセラ社長も述べている。またグローバルな異動は理念の浸透，組織文化の共有にも寄与する。P&Gは中核となる価値観や理念を全世界で共有しているといわれ（有村, 2005），完全子会社化，そして生え抜き比率も高まるにつれ，組織文化の浸透＝社会化は次第に強まっていったと予想される。

　ダイバーシティについても，アメリカ P&G が進めている経営戦略の 1 つであり，その流れを汲んで日本国内でも推進されるようになった。世界共通の理念や考え方に基づいてダイバーシティを推進しているが，国によって問題となる多様性の次元の重要度は異なる。アメリカの最も難しいダイバーシティの次元は人種であるのに対して，日本ではジェンダーとローカル・タレントである（有村, 2005）。女性はお茶くみをさせられ，出世の道が開かれているようでもなかったからこそ，1992 年にウィメンズネットワークが自然発生的に発足し，カナダで初めて実施されたばかりの WSW の日本での開催を和田氏が提案した結果，1999 年に WSW が実現したのであった。P&G はあえて課題先進国を選んで進出したわけではないとはいえ，意図せず身を置くことによって，日本のビジネス環境を底上げすべく研修の社外提供へとつながっていった。課題に気づかせ顕在化するうえで，女性キャリア職第 1 号であった和田氏のようなローカル・タレントの存在も重要である。

　結局のところ，社会化はどのように影響を及ぼしたのか。進出当初の失敗経験と合弁会社という進出形態の影響もあったとえはいえ，多田・中川・今川（2015）の成功パターン 2 で示されたような，すべての調整手法を極力控えて知識創発を促した後に再社会化して本国知識の移転を試みたようでもない。販売子会社であり創造性を発揮することが期待されていなかったので，合弁会社でありながら，変えやすいという理由から若く経験のない人間を雇うという（ライアン, 1996）P&G ならば例外なく社会化を試みたはずである。

　では，成功パターン 1 のように，まず社会化を強化して本国知識の移転と定着を促した後に脱社会化を行って現地での知識創発を促進したのかといえば，進出当初の失敗を経て，80 年代半ばから改良や逆移転など役割を変化させていくなかで脱社会化をしたというよりは，社会化はむしろ強まったと考えられる。ベセラ社長が「日本ならではの製品」[31] と呼ぶ「アリエール　サイエンスプラス　ウルトラパワージェル」は，P&G ジャパンの開発チームがグローバルに広がる P&G の R&D ネットワークを活用し，ベルギーの研究者がスキンケアの技術で抗菌効果のある成分を教えてくれたり，中国の R&D チームが処方作りにかかわった。神戸テクニカルセンターを持つ P&G ジャパンのように資源レベルが高く，他ユニットと強い互恵的な相互依存関係を有する国際クリエイ

ターユニットには洗練されたコントロール・メカニズムである社会化が用いられる（Nobel & Birkinshaw, 1998）。

　また，マーケティングに関してではあるが，和田氏は次のように語っている。「P&Gの場合は属システム的です。マニュアルではありません。マーケティング部門・機能の考え方や価値観を反映したジョブディスクリプションがあり，様々なタイプのタスクに『型』があります…型を修めた人が次の世代にオン・ザ・ジョブで，口頭で教え込む」[32]。

　ゴシャールとノーリア（1989）が意外な結果として挙げていたように，公式化は環境が複雑で，かつ資源レベルの高い海外子会社にもフィットしていた。P&Gの場合は価値観が反映された「型」であって，マニュアル＝公式化ではないという。

　P&Gジャパンが国際クリエイターユニットという役割を担うようになる前から社会化のレベルが高いとすれば，P&Gは社会化という強力な統合メカニズムを持つ「統合された多様性」（Ghoshal & Nohria, 1993）なのか，分化せず「共有された価値」＝社会化（Nohria & Ghoshal, 1994）なのか。さらなる検討が必要である。

おわりに

　『奇想の系譜』のベースになる連載を『美術手帖』で始めるにあたり，辻氏には「流派史の寄せ集めみたいな江戸の美術史をスリリングにしたい」との山っ気もあったそうで，若気の至りというしかないと振り返っている[33]。非常に重要だが，狩野派，円山派，琳派など流派史の研究という狭いジャンルに自分を押し込めることを退屈に感じたのは大学の研究室を経て美術研究所で興味の赴くままに研究を進めることができたからだという。辻氏によれば，美術史の研究者は「片目のだるまの，見えないもう片方の目に目を入れる」仕事なのだという[34]。直感を重んじながらも，描かれた時代，創作の意図や背景，表現の特徴などを客観的に分析して人々の鑑賞の手助けをする。演者ではなく黒子だが，とても大事な役目を担っているとも述べている。若さを失った日本企業

が，遠く離れた国々の海外子会社で革新を起こすにはどうしたらいいのか。従来の定説を打ち破る独自の見方が求められているのはわれわれ国際ビジネス研究者も同じであろう。

（齋藤泰浩）

［付記］
本章は，JSPS科学研究費（基盤研究（C）18K01846）の助成を受けたものである。

［注］
1）フォーマルな構造は組織の基本的な解剖学を描写しているだけであり，企業は組織の生理学や心理学にも関心を寄せなければならない。ここでの生理学とは組織中に情報が流れるようなシステムや関係を指し，心理学とは，個々のマネジャーの考え方ならびに行動の仕方を形づくる共有された規範，価値観，信念を指す（Barlett & Ghoshal, 1990）。
2）組織のメンバーに共有された文化という目に見えない特性が組織行動に重大な影響を及ぼしているという発見は1980年代の重要な発見の1つであった。『季刊経営管理 Administrative Science Quarterly』の1983年の組織文化特集号で，スミルチッチ（Smircich, 1983）は企業組織が文化的特性を持つというアイデアが認識され一般化したのは Business Week 誌の巻頭記事で取り上げた1980年あたりからだと述べている。組織は財やサービスを生み出し，副産物として独自の文化的人工物（神話，伝説，儀式など）を生み出す社会的道具とみなされ，組織はより広い文化的コンテクストに埋め込まれている一方で，組織内で発展する社会文化的特性にも研究者は注目するようになっていったのである。
3）BuzzFeedNews「おいおい5時間並ぶのかよ。「若冲展」はなぜあんなに混雑したのか」https://www.buzzfeed.com/jp/daichi/why-jakuchu（2022年1月31日閲覧）
4）鈴木其一は『奇想の系譜』で取り上げられていないが，2019年に開催された「奇想の系譜展」の際，辻氏が「系譜に属する重要人物だと感じた」として追加された。（美術展ナビ「美術史家の辻惟雄さん，「奇想の系譜」展を語る」https://artexhibition.jp/topics/news/20181102-AEJ46240/（2022年1月31日閲覧））
5）アーツカウンシル東京「「奇想の系譜展」から思うこと」https://www.artscouncil-tokyo.jp/ja/library/column-interview/33619/（2022年1月31日閲覧）
6）『日本経済新聞』2018年12月19日。
7）『日本経済新聞』2018年12月21日。
8）ストップフォードとウェルズ（1972）は終章で，コントロール問題と闘う1つの方法が，マネジャーのなかに共有された価値の感覚を創り出すことだと論じている。
9）海外子会社の数が5社になる前に60％超の企業が国際事業部を設置し，1966年の終わりまでには170社すべてが自律的子会社フェーズを終えた（Stopford & Wells, 1972）。
10）分析結果のうち仮説と異なる「特筆すべき食い違い」として，公式化が最大だったことを挙げている。フォーマルなシステムは環境が複雑な状況下できわめて重要な適応および対応力を妨げるという，一般に受け入れられている見方に反した結果だったからである（Ghoshal & Nohria, 1989）。
11）ゴシャールとノーリアはその後の5年間で Ghoshal & Nohria（1993）と Nohria & Ghoshal（1994）を発表している。彼らの思考の変化が発行年順になっているとは限らないが，構造要素のうち社会化の位置づけが変化している点は興味深い。Ghoshal & Nohria（1993）では統合メカニズムは集権化，公式化，規範的統合であり，内部分化というアイデアも Ghoshal & Nohria（1989）を踏襲して

いるが，ある意味で分化し切らず強力な統合メカニズムが存在する「統合された多様性」を導入した点が異なる。他方，Nohria & Ghoshal（1994）では，Ghoshal & Nohria（1989）と同じく分化したフィットと，フォーマルな構造分化に重点を置かない，共有された価値という2つの方法が検討された。規範的統合が「共有された価値」として取り出された形になっているのである。分化したフィット＝高×共有化された価値＝高のパフォーマンスが最も高かった。したがって，分化しつつも価値を共有しているのがベストだが，価値共有には初期投資が嵩むのでコストとベネフィットを慎重に考慮しなければならないと結んでいる。構造要素間に濃淡はありつつも分化から，分化は残しつつも支配的メカニズム（＝分化しない部分）の存在を認め，さらに共有された価値には子会社による分化を認めない，共有してこその文化という考え方にシフトしている。

12) コントロール・メカニズムとして社会化を徹底的に使用していたのは国際クリエイターユニットのみだった。ただし，社会化が高い水準であることはエリクソン社に原因があるようで，バートレットとゴシャール（1989）はじめ多くの研究者が社会化を強調する割に，本研究のサンプルでは少数であったことは興味深いと論じている（Nobel & Birkinshaw, 1998）。

13) 多田・中川・今川（2015）は，たとえ社会化であっても，すべての調整メカニズムが低い場合と比べて知識創発は抑制されることを発見している。

14) 『日経産業新聞』2006年6月26日。マクドナルド氏は1996年から5年間P&Gファー・イーストの社長を務め，その後P&Gの社長兼CEO，副会長に就任した。社長在任時から日本法人化を訴え続けてきた。

15) 「試行・学習型子会社」とは，撤退に向けた「静止的子会社」（Taggart, 1997）ではなく，戦略上の重要性が高い場合の現地適応＝低，グローバル統合＝低の子会社を長谷川（2009）が捉え直したものである

16) 『日本経済新聞』2012年10月31日。マクドナルド氏は，まったく新しいカテゴリーでまったく新しいブランドを作るディスコンティニュアス（過去にない）イノベーションと既存ブランドの成長を意味する持続的イノベーションとは異なると述べている。

17) 前出のマクドナルド氏（在任期間2009–2013年）まで，ダク・ヤーガー氏（1999–2000年），アラン・ラフリー氏（2000–2009, 2013–2015年）と3代続けて日本支社長経験者が本社CEOに選ばれている。

18) 『日経TRENDY』2020年12月号。

19) 1990年に日本の売上高が10億ドルを超え，P&Gは日本を世界の戦略拠点の1つと位置づけ，日本本社とテクニカルセンタービルを建築した（93年竣工）。神戸テクニカルセンターには，本社研究所の機能の一部，とりわけ生理用ナプキンの開発機能とアジア・太平洋向けのパッケージ開発機能が移転された。

20) 製品は各国の消費者の需要に合うように調整されなければならないが，各国の支社の構造，方針，実践はP&G本社の厳密なレプリカであらねばならない。1955年以来P&Gの海外進出を支配したこの原則は，初代海外事業担当副社長ウォルター・リングル氏によって確立されたことから，リングル原則と呼ばれる（中川，2010）。

21) 1999年に初のダイバーシティ担当マネジャーが誕生し（P&Gファー・イースト・インクの人事統括本部），2003年には日本P&Gは専任のダイバーシティマネジャーを任命することになった（中川，2010）。

22) イノベーターズ・トーク vol.112「【新】P&Gが秘伝だった「多様性活用スキル」を世に広める理由」https://newspicks.com/news/2583694/body/（2022年1月31日閲覧）

23) 東洋経済オンライン「P&Gが他社に無償で「成功事例」を教えるワケ」https://toyokeizai.net/articles/-/163737（2022年1月31日閲覧）

24) P&Gジャパンのニュースリリース「ダイバーシティ＆インクルージョン（多様性の受容と活用）

への取り組み」(2020 年 9 月 28 日)　https://jp.pg.com/newsroom/2020diversity-and-inclusion/
(2022 年 1 月 31 日閲覧)

25)『日経産業新聞』2010 年 9 月 6 日「出る杭になる ⑦」。

26)『日経産業新聞』2010 年 8 月 23 日「出る杭になる ①」。

27)『日経産業新聞』2010 年 9 月 6 日「出る杭になる ⑦」。

28)『日経 MJ』2016 年 4 月 18 日。

29) とはいえ，最初から発言力が強かったわけではない。ライアン（1996）によれば，1980 年時点で技術的に困難ではなかった無りん洗剤を日本市場向けに開発するきっかけになったのは国際本部長に就任したアーツト氏（Artzt, E.L）の市場視察のための来日であった。

30)『日経 MJ』2016 年 4 月 18 日。

31)『日経 MJ』2016 年 4 月 18 日。同製品はニオイ菌の増殖を抑える効果を実現し，部屋干しでも洗濯物から嫌な臭いが出ないようにした衣料用液体洗剤である。ミスターニオイ菌こと大谷良平氏（P&G ジャパン　プリンシパルサイエンティスト）と二木麻衣氏・井内芙美氏のチームが開発に携わった（『日経産業新聞』2015 年 11 月 25 日）。

32)『日経 MJ』2020 年 10 月 30 日。

33)『日本経済新聞』2021 年 1 月 23 日。

34)『日本経済新聞』2021 年 1 月 24 日。

[参考文献]

Ambos, B. & Schlegelmilch, B.B. (2007). Innovation and control in the multinational firm: A comparison of political and contingency approaches. *Strategic Management Journal*, 28(5): 473-486.

Andersson, U., Forsgren, M. & Holm, U. (2001). Subsidiary embeddedness and competence development in MNCs: A multilevel analysis. *Organization Studies*, 22(6): 1013-1034.

有村貞則 (2005).「日本 P&G のダイバーシティ・マネジメント」『山口経済学雑誌』第 53 巻第 5 号，511-544。

Baliga, B. R. & Jaeger, A. M. (1984). Multinational corporations: Control systems and delegation issues. *Journal of International Business Studies*, 15(2): 25-40.

Bartlett, C. A. & Ghoshal, S. (1986). Tap your subsidiary for global reach. *Harvard Business Review*, 64(6): 87-94.

——— (1989). *Managing Across Borders: Transnational Solution*, Harvard Business School Press.（吉原英樹監訳『地球市場時代の企業戦略』日本経済新聞社，1990 年）。

——— (1990). Matrix management: Not a structure, a frame of mind. *Harvard Business Review*, 68(4)：138-145.

Benner, M. J. & Tushman, M. L. (2003). Exploitation, exploration, and process management: The productivity dilemma revisited. *Academy of Management Review*, 28(2): 238-256.

Björkman, I., Barner-Rasmussen, W. & Li, L. (2004). Managing knowledge transfer in MNCs: The impact of headquarters control mechanisms. *Journal of International Business Studies*, 35(5): 443-455.

Birkinshaw, J. M. & Hood, N. (1998). Multinational subsidiary evolution: capability and charter change in foreign-owned subsidiary companies. *Academy of Management Review*, 23(4): 773-795.

Bouquet, C. & Birkinshaw, J. (2008). Weight versus voice: How foreign subsidiaries gain attention from corporate headquarters. *Academy of Management Journal*, 51(3): 577-601.

Child, J. (1973). Strategies of control and organizational behavior. *Administrative Science Quarterly*,

18(1): 1-17.

Edstrom, A. & Galbraith, J. R. (1977). Transfer of managers as a coordination and control strategy in multinational organizations. *Administrative Science Quarterly*, 22(6): 248-263.

Galbraith, J. R. (1973). *Designing Complex Organizations*, Addison-Wesley.

Ghoshal, S. & Nohria, N. (1989). Internal differentiation within multinational corporations. *Strategic Management Journal*, 10(4): 323-337.

Ghoshal, S. & Nohria, N. (1993). Horses or courses: Organizational forms for multinational corporations. *Sloan Management Review*, 34(2): 23-35.

Gupta, A.K. & Govindarajan, V. (1991). Knowledge flows and the structure of control within multinational corporations. *Academy of Management Review*, 16(4): 768-92.

Gupta, A. K., Smith, K. G. & Shalley, C. E. (2006). The interplay between exploration and exploitation. *Academy of Management Journal*, 49(4): 693-706.

長谷川礼（2009）.『多国籍企業における在日子会社の役割と進化』大東文化大学経営研究所。

Hedlund, G. (1986). The hypermodern MNC: A heterarchy? *Human Resource Management*, 25(1): 9-35.

Holm, U & Pedersen, T. (2000). *The Emergence and Impact of MNC Centres of Excellence*, Palgrave Macmillan.

Jaeger, A. M. (1983). The transfer of organizational culture overseas: An approach to control in the multinational corporation. *Journal of International Business Studies*, 14(2): 91-114.

Kuwana, Y. (2016). Toward sustainable growth of Japanese MNCs: On explorative activity and dual embeddedness in their foreign subsidiaries. *JAPAN MNE Insights*, 3(1): 10-16.

Martinez, J.L. & Jarillo, J.C. (1989). The evolution of research on coordination mechanisms in multinational corporations. *Journal of International Business Studies*, 20(3): 489-514.

Michailova, S. & Mustaffa, Z. (2012). Subsidiary knowledge flows in multinational corporations: Research accomplishments, gaps, and opportunities. *Journal of World Business*, 47(3): 383-396.

Mudambi, R. & Swift, T. (2011). Leveraging knowledge and competencies across space: The next frontier in international business. *Journal of International Management*, 17(3): 186-189.

中川充・中川功一・多田和美（2015）.「海外子会社マネジメントにおける組織社会化のジレンマ―日系企業の新興国海外子会社6社の分析―」『日本経営学会誌』第36巻, 38-48。

中川誠士（2010）.「P&G社におけるダイバーシティ・マネジメントについて」『福岡大學商學論叢』第54巻第2-4号, 211-246。

Nohria, N. & Ghoshal, S. (1994). Differentiated fit and shared values: Alternatives for managing headquarters-subsidiary relations. *Strategic Management Journal*, 15(6): 491-502.

Nobel, R. & Birkinshaw, J. (1998). Innovation in multinational corporations: control and communication patterns in international R&D operations. *Strategic Management Journal*, 19(5): 479-496.

Ouchi, W.G. (1977). The relationship between organizational structure and organizational control. *Administrative Science Quarterly*, 22(1): 95-113.

Pahlberg, C. (2001). Creation and diffusion of knowledge in subsidiary business networks. in Hakansson, H. & Johanson, J. (eds.) *Business Network Learning*. Pergamon.

Paterson, S.L. & Brock, D.M. (2002). The development of subsidiary-management research: Review and theoretical analysis. *International Business Review*, 11(2): 139-163.

Pearce, R. D. (1991). The globalization of R&D by TNCs. *CTC Reporter*, 31(Spring): 13-16.

Poole, A. S. & Van de Ven, A. H. (1989). Using paradox to build management and organization theories. *Academy of Management Review*, 14(4): 562-578.

Porter, M.E. (1990). *The Competitive Advantage of Nations*, Free Press. (土岐坤・中辻萬治・小野寺武夫・戸成富美子訳『国の競争優位』ダイヤモンド社, 1992 年)。

Prahalad, C. K. & Doz, Y. (1987). *The Multinational Mission: Balancing Local Demands and Global Vision*, Free Press.

Pudelko. M. & Tenzer, H. (2013). Subsidiary control in Japanese, German and US multinational corporations. *Asian Business & Management*, 12(4): 409–431.

ライアン, ジョン (1995, 1996)「P&G の日本市場におけるマーケティング活動 1972-1985(1)(2)(3)」『経済論叢』, 第 156 巻第 1 号, 30–46, 第 157 巻第 4 号, 393–413, 第 158 巻第 2 号, 213–225。

Simsek, Z., Heavey, C., Veiga, J.F. & Souder, D. (2009). A typology for aligning organizational ambidexterity's conceptualizations, antecedents, and outcomes. *Journal of Management Studies*, 46(5): 864–894.

Smircich, L. (1983). Concepts of culture and organizational analysis. *Administrative Science Quarterly*, 28(3): 339–358.

Stopford, J.M. & Wells, Jr L.T. (1972). *Managing the Multinational Enterprise: Organization of the Firm and Ownership of the Subsidiaries*, Basic Books. (山崎清訳『多国籍企業の組織と所有政策―グローバル構造を超えて―』ダイヤモンド社, 1976 年)。

多田和美 (2008). 「海外子会社の製品開発に関する研究―日本コカ・コーラ社の事例を中心に―」『経済学研究』第 58 巻第 2 号, 79–106。

多田和美・中川功一・今川智美 (2015). 「新興国子会社における組織社会化の 2 つの成功パターン―日本多国籍企業 A 社のタイ拠点とカンボジア拠点の比較分析―」『国際ビジネス研究』第 7 巻第 2 号, 75–87。

Taggart, J.M. (1997). An evaluation of the integration-responsiveness framework: MNC manufacturing subsidiaries in the UK. *Management International Review*, 37(4): 295–318.

Thompson, J. D. (1967). *Organizations in Action*. McGraw Hill. (鎌田伸一・二宮豊志・新田義則・高宮晋訳『オーガニゼーションインアクション―管理理論の社会科学的基礎―』同文舘出版, 1987 年)。

Van Maanen, J. & Schein, E.H. (1979). Toward a theory of organizational socialization. *Research in Organizational Behavior*, 1: 209–264.

吉原英樹 (1990). 「日本子会社がイノベーションの源泉」, 吉原英樹・和田充夫・石田英夫・古川公成・髙木晴夫・鈴木貞彦『グローバル企業の日本戦略』講談社。

第6章

日本企業の新規事業創造のマネジメント
──多国籍企業内における事業創造に焦点をあてて──

はじめに

「VUCA（volatility, uncertainty, complexity, ambiguity）」という変動性，不確実性などを示す新語は，ダボス会議で用いられて以降，実務界のみならず（田所, 2020），学界でもしばしば用いられるようになってきている（Millar, Groth & Mahon, 2018）。それだけ，企業の外部環境の将来を見通すことは困難となっており，またその変動する幅を予測することも難しい状況にある。受入国環境をはじめとする多種多様な外部環境に対峙する多国籍企業にとっては，さらに困難な状況にあるといえよう。

そうした結果，過去の時代には成功体験を積み重ねてきた多国籍企業にとっても，長年にわたり収益源となってきた基幹事業から収益を上げられなくなるという可能性が生じている。たとえば，人工知能（AI）やMaaS（Mobility as a Service）といった次世代関連の技術やコンセプトの劇的な変化がみられる自動車産業はその顕著な例といえる。また新型コロナウイルスの世界的蔓延の影響が，この不確実性にさらなる拍車をかけている業界もあり，観光業，航空業，実店舗型小売業などはそうした事例であろう。

だからこそ，なおさら，多国籍企業にとっても新規事業創造を戦略的に検討する必要に迫られているが（Govindarajan & Trimble, 2012），新規事業創造を実際に実行することは容易なことではない（Ahuja & Lampert, 2001; 田所, 2020）。というのも，既存企業は，成功体験や過去の遺物に引っ張られる傾向がある。また，新規事業を創造する部署や担当人材が存在しないことも多い

（田所, 2020）。多くの企業では慣性が強く働き，変革をなかなか起こすことができない傾向があることも論じられている（中川, 2019）。

　既存企業の内部における新規事業創造マネジメントに関する先駆的研究として知られるピンチョー（Pincho, 1985）によれば，「社内起業家の十戒」として，以下が挙げられている。

① 毎日，クビになるのを覚悟して出勤する。

② 夢の実現を妨げるような命令は，回避する。

③ 自らのプロジェクトの推進に必要な仕事は，職務の種類にかかわらず引き受ける。

④ 協力者を探す。

⑤ 協力者の選定は自らの直感に頼り，優秀な人材とのみ一緒に仕事をする。

⑥ 組織の拒絶反応が伴わないように，できる限り組織にわからないような隠密行動をとる。

⑦ 自分が直接かかわるプロジェクトにのみ注力する。

⑧ 失敗した許しを乞う方が，プロジェクトを開始する許しを乞うよりも容易であると知るべし。

⑨ 目標を忘れてはならない。ただし，目標に到達する道筋については現実的でなければならない。

⑩ 後援してくれる人に忠実であれ。

　これら10の戒律は，いかに既存企業における新規事業創造が困難であるのかを示唆していると同時に，既存の企業内組織や企業内人材からは離れた場所で企業内新規事業創造が遂行されることが重要であることも示唆している。しかしこれらの戒律は，あまりに理想的過ぎるという点を指摘せざるを得ないだろう。たとえば，あらゆる社内起業家が上層部からの命令を回避したり，「優秀な人材」とのみ協働するといったことは現実的ではない。

　では，多国籍企業にとって，どのように新規事業創造を進めていけばよいのだろうか。日本企業は新規事業創造に着手していないわけではなく，数多くの試行錯誤が長らく続けられてきている。しかし，日系多国籍企業における新規事業創造の実践的な取り組みについては，十分な研究蓄積がなされているとは言いがたい。新規事業創造とは，起業関連の既存研究に基づけば，事業機会の

発見からスタートし，どの機会を活用するのか，そしてどのような社内資源を動員し，事業創造に結びつけるのかに関する一連のプロセスから成っている（Shane, 2003, 田所, 2020）。しかし，後述するように大企業の場合，どのように機会を発見するのかや，企業内のシーズをどのように事業化するのか，といったさまざまな課題を抱えており，喫緊の課題となっているといえる（田所, 2020；堀・琴坂・井上, 2020）。

　本章の構成は次のとおりである。まず，国際的な新規事業創造とは何かについて，起業ならびに起業家精神の定義や関連する既存研究を用いて探ることとする。また国際ビジネス領域の既存研究についても触れたのちに，日系多国籍企業の近年における新規事業創造の事例を取り上げる。取り上げるのは，デンソーとパナソニックである。最後に，そこから得られるインプリケーションを論じることとしたい。

1. 国際的な新規事業創造とは

1-1　国際起業家精神の定義

　起業とは，「将来の財やサービスを発見し，評価，開発すること」と定義づけられている（Shane & Venkataraman, 2000）。起業についてより詳細にみれば，図表6-1のように，長期にわたる一連のプロセスとして示すことができる。つまり，起業とは，通例では短期間に遂行されるものではなく，ある一定の期間を要するのが一般的である。しかし実際には，直線的なプロセスでたどるわけではなく，さまざまな試行錯誤に基づいて，プロセスを行ったり来たりすることもあり得るであろう。

　そして国際起業家精神（international entrepreneurship; 以下，IE と略称）に目を転じると，さまざまな定義が存在している（Zucchella & Magnani, 2016）。そのなかで最も受容されている定義の1つは，「将来の財・サービスを創造するための機会の発見，創発（イナクトメント），評価，活用であり，それらが国境をまたがっているもの（Oviatt & McDougall, 2005）」である。

図表6-1 起業の一連のプロセス

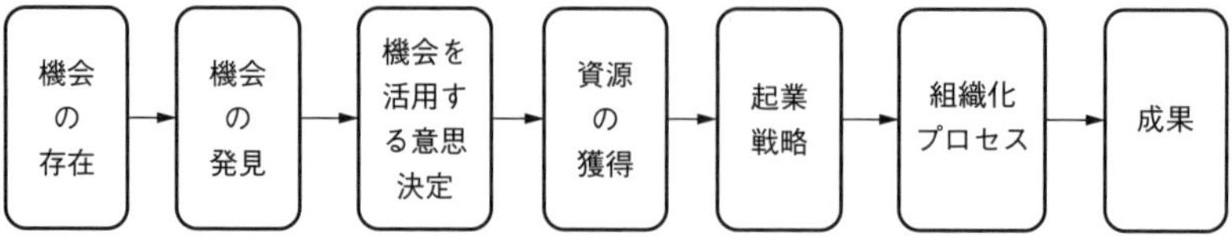

```
┌──────┐   ┌──────┐   ┌──────┐   ┌──────┐   ┌──────┐   ┌──────┐   ┌──────┐
│ 機会 │ → │ 機会 │ → │機会を│ → │ 資源 │ → │ 起業 │ → │組織化│ → │ 成果 │
│  の  │   │  の  │   │活用す│   │  の  │   │ 戦略 │   │プロセス│   │      │
│ 存在 │   │ 発見 │   │る意思│   │ 獲得 │   │      │   │      │   │      │
│      │   │      │   │ 決定 │   │      │   │      │   │      │   │      │
└──────┘   └──────┘   └──────┘   └──────┘   └──────┘   └──────┘   └──────┘
```

出所：Shane（2003）p.12 を一部筆者修正。

　また，IE を構成する要素としては，国際起業家志向（international entrepre-
neurial orientation），国際的起業機会（international opportunity），国際起業家
組織（international entrepreneurial organization）が挙げられており
（Zucchella & Magnani, 2016），起業プロセスがさまざまな組織主体にかかわる
ことが示唆されている。

　このように，起業とは非常に複雑なプロセスを包含しているが，そのプロセ
スのうちいずれかのフェーズが国境をまたがっていれば，国際的な起業に含ま
れるといえるであろう。その結果，IE の実現には，場合によってはさまざまな
主体が国境を越えて関与することが必要となる。そして，IE は瞬間的に創出さ
れるものではない。本章では，そのなかでも，国際的起業機会に焦点をあてる
こととする。ここでの「国際的起業機会」は，ある企業が事業構想の時点から
海外における起業機会の創出を目指す場合と，ある企業がもともと本国で培っ
た資源・能力を時間をかけて海外に展開させる場合の双方を含むものとする。

1-2　多国籍企業における従来型の事業機会とは

　純粋なドメスティック企業と比較すると，多国籍企業の独自の事業機会とし
て，以下のようなタイプが既存研究では挙げられてきた。

　第1は，国際的裁定取引（international arbitrage）である。これは，裁定取
引が可能な源泉を海外に求めるものであり，たとえば販売コストの国ごとによ
る違い，生産コストの国ごとによる違いなどを利用して，より安価な場所で
財・サービスを調達・生産し，より高価な場所で財・サービスを販売するとい
うビジネスが挙げられる。したがって，後述する起業家としての「注意深さ
（alertness）（Kirzner, 1973）」に起因する国境を越えたビジネスがあてはまる

といえよう。

　実際の例としては，創業期のソフトバンクによる「タイムマシン経営」を挙げることができる。ソフトバンクは，創業時にはコンピュータ・ソフトウェア関連の出版業を本業としていた。しかし，創業者である孫正義は，国ごとに技術水準の面で時間差があることに気づいた。アメリカで日本より大きく進んでいたインターネット関連のビジネスの存在を認識し，それらを次々と日本に移転させたのであった。ポータルサイトとしてのヤフー，ネットバンキングやネット証券ビジネス（SBI証券）などがそうした事例である。

　第2は，本国で培った優位性に基づく製品・サービスを，現地ニーズに適合させるタイプである。本国で構築した優位を進出国の現地環境にフィットさせるために，製品やサービスに何らかの修正を行いながら，事業レベルでの現地適応を図るものである。とくに，文化的影響が色濃く消費者ニーズに大きな影響を与える「文化的にセンシティブな産業」では，消費者のニーズの差異を事細かに調査・分析し，それらに見合った製品を投入することが求められる。

　とはいえ，消費者のニーズがあるとわかっていても，それが新たな事業に育っていくとは限らない。多国籍企業の場合，対新興国の消費者をターゲットとする場合が多く存在し得るが，たとえニーズが存在しているとしても，新興国でそれを満たす製品・サービスを普及させるのは非常に困難である。現地独自の生活慣習が存在し，一定の充足感が満たされている場合であれば，たとえ最先端の製品・サービスが導入されたとしても，見向きもされないということは往々にしてみられる。たとえば，インドにおいて，先進国であれば眼鏡が必要なほど近視な人が非常に多く，眼鏡の需要は潜在的に非常に大きかったが，貧困層に対して眼鏡を販売するのはきわめて困難であった（Garrette & Karnani, 2010）[1]。

　ところで，概して大企業である多国籍企業では，新規事業創造を実行するにあたり，さまざまな障害が存在し得る。この点については，主として経営学の領域で論じられてきた。

　たとえば，アフージャとランパート（Ahuja & Lampert, 2001）は，大企業における新規事業創造において，技術的な側面における3つのトラップがあることを論じた。まず，単一の技術に特化し，成功している大企業の場合，その

単一技術に関する実験を反復して行う傾向があるため，熟知している当該技術以外の技術を活用した事業には進出しにくいというものである（熟知していることのトラップ）。第2に，成功している大企業の場合，自らの優位性にマッチするすでに成熟した技術を選好しやすいという傾向がある（成熟技術のトラップ）。第3に，成功している企業が，何らかの問題解決を行う場合，解決策の探索手法について，すでに経験のある手法に近いものを選好してしまうということが論じられている（近接性のトラップ）。

　こうした主張は，企業の将来活動が自らの過去の経験に依存するという経路依存性に起因するものであり，また組織学習論で展開されてきた考え方（たとえば，March, 1991; Leonard-Barton, 1992）とも通底するものといえる。

1-3　起業機会をどう捉えるか

　では，国際的な起業機会は，そもそもどこから生まれるのであろうか。起業関連の領域では，「事業を創造する機会（opportunity）はどこから生じるのか」という問いについて，長い間活発な議論が行われてきた。その議論は，存在論的な観点から大別することができるが，ここでは現実主義的アプローチ，構成主義的アプローチに分類して検討する（Alvarez *et al.*, 2010）（図表6-2）。

(1) 現実主義的アプローチ

　起業家精神論における現実主義の伝統的アプローチは，オーストリア学派の経済学者の研究（Hayek, 1945; Kirzner, 1973; Von Mises, 1949）に依拠している。このアプローチでは，「機会」とは「市場不完全性」と定義されている（Alvarez *et al.*, 2010）。つまり，技術，消費者の選好や，ある産業や市場が存在するコンテクスト属性が変化することを通じて市場不完全性が存在する場合があり，そこに機会を見つけるのが「起業家」の役割といえる。その意味で，裁定取引を目ざとく見いだすという点での「注意深さ（alertness）」が起業家的特質として強調されているといえる（池本, 2004）。

　オーストリア学派の考え方では，伝統的な新古典派経済学と異なり，市場不完全性のなかの不完全情報に注目する。売り手と買い手間の情報の非対称性が

図表6-2　事業の機会を促えるアプローチ

	現実主義的アプローチ	構成主義的アプローチ
機会の性質	・機会とは，客観的存在であり，起業家の認識と独立して存在するものである。 ・機会は，起業家の探索より以前から存在している。	・機会は，起業家の認識と独立する形では存在していない。 ・機会は，起業家の探索より以前には存在していないかもしれない。
起業家の性質	起業家と非起業家で異なる性質があり，たとえば「注意深さ（alertness）」である。	起業家と非起業家は，性質が異なっていない可能性がある。
依拠する主な研究	オーストリア学派の経済学（Hayek, 1945; Kirzner, 1973; Von Mises, 1949）	社会構成主義的視座の組織論（Berger & Luckman, 1966）

出所 : Alvarez & Barney（2007），Alvarez *et al.*,（2010）を参考に著者作成。

生じる状況において，注意深さを持つ起業家は，非起業家と異なり，現実をより正確に捉えられるとみなすことも可能である（Alvarez *et al.*, 2010）。ゆえにそうした能力を持つ起業家は，非起業家には発見できない機会を発見できるということになる[2]。つまり，観察できないものであってもそれは客観的に存在し，個人の知覚とは独立して存在するという前提に立っている（図表6-2）。また，このアプローチでは，事前の知識（ex-ante knowledge; prior knowledge）を持っていることが重要となる（Shane, 2000）。

(2) 構成主義的アプローチ

　構成主義的アプローチの根源は，バーガーとラックマン（Berger & Luckman, 1966）に遡ることができ，現実とは客観的に存在するのではなく，人々の間の相互作用や解釈を通じて存在するという前提に立っている（Alvarez *et al.*, 2010）。すなわち，主観主義的ないしは社会構成主義的な視座に基づき現実を捉える考え方である。そこでは，人々が現実を観察する際にそれぞれ意味を付与しており，その意味，すなわちどのように現実を捉えているのかは個人によって異なってくる。

　したがって，このアプローチでは，起業家や企業が，自らをどのように認識しているのかが起業そのものに重要となってくる。また，ビジネスを遂行する

うえで，誰を知っているのか，どのような企業と関係を持ち得るのかといった視点も重要となる（Sarasvathy, 2001）。というのも，そうした「私が誰であるのか」，「私は何を知っているか」，「私は誰を知っているか」という起業家自らへの認識に基づいて，起業家は「何ができるのか」を発想しているためである（Sarasvathy, 2001；吉田, 2020）。

　このように，近年注目を浴びている「エフェクチュエーション（Sarasvathy, 2001）[3]」や「ブリコラージュ（Baker & Nelson, 2005）」はこのアプローチに属しており，起業家の手の届く場所にどのような資源があり，起業家がそれにどのような意味を付与するのかに焦点があてられる。また，経営資源としての人脈（ソーシャルネットワーク）にも着目することが重要となる（Alvarez *et al.*, 2010）。

1-4　多国籍企業における新規事業創造の手法のタイプ

(1)　多国籍企業におけるイノベーションの場所

　第4章においても論じたように，伝統的には，多国籍企業の優位性は親会社で創出され，それに基づき，海外展開（海外子会社設立）がなされてきた。しかし，1990年代ごろからのIT革命によって知識が世界中に分散するようになったり，海外子会社がさまざまな知識を獲得していった結果，海外子会社もイノベーションの主体となるようになってきた。そして，海外子会社がイニシアティブをとるような新規事業創造が注目を集めた（Birkinshaw, 2000; Govindarajan & Trimble, 2012）。

　このように，近年の多国籍企業においては，イノベーションは親会社だけではなく，海外子会社でも生じる。また新たな事業を開発するといった起業家精神の場所としても，海外の研究開発子会社のみならず，生産，マーケティング子会社など，さまざまな海外子会社も新たな事業開発にかかわり得る。

　ウイリアムスとリー（Williams & Lee, 2011）によれば，多国籍企業の起業家精神は，4つのコンテクストに分類できる（図表6-3）。

　図表6-3では，多国籍企業における起業家精神が本社主導で起きているのか，子会社主導で起きているのか（横軸），ならびに社内志向であるのか，社外

図表6-3 多国籍企業における起業家精神のフレームワーク

<table>
<tr><td colspan="2" rowspan="2"></td><td colspan="2">起業家精神への推進力</td></tr>
<tr><td>本社</td><td>分散／海外</td></tr>
<tr><td rowspan="8">起業家精神に向けた活動に使われる資源の位置</td><td rowspan="4">社内</td><td>コンテクスト1
トップダウンによるイニシアティブ
【本社の役割】
・グローバルビジネス環境の評価
・起業家精神志向の度合いの決定
・（本国と海外での）イニシアティブへの投資予算に優先順位をつけ，配分する
【子会社の役割】
・企業イニシアティブについて，地域本社やグローバル本社と協力する
・起業家精神的イニシアティブの点で，全社戦略を支援し，実行する
【重要なアクター】本社マネジャーとトップマネジメントチーム</td><td>コンテクスト2
予測できないようなボトムアップによるイニシアティブ
【本社の役割】
・資源配分や複数の子会社の要望を検討したり，調整する
【子会社の役割】
・現地能力の面で現地ビジネス環境を評価する
・現地市場における機会を識別する
・アイデアを生み出し，提案を構築し，地域本社やグローバル本社に売り込みを行う
【重要なアクター】子会社のマネジャー</td></tr>
<tr><td rowspan="4">社外</td><td>コンテクスト3
社外組織との大規模なネットワーク
【本社の役割】
・社外ベンチャーのための，グローバルビジネス環境や選択肢の評価
・パートナーを識別し，ベンチャーの方式を特定するための資源を配分する（たとえば，出資vs.非出資）
【子会社の役割】
・社外ベンチャーが必要とするやり方を支援する。すなわち，知識の移転や加工，能力の結合など。
【重要なアクター】トップマネジメントチームとパートナー組織</td><td>コンテクスト4
受入国におけるネットワーク
【本社の役割】
・大概は受動的。しかし，子会社が現地の起業家的機会への支援を必要とする場合は，投資意見決定に関与する。
【子会社の役割】
・サプライヤー，顧客，他の外部アクターとの受入国市場アライアンスを形成する
・本社に，現地の投資機会を知覚させる
【重要なアクター】子会社のマネジャーと受入国のアクター（政府機関，インキュベーター，大学をはじめとする）</td></tr>
</table>

出所：Williams & Lee（2011），p.255.

志向であるのか（縦軸），という2つの軸によって，多国籍企業の起業家精神の4つのタイプが類型化されている。それぞれのタイプにおいて，本社と海外子会社の役割分担のあり方が規定されている。多国籍企業の起業家精神が本社主導で起こされ，かつ社内志向である場合（コンテクスト1），本社が多額の予算を持ち，どのように予算を海外子会社に配分するのか，どのような優先順位を設定するのかなどは本社が権限を有する。他方，各海外子会社主導で起業家精

神が起こされる場合は，海外子会社イニシアティブ研究で論じられるように，独自の能力を持つ海外子会社が，本社の知らない状況で新たな事業を創造することもあり得る（コンテクスト2）。

　また図表6-3の下部（コンテクスト3，コンテクスト4）に示されるように，近年多国籍企業の外部にある経営資源をいかに取り込むかにも大きな注目が集まっている。たとえば，M&A，提携といった外部資源を活用し，新規事業を展開することがよくみられる。近年，HOYA，日本電産，ソフトバンク，JT，ルネサスエレクトロニクスなどのように，インオーガニック成長（M&Aによる外部資源の取り込み）の形で，新規事業を進めているケースは少なくない。また，アクセラレータを中間に挟み込む形で，ベンチャー企業との協業に着手するケースも増加している。さらには，子会社として海外にベンチャーキャピタルを設立する日本企業も珍しくなくなっている（たとえば，ソニー，トヨタ，パナソニック，ソフトバンクなど）。紙幅の関係上，次節では本社主導で行われている新規事業創造（すなわち，コンテクスト1）の事例として，日本企業2社を取り上げることとしたい。

2.　事例

　本節では，日本の多国籍企業の社内における国際的な新規事業創造に長期的に取り組んできた事例として，デンソーとパナソニックを取り上げる。

2-1　デンソーの事例

（1）デンソーの概要

　デンソーは，トヨタグループで最大のサプライヤーであり，世界でも第2位の売上規模を誇る自動車システムサプライヤーである。連結売上収益は4兆9367億円（2021年3月期），連結従業員は約16万8000人に達し，35の国や地域に拠点を有する巨大多国籍企業といえる。自動車部品に関して，あらゆる領域をカバーする能力を保持するのみならず，近年では自動運転やAIといった

先端技術の開発でも世界的に注目を集めている。

　このように現在では，同社の競争力に疑問を持つ向きは少ない状況であるが，歴史を振り返ると，その歩みは単純なものとは言い切れない。同社がトヨタ自動車の開発部門から分離独立し設立された1949年は，トヨタ自動車が経営難のときであった。同社の初代社長であった林虎雄は，トヨタ自動車の豊田喜一郎社長から，「社会的信用は何もないのだから，トヨタの信用でやる限りはトヨタの信用を食いつぶしてもらっては困る。また，社名にトヨタを使うことも遠慮してもらいたい」と厳命されたほどであった（津田, 2007）。

　その結果，デンソーは，さまざまな新製品開発に積極的に取り組んできている。1950年ごろ，ガソリン供給が非常に不足していた時分に，電気自動車の開発に着手し，いまとほぼ変わらない燃費（1回の充電で122マイル）の試作車の開発に成功している。その後ガソリン不足が解消され，電気自動車の開発は終了となった。

　また，自動車関連製品以外の製品を数多く開発している。たとえば，洗濯機，携帯電話が挙げられるが，これらは製品事業部が自発的に開発を推進した製品であり，一定の売上を計上することはできたが，その後撤退するという結果となった（大内, 2004）。近年では，QRコードを開発した企業としても広く知られている。

(2) 新規事業創造に特化した組織の創設

　デンソーでは，2011年に新規事業創造のみを目的とした組織が，本社に創設された。その目的は，第1に，自動車関連領域以外の事業を立ち上げ，リスク分散を図るためである。デンソーでは，自動車関連領域の売上が8割以上を占めており，リーマン・ショックのような世界的経済危機の影響を軽減するという趣旨であった。第2に，顧客との接点を持ち，社会課題を解決できる組織になるためである[4]。

(3) 農業事業を創造したケース

　まず，デンソーの将来像（2025年のデンソー像）を検討するプロジェクトにおいて，バックキャスティング（backcasting）という従来とは異なる手法が用

いられた。というのも，既存の自社製品の将来を予測するフォアキャスティング（forecasting）の手法を用いると，7〜8年先しか描くことができないためであった。バックキャスティング[5]とは，自社にとってありたい未来を描き，またどのような課題が世界には存在するのかを検討しながら，その実現のために何を実行することが必要となるのかを検討するというものである。デンソーの海外拠点からの意見も聴取しながら，デンソーの将来のあり方に関する検討がグローバルに行われた。

　この過程で，次のような将来像が浮かび上がってきた。まず，存在する課題として挙げられたのが，超高齢化社会，エネルギー不足，交通事故の増加，二酸化炭素排出量の増加などであった。そして，こうした課題を解決する手法として挙げられたのが，超高齢化社会における不安（年齢，性別，身体能力を気にすることなく，社会で活躍できるかどうか）をロボット技術によって支援し，人々の作業や行動を手助けしたり，安全・安心な社会を構築することであった。

　ロボット技術に着眼したのは，デンソーには，産業用ロボットに関する技術蓄積があったためである。同社は，自動車部品領域を中心とした生産工程でロボットを製作してきており，1967年よりロボット技術の開発に着手してきた長い歴史を有している。工場内で活用されるような垂直・水平多関節ロボットだけでなく，防塵・防滴，クリーン仕様といったさまざまな環境でも活用し得るロボット技術が蓄積されてきている。問題は，そうしたロボット技術をどのような新規事業に活かすのかであった。そして，新規事業領域として選択された1つの軸が，農業支援におけるロボット技術の活用であった[6]。

　農業領域が起業機会として選択された理由は，上述したバックキャスティングの手法からによる。第1に，日本では少子高齢化が進み，就業人口が減少する一方で，世界的にみると食糧不足という課題は存在し，解決することが今後も求められること，第2に，デンソーの工場における自動化の経験を，農業領域にも活かすことができると着想したことであった。たとえば，過度な負荷のかかる作業や高所での作業をロボットが行うことができれば，農家の人々の作業負担を軽減することができる。そこで，自動車の冷暖房制御技術を活用した，農業施設環境を制御する機器（プロファーム）の開発や，農作物を収穫し

たり，さらに収穫した農作物を運搬するロボットや機器の開発が行われている。

　農業関連分野における海外事業としては，以下が挙げられる。農地における自動灌漑システムを提供するアメリカ・カリフォルニア州企業のウォーター・ビット（WaterBit）との協業（2019年）や，屋内型農業施設を販売するオランダ企業のセルトングループを持分法適用会社としてグループ傘下に納めている。

　海外では，農場の規模が日本と比較してはるかに大きいため，農家のニーズも大きく異なる場合がある。たとえば，カリフォルニア州の農場では，次のようなニーズがあった。カリフォルニア州は雨量が少なく，作業者は広大な畑を回りながら1つ1つの灌漑装置のバルブを開け閉めしなければならない。そこで，「バルブを自動で開閉できないか？」，「車の圧力センサーが使えるのでは？」という流れで，自動灌漑システムのビジネスが構築されていった。さらには，一度設置したら10年以上そのまま使いたいというニーズもあり，それが自動車部品として耐久性・信頼性に優れているデンソーのセンサーとマッチする結果となった[7]。

　また新規事業における人材については，社内の「フリーエージェント制度」を通じて，新規事業のプロジェクト・メンバーを募集し，既存の事業部には選抜の事実を知らせることをせずに，選抜を行っている。そして，選抜で合格した人材の上司には，選抜後に初めて知らせることによって，優秀な人材を既存事業に囲い込むことを防止している。また，新規事業の推進には並々ならぬモチベーションや熱意が必要であり，そうしたものを持っているかどうかが選抜基準の重要な要素となっている[8]。

2-2　パナソニックの事例

(1) パナソニックの概要

　パナソニックは，日本を代表するエレクトロニクス・グループであり，現在では家電製品のみならず，自動車部品，住設機器，環境関連装置など，きわめて広範な事業を擁している。海外展開も積極的に行っており，海外拠点数は200を超える。日本企業として最も海外拠点数の多い企業としても知られる。グループ全体としては，連結売上高は約6兆7000億円，連結従業員は約24万

人に達している（2021 年 3 月現在）。

　しかし，昨今の業績に目を向けると，芳しくない状況が続いていた。21 世紀に入り，売上高はほぼ横ばいであるが，グループ全体の構造改革の影響もあり，3 度にわたる巨額（数千億円以上）の赤字を計上している。同社の花形事業であったテレビをはじめとする家電事業は低迷し，新規事業を創造し，ポートフォリオを転換することが，十数年来求められてきた[9]。以下では，パナソニックのインド事業がかかわる新規事業創造の事例に焦点をあてる。

(2)　パナソニックにおけるインド事業の位置づけ[10]

　パナソニックの国際展開を振り返ると，20 世紀においては複数の海外子会社が 1 ヵ国に設立される傾向があった。それは同社の「事業部」に大幅な権限委譲がなされていたため，海外子会社の設立についても事業部に意思決定権限が委譲されていたためである。このためインドでも，1970 年代以降，複数の海外子会社が設立された。乾電池の製造会社が 1972 年にインドに初めて設立され，その後もテレビ・電気炊飯器製造の子会社や，エアコン製造の子会社が別に設立されている。

　インド事業全体を統括する動きが表出したのは，2008 年であった。それまで複数あったインド法人を統合し，パナソニック・インディアが設立されたのであった。したがって，インド事業全体が統括されていない状況は，この時点まで長期にわたり生じていたといえる。

　その後 2013 年に，パナソニック本社が，インド市場を戦略的に重要である「戦略国」として中期経営計画において認定を行った。のちに，南アジアおよび中東地域の地域統括会社をインドに設立し，パナソニック・インディア社長であった伊東大三氏を本社執行役員として兼任させることを通じて，現地での意思決定を迅速にできるようにした。また複数の事業カンパニー間での情報共有が促進されるようになった。

(3)　インド拠点におけるビジネスモデルの創造

　そして，インドの IT 大手企業であるタタ・コンサルタンシー・サービスと，2017 年に共同設立したのが「インドイノベーションセンター」であった。この

センターのなかで，バンガロールに拠点が置かれた新規事業開発拠点が焦点を
あてたのが，インドの人口で大多数を占める中低所得層が抱える社会的課題で
あった。つまり，インド独自のニーズや課題を深掘りし，それを解決する事業
を創出することに特化した。

　たとえば，「JanAid」という医療サービスのマッチングサービスの開発が挙
げられる[11]。このサービスは，とくにインドの非都市部の貧困層では，医療
サービスの需要側（患者）と供給側（病院）にミスマッチがあることがわかり，
それをアプリを用いて繋げようとするものである。約6万人以上のアクティブ
ユーザー（2020年7月現在）が利用している[12]。

　そもそも，インドにおける医療サービス環境は，日本のそれとは大きく異な
るものである。インド憲法では全国民の医療が保証され，公的医療機関では無
償で医療サービスを受診できるものの，医療機関数や専門人材がきわめて限定
的である。民間医療機関で医療サービスを受けられるのは，健康保険に加入で
きる富裕層に集中しており，貧困層は民間による医療サービスを受けることは
難しい（健康保険は皆保険制度ではない）。

　そのため，インドの貧困層の人々には，たとえ病気になったとしても，病院
に行く習慣が根付いていない。金銭的に融通がついたとしても，病院を訪れる
ことについてのさらなるハードルがある。そもそも病院にどのような診療科が
あるのかを知らないため，どの病院で診察してもらえばよいのかわからなかっ
たり，エリート層である医師からカーストに基づく差別を受けるのではないか
という懸念を持つ人もいる。そうしたなかで，救える命が救えなかったり，重
篤になってしまう状況が，インドでは一般的にみられていた。

　こうした課題を解決するために開発されたのが，「JanAid」である。アプリ
画面の電話のアイコンを押せば，パナソニックのコールセンターにつながり，
パナソニックが契約した病院を紹介するというものである。貧困層の人々の多
くにも，スマートフォン（スマホ）が普及しているため，このアプリをインス
トールしてもらえば，使ってもらえる可能性がある。

　しかし，先述したように，貧困層の人々は病院にネガティブな先入観を持っ
ている。そこで，契約先の病院に専任スタッフを常駐させ，そのスタッフが病
院を案内したり，医師に配慮しながら診察を行うよう促すといったことも行っ

ている。さらに，マイクロファイナンスを営む金融会社と連携し，パナソニックが診察料の約10％を手数料として受け取り，その一部をマイクロファイナンス企業に配分するというビジネスモデルを構築している[13]。

また，インドイノベーションセンターが産み出した別の新規事業として，同様にスマホを用いた「Seekit」という子供を見守るサービスがある。インドでは，年間に少なくとも約7万人の子供が行方不明となっており，大きな社会的課題となっている[14]。親たちは，自分の子供が昼間に学校に行っているときも，本当に子供が学校まで無事に行っているのかが心配で仕方がないが，スマホが高価なためすべての子供に持たせることは困難である。

そこで開発されたのが，コインほどの大きさで，充電不要なブルートゥース発信タグ「Seekit」であった[15]。これを子供に身につけてもらい，親のスマホを用いて利用者専用のサイトで位置情報を確認することができる仕組みである。親のスマホから30メートル以上子供が離れても，他の子供たち，学校の先生，スクールバスの運転手など地域の人々がこの仕組みに加入していれば，子供の位置を親が確認することが可能であり，地域ぐるみでの見守りサービスが可能となっている[16]。

(4) 新たな展開――クロスボーダー準備室の開設

その後，2020年秋に，日本本社にクロスボーダー準備室が開設された。同部門は，国境を越えて新規事業を移転したり，創造する役割を担っており，新興国から先進国へのリバース・イノベーションの実現も企図した部門となっている（図表6-4）。また，この準備室に配属された人材には，インドイノベーションセンターやシリコンバレーにあるパナソニックの開発拠点（「パナソニックβ」）で新規事業創造に携わった者も含まれることが大きな特徴となっている。

クロスボーダー準備室が設立されて以降，国境を越えたビジネスモデルの例としては，Seekitが，荷物の紛失防止という異なるニーズに活用された事例が挙げられる。具体的には，世界各国で販売されるサムソナイトの一部のスーツケースに，紛失防止タグを供給している[17]。電波の発信タグの顧客を大きく増やすことができないかと考えたためであった。この供給にあたっては，各国の

図表6-4　国境を越えたビジネスモデル移転・結合の促進

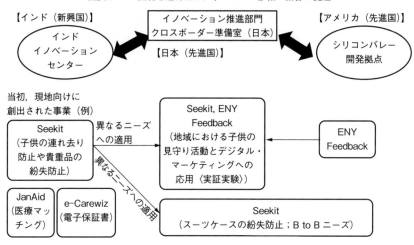

出所：パナソニック公表資料，プレスリリースなどから筆者作成。

電波法や規制を遵守できるような新たな対応がなされている。

　また，水戸市を本拠とするJリーグのサッカークラブ「水戸ホーリーホック」において，Seekitと，アメリカのシリコンバレーにあるパナソニックの開発拠点で開発された顧客満足度を即時に収集・集計する事業（ENY feedback）を用いた新たな実験的事業がスタートしている。

　まず，同チームのサッカースクールに所属する子供たちの安心・安全を見守る仕組みとしてSeekitを子供たちに持ってもらい，保護者やサッカースクール関係者がスマホで見守りを行っている。今後の計画として，水戸ホーリーホックのサポーターや子供のファン向けにSeekitを配布することを通じて，子供たちの活動を水戸地域全体で見守りができるのではないかというアイデアが着想されている。また並行して，デジタル・マーケティング活動のツールとして活用する構想も出てきている[18]。

　こうした活動は，インドで創造された新規事業を，日本における新たなニーズに適合させたり，まったく新しいニーズとマッチングさせることによって，いわゆる「スケール（＝事業規模を拡大させること）」のフェーズの推進が行われていると捉えることができるであろう。

　このように，パナソニックの事例では，多国籍企業の海外拠点で従来では散発的に行われてきた起業家的活動が，国境を越えた知識を移転させる組織の設立を通じて，多国籍企業全社レベルでの事業の結合・拡張が促進されるようになった（図表6-4）。ただし，こうした新規事業がパナソニックに利益面で大きく貢献しうる存在となるかどうかは，今後の動向を長期的に見極める必要がある。

3. インプリケーション

　2社のケースの内容から浮かび上がるインプリケーションとして，以下が挙げられる。

　第1に，既存企業における新規事業創造のためには，既存の全社ドメインの再検討を含めた，長期的な企業ビジョンの確立化，精緻化が求められることがわかる。つまり，10年後，20年後に，わが社はどのような企業を目指すのか，どのような企業でありたいのか，また何のためにわが社は存在しているのかに関して，真摯な再検討を行い，少なくともトップ・マネジメントと新規事業創造担当者間でそれを共有する必要があるだろう。

　たとえば，デンソーでは，東日本大震災（2011年）が発生した後に，加藤宣明社長（当時）と加藤直也氏（当時技術企画室長）との間で次のような会話がなされた。その結果，担当者がどのような新規事業に取り組めばよいのかが明瞭になった[19]。

　その会話とは，加藤社長から加藤直也氏に，「デンソーが世の中から『いい会社だなあ』と思ってもらえる企画をしてほしい」という話があり，「社長が思ういい会社ってどんな感じですか」と加藤直也氏が社長に尋ねると，「徳のある会社」という答えが返ってきた。それに対して，加藤直也氏が「徳は儲かりませんよ」というと，「儲からないでいいから，いざというときに頼りにされる会社になりたい」という言葉があったという[20]。

　ここでの非常に重要な点は，多国籍企業における利益をどう配分するのかという大きなテーマが包含されていることであろう。このテーマに関連する多国

籍企業におけるコーポレート・ガバナンスの議論については，海外子会社を含めたステークホルダーが数多く存在し，ドメスティック企業と比べて，より複雑な議論が必要となるため，それについては別稿に譲ることとする。しかし，ここで主張しておきたいのは，それぞれの多国籍企業が，社会にとってあるべき自社の存在価値が何であるのか，どう利益を配分するのかを再確認し，海外子会社も含めた全社レベルでその共有を目指すことが肝要ということである。

　また，デンソーの事例から，シナリオプランニングのような既存事業の延長を描く手法は，不確実性がきわめて高い現状では不向きであることがわかる。新規事業創造に関する構想も，そうした前提の下で，将来を思い描く必要がある。

　第2に，既存事業とは独立した組織を設立し，既存事業とは異なる時間軸で長期的視点をもって本社が関与する必要があるという点である。兎にも角にも，新規事業の創造には，少なくとも数年単位の時間を要する可能性が高い。そして，独立組織を設立することが目標ではなく，独立組織を多国籍企業としてどのように位置づけるのか，どのように業績評価を行うのか，どのような人材を割り当てるのか，といったマネジメントの仕組みを熟慮する必要がある。新規事業は，結果をすぐに上げられるわけではなく，きわめて脆弱な存在ともいえるためである。

　第3に，2社のケースにおいては，事前に国際的な事業機会を合理的に算定することは困難であるという点である。この事実は，伝統的な起業家精神論が論じたように，企業（あるいは社内起業家）が機会を事前に「注意深く」発見できるのではなく，アルバレスとバーニー（Alvarez & Barney, 2007）やサラスヴァシー（Sarasvathy, 2001）が論じるように，外部環境と対峙し関係性を育むなかで，事業を創造していくという起業観と合致しているものといえる。

　そのため，新規事業のスケールは後からついてくる可能性があるという視点が重要となってくるであろう。むしろ，資金面，人材面でのスラックを持つ大企業の場合では，資源に乏しいベンチャー企業には不可能な新規事業創造を行える可能性がある。とはいえ，大企業に生じがちな，赤字をずっと垂れ流しても問題ないといったかかわり方では，新規事業創造を成功裡に行うことはできないため，そのバランスをとる必要が生じてくる。

　第4に，国際的起業に携わった人材を継続的に活用することの重要性である。すなわち，帰任人材の海外における経験を活かすことが求められている。パナソニックのクロスボーダー準備室の帰任人材は，インドイノベーションセンターとパナソニックβに在籍していた人材が，そのまま移動し，同様の目的を持った職務に継続して従事しているという点が大きな特徴となっている。つまり，インドとシリコンバレーで，横展開に直接かかわり，現地のニーズの深掘りを経験している人材が携わっているのである[21]。こうした人材が継続的に新規事業創造に関与することによって，事業創造における試行錯誤をどのように実行するのか，を学習できる可能性がある。さらには，帰任人材が世界本社で埋没してしまい，海外での経験を活かすことができていないといった課題（内藤，2013）に対して，何らかの解決策を示唆しているともいえよう。

　第5に，新規事業を創造する領域として，両社とも社会のニーズに適合した課題を選択した点が特徴としてあげられる。デンソーでは農業領域が，パナソニックではインドという新興国における医療や子供の失踪という社会課題領域が選択された。それぞれの領域とも，世界各地で社会課題としてみられるものであり，その意味で事業がさらに発展する余地が大きく存在している。さらには，両社が培ってきたデジタル技術（デンソーではロボット，パナソニックではアプリや無線など）と社会課題を掛け合わせたビジネスモデルを構築したことで，事業としての有効性も高まっているといえよう。

　このように，新規事業創造とは，1回の実行から学べるものではない（田所，2000）。試行錯誤を重ねるなかで，仮説検証を繰り返し行い，当該ビジネスモデルが実際に顧客に受け入れられるのか，また収益面で満足のいく結果となり得るのか，を見極めなければならない。その意味でも，大企業にとってやりきる覚悟が問われ，長期的な視点を持つことが肝要な業務といえるであろう。

おわりに

　本章では，概して巨大企業である日系多国籍企業の新規事業創造に焦点をあて，どのように新規事業創造を実行すればよいのかについて，デンソーおよび

パナソニックの事例を用いて論じた。近年の既存研究で論じられているように，2社の事例から浮かび上がってきたのは，新規事業創造とは一朝一夕でできるものではなく，10年単位（少なくとも数年単位）のプロセスを経るという点であった。

デンソーの事例では，自動車部品の生産で培われたロボット技術が，バックキャスティングを経て，農業領域の自動灌漑装置などに応用されるに至っていた。しかし，この農業領域における新規事業創造はロボット技術が確立された時点では意図されたものではまったくない。

パナソニックの事例では，多国籍企業内におけるさまざまな知見を，国境を越えて共有・結合する仕組みを本社レベルで新たに構築した点がユニークであるといえる。言い換えれば，多国籍企業内で保持されているが，活用されていない知識をいかに掘り起こすかという課題につながっているといえる。さらには，「新結合（シュンペーター）」や「セレンディピティ」のロジックとも，大きく関連づけられる事例といえるであろう。さらに，この事例では，帰任人材の有効的な活用を意図して，新規事業創造を行おうとしている点もユニークな特徴ということができよう。

他方で，本章の限界としては，以下を挙げることができる。まず，創造された新規事業の評価に関するものである。新規事業の評価をどのように行うのか，行うべきなのかについてはさまざまな議論があるが，本章では，こうした評価の側面については論じることができていない。それについては，日本企業の新規事業創造に関するより長期的な分析を行う必要がある。

また，M&Aや社内ベンチャーキャピタルを通じた出資によって，すなわち社外資源を活用することを通じて，新規事業を創造する手法についても，論じることができなかった。こうした動きも，世界的にきわめて活発化しつつあるトレンドといえる。これらの点については，今後の課題としたい。

（山本崇雄）

［付記］
本章は，JSPS科学研究費（基盤研究（C）20K01894）による助成を受けたものである。

[注]

1 ）ガレットとカルナニ（Garrette & Karnani, 2010）では，他のこうした事例として，発展途上国における浄化された飲料水（P&G）のケース，バングラデシュにおける健康ヨーグルト（ダノン）などが挙げられている。

2 ）アルバレスとバーニー＝ヤング（Alvarez, Barney & Young, 2010）は，現実主義的アプローチにおける起業家的機会を，日常的な比喩で例えると，「電車の駅にある忘れ物の荷物のようなもの（p.26）」と述べている。また，行列で待っている際に 10 ドル紙幣が地面にあるのを見つけるように，注意深い起業家は，体系的探索を行うことなく何かを発見し得るとも論じている。

3 ）膨大な不確実性がある状況では，起業家は因果ロジックとは異なる意思決定ロジックを採用することを論じている。たとえば，ターゲット顧客は事後的にしか識別できない。目標は時間と共に変化するし，しばしば偶然に形作られる。したがって，起業家の個人的知識・スキルやソーシャルネットワークが重要となる。

4 ）『日経ビジネス』2019 年 3 月 18 日，伊藤正彦氏（専務役員）インタビュー。

5 ）バックキャストとは，未来のある時点に目標を設定し，そこから振り返って現在すべきことを考える方法のことである。

6 ）もう 1 つの軸は，橋梁などのインフラの点検作業を，ドローン（ロボット）を活用して支援する領域である。

7 ）デンソー・インターナショナル・アメリカ　鈴木万治氏の講演より（http://techbiz.com/svnjs2019-tokyo-denso; 2021 年 3 月 28 日アクセス）。

8 ）『日経ビジネス』2019 年 3 月 15 日。

9 ）なおパナソニックの事業部内においても，新規事業創造に取り組む動きは複数実施されている。たとえば，アプライアンス社におけるゲームチェンジャーカタパルトという仕組みはこれに相当する（https://gccatapult.panasonic.com/aboutus/）。

10）パナソニックのインド子会社における近年の組織的再編と日本人派遣社員の役割・位置づけについては，山本（2019）において論じている。

11）『日経クロステック』2018 年 9 月 14 日付による。

12）元家淳志氏（パナソニック・インドイノベーションセンター　センター長）談（https://globis.jp/article/7789；2021 年 3 月 28 日アクセス）。

13）インドでは，貧困層の人々が病院に行く場合に資金がない状況であれば，マイクロファイナンス組織で借金をするのが一般的なパターンである。

14）児童失踪・児童虐待国際センター（ICMEC）のデータによる。

15）財布などに入る程の非常に小さいサイズのタグであり，2018 年 12 月に提供・開始された（Gadgets 360°）。

16）親のみが子供の位置情報を検知できるようになっており，他人は検知することはできない仕組みとなっている。

17）日本含むアジアの 10 ヵ国でも販売されている。『日本経済新聞』2019 年 8 月 29 日。

18）パナソニック　プレスリリース（https://news.panasonic.com/jp/stories/2021/86101.html）および『日経 MJ』2021 年 2 月 1 日。

19）DENSO Tech Links Tokyo #9 における加藤直也氏（社会ソリューション事業推進部）の講演録（2020 年 12 月 2 日開催）より（https://logmi.jp/tech/articles/323667）。

20）注 19）と同じ（加藤直也氏の講演）。

21）この点は，CES2021 Panasonic in Tokyo における同社提供の動画でも触れられている（https://channel.panasonic.com/jp/contents/31372；2021 年 3 月 28 日アクセス）。

[参考文献]

Ahuja, G., & Lampert, M. C. (2001). Entrepreneurship in the large corporation: A longitudinal study of how established firms create breakthrough inventions. *Strategic Management Journal*, 22(6-7): 521-543.

Alvarez, S. A., & Barney, J. B. (2007). Discovery and creation: Alternative theories of entrepreneurial action. *Strategic Entrepreneurship Journal*, 1(1-2): 11-26.

Alvarez, S. A., Barney J.B. & Young, S.L. (2010). Debates in Entrepreneurship: Opportunity Formation and Implications for the Field of Entrepreneurship, in Acs, Z.J. & Audretch, D.B. (eds.) *Handbook of Entrepreneurship Research*, Springer.

Baker, T., & Nelson, R. E. (2005). Creating something from nothing: Resource construction through entrepreneurial bricolage. *Administrative Science Quarterly*, 50(3): 329-366.

Bartlett, C.A. & Ghoshal, S (1989). *Managing across Borders: The Transnational Solution*, Harvard University Press. (吉原英樹監訳『地球市場時代の企業戦略』日本経済新聞社, 1990年)。

Berger, P.L. & Luckman, T. (1966). *The Social Construction of Reality: A Treatise in the Sociology of Knowledge*, Anchor Books Doubleday. (山口節郎訳『現実の社会的構成―知識社会学論考―』新曜社, 2003年)。

Birkinshaw, J. (2000). *Entrepreneurship in the global firm: enterprise and renewal*. Sage.

Hayek, F. A. (1945). The use of knowledge in society. *The American Economic Review*, 35(4): 519-530.

堀新一郎・琴坂将広・井上大智 (2020). 『START UP　優れた起業家は何を考え, どう行動したか』NewsPicksパブリッシング。

池本正純 (2004). 『企業家とは何か―市場経済と企業家機能―』八千代出版。

Kirzner, I. M. (1973). *Competition and entrepreneurship*, University of Chicago Press.

Garrette, B., & Karnani, A. (2010). Challenges in marketing socially useful goods to the poor. *California Management Review*, 52(4): 29-47.

Govindarajan, V. & Trimble, C. (2012). *Reverse Innovation*, Harvard Business Review Press. (渡部典子訳『リバース・イノベーション―新興国の名もない企業が世界市場を支配するとき―』ダイヤモンド社, 2012年)。

Leonard‐Barton, D. (1992). Core capabilities and core rigidities: A paradox in managing new product development. *Strategic Management Journal*, 13(S1): 111-125.

March, J. G. (1991). Exploration and exploitation in organizational learning. *Organization Science*, 2(1): 71-87.

Millar, C. C., Groth, O., & Mahon, J. F. (2018). Management innovation in a VUCA world: Challenges and recommendations, *California Management Review*, 61(1): 5-14.

内藤陽子 (2013)「海外派遣帰任者のキャリア・マネジメント」, 組織学会［編］『組織論レビューⅠ』, 白桃書房。

中川功一 (2019). 『戦略硬直化のスパイラル―どうして企業は変われなくなるのか―』有斐閣。

大内秀二郎 (2004). 「電気洗濯機市場における非家電メーカーのマーケティング活動―日本電装(株)を事例とした歴史研究」, 『商経学叢』第51巻第1号, 169-189。

Oviatt, B. M., & McDougall, P. P. (2005). Defining international entrepreneurship and modeling the speed of internationalization. *Entrepreneurship Theory and Practice*, 29(5): 537-553.

Pincho III, G. (1985). *Intrapreneuring*, Harper & Row. (清水紀彦訳『社内企業家』講談社, 1985年)。

Sarasvathy, S.D. (2001). Causation and effectuation: Toward a theoretical shift from economic inevitability to entrepreneurial contingency, *Academy of Management Review*, 26(2): 243-263.

Shane, S. (2000). Prior knowledge ant the discovery of entrepreneurial opportunities, *Organizational Science*, 11(4): 448-469.

Shane, S. (2003). *A General Theory of Entrepreneurship: The Individual-Opportunity Nexus*, Edward Elgar.

Shane, S., & Venkataraman, S. (2000). The promise of entrepreneurship as a field of research. *Academy of Management Review*, 25(1): 217-226.

田路路子 (2020). 『起業プロセスと不確実性のマネジメント』白桃書房。

田所雅之 (2020). 『御社の新規事業はなぜ失敗するのか？』光文社。

津田一孝 (2007). 『世界へ　デンソーの海外展開』中部経済新聞社。

Von Mises, L. (1949). *Human Action: A Treatise on Economics*, Yale University Press.

Williams, C., & Lee, S. H. (2011). Entrepreneurial contexts and knowledge coordination within the multinational corporation. *Journal of World Business*, 46(2): 253-264.

山本崇雄 (2019). 「パナソニック―新興国市場開拓と海外派遣者の役割」, 桑名義晴・岸本寿生・今井雅和・竹之内秀行・山本崇雄『ケーススタディ　グローバル HRM（人的資源管理）：日本企業の挑戦』, 中央経済社。

吉田満梨 (2020). 「新市場を創る企業行動」, 『日本経済新聞』, 2020年6月25日～7月7日。

Zucchella, A. & Magnani, G. (2016). *International Entrepreneurship: Theoretical Foundation and Practices: Second Edition*, Palgrave.

第7章

新興国市場における日本企業の人的資源管理
――海外派遣者の役割を中心に――

はじめに

　新型コロナウイルス感染症が蔓延した今日においても，多くの多国籍企業は本国から社員を海外に派遣している。日本企業も例外ではなく，各国への海外派遣は継続して行われている。1980年代後半以来，日本企業は海外直接投資を本格的に展開してきた（李, 2019）。2000年代に入ると，アジア諸国をはじめとする新興国経済が急成長し，日本企業のなかでも新興国市場の開拓を積極的に推進する動きがみられた（伊藤, 2010）。

　経済産業省の『第50回（2020年調査）海外事業活動基本調査』によれば，2019年度末における現地法人数は2万5,693社[1]であった。同調査によると，日本企業の現地法人の7割以上は新興国に存在し，そのなかでもASEAN10における割合が9年連続で拡大し，中国の割合も7年ぶりに拡大している。

　企業数だけでなく，日本企業の海外従業員数をみても，新興国の占める割合は増加している。東洋経済新報社の『海外進出企業総覧2020年版［国別編］』[2]によれば，日本企業の現地法人の従業員数は全世界で467万6,033人であり，そのうち約80％にあたる376万2,419人が新興国の従業員であった。また，日本からの海外派遣者数は全世界で3万6,952人であったが，そのうち約76％にあたる2万8,268人は新興国に派遣されていた。

　2014年と2019年を比較すると，日本企業の現地法人の従業員数はこの5年間で54万6,554人増加[3]しているのに対し，海外派遣者は3,255人減少[4]している。これらの数字からも日本企業が現地人の従業員の雇用を増やし，日本から

図表7-1 日本企業の現地法人の従業員数と日本からの派遣者数（2019年）

（単位：人 左軸：従業員数，右軸：派遣者数）

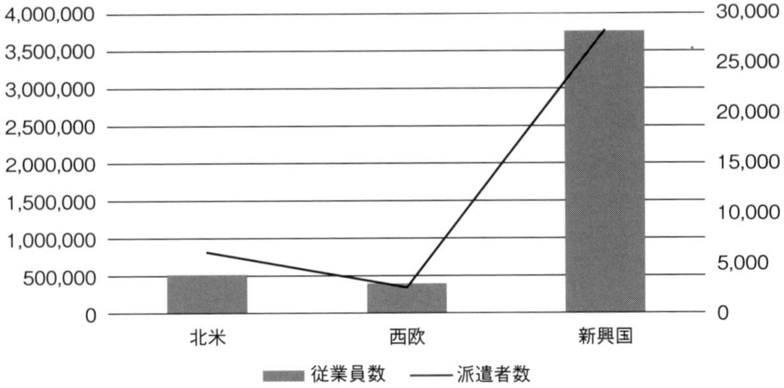

出所：東洋経済新報社（2020）『海外進出企業総覧2020年版［国別編］』を参考に筆者作成。

　の海外派遣者を減らしていることがわかる。また，新興国における日本企業の海外従業員数を2014年と2019年で比較すると，現地従業員は36万204人増加したが，日本からの海外派遣者は3,097人減少している。日本企業は新興国においても，日本からの海外派遣者を減らす傾向にある。

　かつての日本企業の国際人的資源管理は本国からの派遣マネジャーによる統制（安室，1981）が中心であったが，その後は現地人のマネジャーによる管理に移行しつつあり，現在では海外現地法人の全従業員に占める海外派遣者の割合は徐々に減っている。しかしながら，現地のマネジメントがすべて現地人に置き換わっているわけではなく，本国からの派遣者は必要であり，その重要性が失われているわけではない。とくに，新興国市場に新たに進出する企業にとっては，現地法人立ち上げ時には本国からの派遣は重要である。

　先ほどの『海外進出企業総覧』の従業員数の数字は，新型コロナ感染症の影響が反映されておらず，その影響は今後の調査を待たなければならないが，日本企業は海外での雇用の8割以上を新興国で生み出し，日本企業からの海外派遣者の大半も新興国に派遣されている。コロナ禍においても新興国における国際人的資源管理は，ますます重要になってきている。そこで本章では，重要性が増している新興国市場における人的資源管理について，とくに海外派遣者の

役割を中心に考察する。具体的には，新興国市場の特徴を概観し，国際人的資源管理研究の新たな潮流を紹介する。そして，新興国市場で売り上げを伸ばしているユニ・チャームを事例として取り上げる。同社は，社内のエース級の社員を新興国に派遣すると同時に，社長自らが本社と現地の橋渡し的役割を担っており，国内外の従業員をまとめている。本章では，事例をとおして，新興国市場で求められる人的資源管理の在り方について論じることを目的とする。

1. 新興国市場の特徴

　新興国市場の特徴を考える前に，本章での新興国の範囲を示しておく。新興国という言葉には，明確な定義があるわけではない。今井（2016）は，① 市場経済に基づいて開放的な経済体制を敷いていること，② 経済発展の水準とペースが一定以上であること，を条件とすることが一般的であると述べている。一方で，先進国以外のすべての発展途上国を指す場合もある。そこで本章では，新興国に含まれる国は特定せず，先進国以外の国々を新興国とする。

　新興国といっても，先進国と変わらない生活水準の国も増えている。たとえば，後藤（2019）のいうように，21世紀に入り都市化が世界レベルで進展し，その傾向はアジアで顕著であり，アジアの国々の都市で暮らす人々の生活様式は，その国の地方よりもむしろ先進国の大都市に似てきている。

　しかし，潘（2016）のいうように，成熟した先進諸国との経済レベルの差異により，新興国・地域と先進国の間にはさまざまなギャップが存在していることも確かである。また，新興国間でも経済発展の水準は異なり，一言で新興国市場の特徴を説明することは難しい。安室（2015）は，新興国市場は基本的に「多様な」市場であり，国の歴史，宗教，風土，政治体制，教育レベル，医療制度，農業政策など，先進国では概ね類似している要素が大きく異なると述べている。

　日本企業が新興国に進出した場合，どのようなことが問題になるのであろうか。大石（2016）は，先進国には備わっている制度が新興国には備わっておらず，新興国でのビジネスは先進国でのビジネスと大きく異なることを指摘して

いる。さらに大石は，制度はその国の歴史や政治，社会システム，文化などによって形成され，たやすく変化するものではないとも述べている。カナとパレブ（Khanna & Palepu, 2010）は，新興国には，資源の不足やインフラの未整備，法制度の不備などの「制度のすきま」があり，この「制度のすきま」を克服するようなビジネスモデルが必要であると主張している。今井（2016）も先進国と比較した時の新興国市場の最大の特徴は，ビジネス制度[5]に対応するための取引コストの高さであると主張している。

　クリステンセンら（Christensen *et al.*, 2017）は，アフリカなどの新興国に立ちはだかる壁として ① 汚職や腐敗，② インフラの未整備，③ 広範なスキル不足による意欲減退，④ 発展途上にある中間層に注力し，そこに命運を賭けようとしている多国籍企業の姿勢を挙げている。高橋（2020）は，新興国市場の制度面での不確実性について，法制度や規制，およびその運用に至るまで先進国とは異なる論理で運用されている面があると述べている。また，需要面と制度面の不確実性の高い新興国市場において，不確実性が悪い方向に向かったために撤退したり，あるいは不確実性がよい方向に向かうことを期待して採算がとれていないにもかかわらず，現地に踏みとどまる企業があることも示唆している。

　このような不確実性が高く複雑な市場である新興国市場で，日本企業のプレゼンスが低下している。市井ら（2014）によれば，ブラジル，ロシア，インド，中国，インドネシアで製品カテゴリー別に分析した結果，日本メーカーがそれぞれの市場で他社の後塵を拝していることがわかったという。たとえば，ブラジル，インド，インドネシアのテレビ市場では韓国の LG がリーダー企業である（図表7-2参照）。

　新興国市場はさまざまな国々から構成されており，他国で成功した戦略が別の新興国で成功するとは限らない。しかしながら，日本企業のなかには新興国をひとくくりに捉え，どの国でも同じ戦略を行っている例もみられる。安室（2015）は日本企業がおかしやすい誤りとして，「新興国共通のモデル」を開発し，世界的規模で生産・販売体制を構築するという戦略アプローチを挙げている。そして，安室（2015）は，本社のトップが虚心坦懐に新興国の海外子会社の経営トップから，市場特性を「学ぶ」ことから始める必要性を説いている。重要性が年々増している新興国市場であるが，不確実性や多様性が高いため，

図表7-2　日本企業がナンバーワンの市場，そうでない市場

	ブラジル	ロシア	インド	中国	インドネシア
自動車	フィアット （多国籍企業）	アフトヴァース （地元企業）	スズキ （日本企業）	フォルクス ワーゲン （多国籍企業）	トヨタ （日本企業）
テレビ	LG （多国籍企業）	サムスン （多国籍企業）	LG/サムスン （多国籍企業）	ハイセンス （地元企業）	LG （多国籍企業）
家電	ワールプール （多国籍企業）	インデシット （多国籍企業）	LG （多国籍企業）	ハイアール （地元企業）	シャープ （日本企業）
衛生用品	P&G （多国籍企業）	P&G （多国籍企業）	P&G （多国籍企業）	P&G （多国籍企業）	ユニ・チャーム （日本企業）
美容, パーソナルケア	ナチュラ （地元企業）	P&G （多国籍企業）	ユニリーバ （日本企業）	P&G （多国籍企業）	ユニリーバ （日本企業）

注：企業名は，該当する国と業界のナンバーワン企業である。
出所：BCG分析，ただし市井ら（2014）p.31の表を筆者が一部修正。

現地のマネジメントは一筋縄ではいかない。以下の節では，新興国市場における人的資源管理について整理する。

2. 新興国市場における人的資源管理

　2000年からの10年間で日本企業のアジアへの海外派遣者は6万人強から14万人弱へと倍増している（野村，2012）。多くの企業は，アジアをはじめ新興国での事業展開を強化しているが，事業のグローバル化に対し，人材育成が追いついていないのが現状である。大木（2013）は，1970〜2000年代までの日本企

業の国際人的資源管理の特異性を国際比較から明らかにした主な研究を整理した。多くの研究から共通している点として，日本企業が他国の企業に比べて，① 海外派遣者を活用する傾向にあること，② 海外派遣者として第三国人材（TCN）を活用しない傾向にあること，③（海外から日本への）受入派遣者が少ないことを挙げている。このように日本企業は，国際人的資源管理に海外派遣者を活用する傾向にあるが，問題も生じている。たとえば，若い社員が管理や言語の能力を身につけないまま派遣され，精神面の不調を訴える例が増えているという[6]。

　チョーダリー（Choudhury, 2020）は，遠隔地への移動による問題点を4つのカテゴリーに分類している。第1に規制上の制約，第2に職業上の制約，第3に心理的コスト，第4に経済的コストである。彼は遠隔地を新興国市場に限定しているわけではないが，日本企業にとって，新興国市場は先進国市場に比べ，心理的にも制度的にも遠隔に位置する場合が多い。そのため，チョーダリー（2020）の4つの問題点は，新興国へ赴任した派遣者にもある程度はあてはまると考えられる。先進国に比べ，これらの距離が離れている新興国へ日本企業が進出する場合は注意を要する。

　白木（2012）は，アジア新興国市場での人材マネジメントがさらに重要性を増すなか，日本人派遣者，現地スタッフの双方を含む広義のグローバル人材マネジメント・システムを早急に構築する必要性が日本企業にあると主張している。そして，白木（2012）は，とくに，日本人の海外派遣への過度な依存から脱却し，外国籍スタッフを本社の主要部門で活用したり，現地人スタッフの能力をよりグローバルに活用する必要性を述べている。

　現地化を進める日本企業のなかには，現地人マネジャーを雇用することにより，新興国で課題を迅速に克服する動きもあるが，その一方で新興国では訓練された人材が不足しているため，現地人マネジャーを雇えないケースもある。たとえ現地人マネジャーを雇ったとしても，現地人マネジャーは本社のアイデアを受け入れないことも多い（Prahalad & Lieberthal, 1998）との問題点も指摘されている。

　白木（2012）のいうように，日本人海外派遣者への過重な依存から脱却する必要はあるが，雇用市場が成熟していない新興国では優秀な現地人スタッフを

雇用し，彼らにすぐに権限移譲することは難しい。佐原（2015）は「現地化」が進んでも，日本が「世界本社」として各国・各地域の事業を統括する立場であることに変わりはなく，そこではより深く各国市場を理解した人材が必要になると主張している。このように従来の海外派遣者や現地人マネジャーの活用には課題も多く，企業は柔軟性に富む雇用形態を模索している。以下では，日本の本社からの派遣者を中心に新興国に対応する新たな人材オプションを検討する。

3. 多様な新興国市場に対応する新たな人材オプション

　古沢（2015）は，従来の国際人的資源管理の研究は，本国人派遣者か，現地人か，といった二項対立的な視点に基づく論考が中心であったと述べている。新興国に進出する企業は，現地人材の不足や，心理的・制度的ギャップに悩まされることが多い。これらを解決する手段として，新たな人材オプションを紹介する。本国からの5年以内の海外派遣と現地人採用が従来の国際人的資源管理であるとするなら，長期海外派遣，短期海外派遣，現地採用本国人なども新たな人材オプションと考えられる。そしてこれらの人材は，本社と現地子会社をつなぐバウンダリー・スパナーとしての活躍が期待される。以下では，長期海外派遣者，短期海外派遣者，現地採用本国人について説明する。

3-1　長期海外派遣者

　東レ研究所の2014年の調査によると，日本企業の海外派遣の任期は3〜5年であることが多い。本章では，長期海外派遣を平均的な海外派遣期間である3〜5年より長い6年以上の海外派遣とする。笠井（2009）によれば，国際的な業務への適応に関しては，不適応が早いときで5ヵ月目，遅い場合は4年目に発生しているという。3〜5年以内の海外派遣の場合，現地に適応してきたころに帰任することになる。コロナ以前は若手社員を研修目的で1, 2年派遣する企業も増加傾向にあったが，コロナ禍で派遣が中止，もしくは帰国せざるを得な

い派遣者も多くいた。デロイトトーマツグループが実施した調査によると、新型コロナウイルス感染症拡大の影響で海外派遣や出張がしにくくなり、海外拠点のガバナンスが課題となっている。つまり、海外駐在や出張の中止により海外子会社に目が届きにくくなり、ガバナンスの緩みが不正リスクを高めていると懸念されているのである[7]。

　長期海外派遣の場合は、長期滞在することにより現地の商習慣に慣れ、現地社会に根付くことが期待される。また、災害、疫病、政情不安など、不測の事態に見舞われたときにも長期社員が現地に残り業務を遂行するケースがみられる。新型コロナウイルス感染症が広がり続けるなか、再入国が事実上制限されている国[8]では業務を続けている日本人派遣者もおり、その場合は長期派遣者が、生産や管理に支障をきたさないように現地に留まっていることが多いという。

3-2　短期海外派遣者

　長期派遣者は、本社との交渉能力において現地の雇用者とあまり変わらなくなってしまうことがあり得る。その結果として、現地採用人材に比べコストが高い一方で、長期間本国にいないため、本社で役員としての業務を行うことが難しいといったジレンマが生じる（Bebenroth et al., 2011）。そこで、海外子会社のマネジメントは長期派遣者と短期派遣者（Flexpatriate）との協働によって行われるようになり（Mayerhofer et al., 2011）、本社との連携強化のためのプロジェクトチームを機能させるために、本社とのかかわりが強い短期派遣者が増加することになる。

　短期派遣者は派遣期間の短さによって、ショートターム・アサイニー（Short-Term Assignees）、フレックスパトリエッツ（Flexpatriates）、インターナショナル・トラベラーズ（International Business Travelers）などに分類される。このなかで、インターナショナルトラベラーズの派遣期間が最も短い。これら短期派遣者は、現地ビジネスに精通できないという問題点はあるものの、本社とのかかわりが強いというメリットがある。それゆえ、短期派遣者は、本社の経営理念や経営方針を現地に伝える伝道師的な役割も期待されてい

る。また，短期派遣者のなかには，1つの海外子会社に滞在する期間は短いものの，世界各国に点在する海外子会社を回りながら，本社と子会社の橋渡し的なバウンダリー・スパナーとして活躍する派遣者もいる。

3-3　現地採用本国人

　Self-Initiated Expatriates（以下，SIEs と略称）とは，ハリソンら（Harrison *et al.*, 2004）によれば，自らの意思で駐在員を選択し，雇用主から派遣されていない個人である。クローリーとヘンリー（Crowley & Henry, 2007）によると，自らの意思で企業の支援を得ずに他国に移住し，現地人と同程度の労働条件で雇用されている個人と定義づけられる。古沢（2015）は，海外子会社に勤務する現地採用の本国人社員と定義し，SIEs を現地採用本国人と呼んでいる。本章でも，SIEs を現地採用本国人と呼ぶ。

　タレノウとコールフィールド（Tharenou & Caulfield, 2010）によれば，SIEs は組織から他国への赴任を命じられることなく，自らの意思で他国に移住して働き，生活する従業員と定義されている。SIEs の特徴として，① 転居の主な要因としてキャリアアップを求めていること，② 母国以外で時期を定めず滞在を計画していることなどがあげられる。多くの SIEs は，主に雇用機会と専門的な能力開発のために海外赴任している。しかし，SIEs のなかには，家庭の事情から受入国に永住し，移民になることを決断する場合もある。SIEs は企業から派遣される海外駐在員と比較して，自ら海外勤務を開始し，手配する一方，両タイプの海外駐在には，海外で長期間働くという基本的な共通点がある（Cao *et al.*, 2012）。

　古沢（2015）は，多国籍企業の従業員としての SIEs には，海外派遣者に比して低廉な人件費という魅力があるほか，本国文化とホスト国文化を架橋するバウンダリー・スパナーとしての活躍も期待できると述べている。多くの国で現地人の人材が不足しているなか，異文化間で柔軟に対応し，より差別化されたスキルセットを持つ人材に対する需要は高まっており（Deloitte, 2010），SIEs を採用する企業が増加している。また，古沢（2017）は海外勤務を忌避する従業員が増加するなか，自らの意思で海外へ赴く SIEs の存在は多国籍企業

の新たな人材プールとして貴重であるとも述べている。

　コロナ禍において，新興国市場では医療インフラが整備されていない国も多く，家族を帯同している社員のなかには，家族のみを本国に帰国させる例もみられた。短期派遣社員も海外渡航が困難になるなど，人的資源マネジメントは変革を迫られている。以下では，新興国に進出し，コロナ以前からニュー・ノーマルを目指した人的資源管理を行っているユニ・チャームの事例を紹介する。

4.　ユニ・チャームの事例[9)]

4-1　ユニ・チャームの海外事業の概要

　ユニ・チャームは，統合レポートによると，世界の約80の国と地域で事業を展開しており，2020年の売上高は7,275億円で海外売上構成比は60％に達している。地域別の売上は，日本が40％，中国が13％，アジア31％，その他が16％となっている。同社はグループ全体で1万6,665人を雇用し，そのうち3,307人が日本人，9,160人がアジア人，4,198人がその他である。

　ユニ・チャームの海外進出は，1984年の台湾での合弁会社設立を皮切りに，1987年にはタイで合弁会社を設立した。90年代に入ると，1993年にオランダで合弁会社を設立し，サウジアラビアでテープタイプのベビー用紙おむつの技術提携を行った。1994年には，韓国に合弁会社を設立し，翌年は中国の上海に合弁会社を設立している。1997年マレーシアに100％子会社設立し，インドネシアに合弁会社設立した。2000年代には，アジア投資をさらに加速し，2002年にフィリピンに合弁会社を設立した。2005年にはサウジアラビアのGulf Hygienic Industries Limitedを子会社化した。2006年にはベトナムに100％子会社を設立，韓国に合弁会社を設立した。2008年にはオーストラリアのAPPP社を買収し，100％子会社化した。また同年，インドに100％子会社を設立するとともに，合弁会社ユニ・チャーム　メンリッケがロシアに100％子会社を設立した。2009年には合弁会社ユニ・チャーム　メンリッケがアメリカに100％子会

社を設立している。

　2010年代になると，アフリカや南米でも事業展開するようになる。2010年にはエジプトに連結子会社を設立し，2011年にはアメリカのペット用品会社 The Hartz Mountain Corporation の株式51％を住友商事より取得した。同年にベトナムの衛生用品製造・販売会社 Diana Joint Stock Company を買収した。2013年にはミャンマーの衛生用品製造・販売会社 Myanmar Care Products Limited を買収した。2014年にブラジルに合弁会社を設立し，2018年にタイ，マレーシア，インドネシア，シンガポールに拠点を置く DSG International（Thailand）Public Company Limited を買収した[10]。

　ユニ・チャームの『統合レポート2021年版』によると，同社は展開エリアの拡大にあたり「直接参入」[11]と「技術供与」の2つの参入方式を使い分けている。ユニ・チャームではライセンス方式との対比で「直接参入」という用語を用いているが，本章でも「直接参入」という言葉をそのまま用いる。ユニ・チャームはアジア，中東，北アフリカ，南米など成長期にある地域では積極的に経営資源を投入し，自社生産と販売により事業を展開している他，現地法人に権限委譲を進め，市場による消費者ニーズの違いに対応している。なお，中国では現地生産に加え，インターネット通販を通じた日本製品の輸出も行っている[12]。一方，北米やヨーロッパなどの市場規模が大きいものの成熟化が進む地域では，ユニ・チャームの技術をライセンスすることによって必要最小限の投資で安定的な収益を確保している（ユニ・チャーム『統合レポート2021年版』）。

　ユニ・チャームの2020年12月期の主な事業は，パーソナルケア事業とペットケア事業，その他に分かれるが，売上の86％はパーソナルケア事業，13％がペットケア事業，1％がその他である。なお，パーソナルケア事業は，ベビーケア事業，フェミニンケア事業，ヘルスケア事業，クリーン＆フレッシュ事業からなる[13]。海外においてもパーソナルケア事業（ベビーケア，フェミニンケア，ヘルスケア，クリーン＆フレッシュ）とペットケア事業を展開している（図表7-3参照）。

　紙おむつは1人当たり国内総生産（GDP）3,000ドルが普及が加速する目安とされる[14]ため，アジアの新興国では同社の紙おむつの需要も拡大している。ユ

図表7-3　ユニ・チャームの主な海外展開（2021年12月現在）

地域	機能		扱っている製品				
	生産	販売	ベビーケア	フェミニンケア	ヘルスケア	クリーン&フレッシュ	ペット
中国	●	●	●	●	●	●	●
台湾・大中華圏	●	●	●	●	●	●	●
韓国	●	●	●	●	●	●	●
タイ	●	●	●	●	●	●	●
ベトナム	●	●	●	●	●	●	●
ミャンマー	●	●	●	●	●		
マレーシア	●	●	●	●	●	●	
シンガポール		●	●	●	●	●	●
インドネシア	●	●	●	●	●	●	
フィリピン		●	●	●	●		
オーストラリア		●		●	●		
サウジアラビア	●	●	●	●	●		
エジプト	●	●	●	●			
インド	●	●	●	●	●		
オランダ	●		●		●		
ロシア	●			●			
アメリカ	●	●					●
カナダ		●					●
ブラジル	●	●	●				

注：オランダは技術提携によるベビー用・大人用パンツタイプオムツの生産，アメリカは技術提携品の販売
出所：ユニ・チャームHPをもとに作成

ニ・チャームは，子供用紙おむつではインドネシア，タイ，ベトナムでシェア1位となっている。ベトナム，インドネシアでは，大人用紙おむつ市場で4〜5割のシェアを持ち，店頭販売に加えて病院など法人営業も行っている[15]。

地域別売上高比率をみると，中国を除くアジア事業は2016年の28％から，19年には34％に増加しており，中国事業の約3倍に相当する[16]。2020年12月期は中国での売上高成長率を1〜5％と見込む一方，インドネシアでは5〜10％，インドでは15〜20％の成長を目指している。とくにアジアの途上国では

生理用品がまだ一般に浸透しておらず，成長の余地が大きい。2019年12月期の生理用品などのフェミニンケア事業の売上高伸び率はインドネシアが15%増，ベトナムは17%増，インドは42%増であった[17]。

4-2　ユニ・チャームの海外派遣社員

　ユニ・チャームは，組織内で生まれた日々の工夫や知恵が，現場の社員と経営層の間を振り子のように行き交って共振を生む「共振の経営」[18]を企業理念としている。「共振の経営」とは，社員同士がコミュニケーションをとって，バランスを保ちながら組織全体の力を大きくし，経営陣と現場の社員が一丸となって共通の目標に向かう仕組みのことである。共振の経営がユニ・チャームの成長の原動力となり，さらに，戦略の成功確率を高めるため，ユニ・チャームのDNA，企業文化，そして戦略を理解したグローバル人材「共振人材[19]」の育成と海外への派遣を積極的に行っている[20]。

　また，こうした人材が枯渇しないよう，現場においてOJTを通じた密度の濃いコミュニケーションを行い，次代を担う「共振人材」を育成している。ユニ・チャームは日本で確立した「勝ちパターン」を海外の現地の文化やニーズに合わせて移植することで，海外展開の成功の確度を高めている（ユニ・チャーム『統合レポート2020年版』）。

　前述のように紙おむつは1人当たりGDPが年3,000ドルを超えると一気に普及するといわれるが，ユニ・チャームではその分岐点を迎える前の段階[21]から，現地に人材を派遣している。参入する国が決まると，事業を展開する国・地域の法人「ローカル・マネジメント・ユニット（以下，LMUと略称）」は損益責任を持ち，地域特性に応じた製品開発，生産，営業，マーケティングおよびブランド資産管理の責任も負うことになる[22]。アジアを中心とする成長市場には直接参入し，開発から生産，マーケティング，営業までを自社でコントロールする。

　ユニ・チャームの代表取締役社長執行役員である高原豪久氏は，「自社の風土・文化を体現し，どのような土地においても，自分で考え，自らが率先して行動し，現地に自社の風土・文化を再現できる人物」をグローバル人材と考え

ている（高原, 2016）。そのため，ユニ・チャームは，入社間もない若い社員は
海外には赴任させず，執行役員を中心とした社歴 20 年以上のエース級人材を
経営トップとして現地法人へ派遣し，実務の大半を権限委譲している。この
エース級人材は短くても 5 年，通常は 10 年間異動することはないという。長期
派遣者が多い理由としては，高原社長が自らの経験を踏まえ，現地の社員から
の信頼を得るためには頻繁な異動は避けるべきと考えているためである。高原
社長は，海外事業はさまざまな面でハンディキャップがあり，難度が格段に高
いと認識し，経験の少ない若手を海外に送り出すのは，本人にとっても，受け
入れる現地側にとってもメリットが少ないと考えている。海外に責任者として
送り込むエース級人材は，高原社長が人選し，赴任当初はフォローできる体制
を社内で整えている（高原, 2016）。

　また，新規の国・地域に進出する際には，「開発部長」「工場長」「支店長」
「マーケティング部長」の 4 人をセットで赴任させる場合が多い。この 4 人は，
役割のいくつかを自ら担いつつチームを束ね，「共振の経営」を現地に移植し，
社員を「共振人材」にまで育て上げることが求められる。金庫番であると同時
に，社員が困ったら何でも相談できる「お母さん」役でもあり，「事業コント
ローラー」の役割も行う（高原, 2014）。

　また，商品開発には，国内でゼロから商品を開発してトップブランドにまで
育て上げた経験を有する優秀な部長クラスの開発者を派遣している（高原,
2016）。現地の流通事情に対応しつつ，ユニ・チャームにとってベストな販売網
を構築するには，作戦立案力と実践貫徹力を兼ね備えた人物を海外に派遣する
必要がある，と高原社長は考えている。

　マーケティング部長は，現地でマーケティング・プランの立案はもちろん，
テレビ・コマーシャルや，パッケージ，POP（店頭販促用広告）などのキャッ
チコピーまで，すべてを現地語で考える。そして同部長は現地で開発できる人
材を育成する役割も担う（高原, 2014）。高原社長によれば，このような条件を
クリアするためには，複数のブランドを担当しつつ，経験の乏しい若手社員を
育てた経験のあるシニア・ブランド・マネジャー級を派遣することになるとい
う。

　2014 年 4 月 1 日時点で，同社には 21 人の執行役員（一部は取締役兼任）が

いたが，そのうちの約6割（13人）が海外赴任中または海外赴任の経験者であった（高原, 2014）。執行役員に海外赴任の経験者が多い背景には，トップ層が海外での仕事について知見を有しなければ，今日において正しい経営判断は難しい，といった高原社長の考えがある。

4-3　伝道師としてのトップの役割

高原社長の考えるグローバル化とは「どの国にあっても共通の価値観に基づいて，同じスタイルで経営をすること」である。これは共振の経営を推進することや，ユニ・チャームの共通言語である「ユニ・チャーム・ウェイ」の浸透を意味する。そのため，ユニ・チャームでは，人種や国籍を問わず，ユニ・チャームの考え方であるユニ・チャームイズムを共有できる人を，部長や役員に選んでいるといわれる。

ユニ・チャームの海外展開は1980年代から進められ，当時，経営戦略担当常務だった高原社長はすべての現地法人設立にかかわり，取締役会に議案を提出していた。高原社長は新しい国や地域に進出する際は，現地に2週間から1ヵ月は入り込み，みずから街を歩いて市場を観察したり，現地の一般家庭を訪問調査したりしている。こうして得られたものを「現場の肌感覚」として，決断のもう1つの基準としている（高原, 2014）。

また，社長の執務時間を3分割する「3分の1ルール」という決まりを設け，「本社での執務」「海外の現場に出向く」「国内の現場に出向く」の3つに等分に配分されるよう，秘書がコントロールしている（高原, 2014）。これは現場の情報を得ることや，現場の社員に声を掛けてモチベートすることだけが目的ではなく，経営の現場と戦略開発や実行の現場の双方が，互いの情報を徹底的に発信し合い，課題解決に生かし合うことによって難関を乗り越えていく（高原, 2014）ことが目的のようである。

ユニ・チャームは，新興国市場では現地企業と合弁でビジネスを立ち上げる場合が多いが，現地のパートナーとの信頼関係の構築にも高原社長は腐心している。ユニ・チャームが単独で参入している国・地域では，ディストリビューター（卸売り会社）などの主な取引先の経営者と高原社長は家族ぐるみで付き

合い，信頼関係を構築している。この信頼関係構築により，ユニ・チャームはディストリビューターにも権限委譲が可能となっている（高原, 2014）。

4−4　現地人材をマネジメントする仕組み

(1)　共振の経営実践会議

　ユニ・チャームでは毎週月曜日，海外を含めた拠点をつないで「共振の経営実践会議」を開催している。冒頭15分くらいを使って日本から社長のメッセージを発信している。小集団ミーティングでは，社長のメッセージをリーダーに解説させる時間を設けている。社長が発した考え方や方針を，現場の社員に理解させることが目的であるという。メッセージを文字に起こしたテキストの日本語版は会議開催前に，英語版は金曜日までに社内イントラネットにアップされる。英語圏以外は現地の言語に翻訳し，翌週の月曜日までにアップされている。（高原, 2016）。

(2)　ユニ・チャーム・ウェイの浸透

　ユニ・チャームでは，全社員に「ユニ・チャーム・ウェイ」が書かれたシステム手帳を配布している。組織の最優先課題を定めてそこに全社員の時間と行動を集中させる「共振の経営実践マニュアル」「SAPS経営モデル実践マニュアル」や「マネジメントハンドブック」といった10種類の冊子が綴じてあり（高原, 2014），社員は業務中常に携帯している。なお，SAPSとは，計画を立て(Schedule)，計画通りに実行し（Action），効果を測定し改善点・反省点を抽出し（Performance），反省を活かして次の計画を立てる（Schedule）ことである。なお，2019年からはSAPSに代わり新たな意思決定プロセス「OODA-Loop（ウーダループ）」が導入されている。

　この冊子のなかで最も頻繁に活用されているのが「ユニ・チャーム語録」で，同社の社員として身に付けるべき思考特性や行動特性を解説する用語が447項目以上記載されているという。その数はいまも増え続けており，「経営戦略に関する58項目」「自己開発に関する72項目」「組織開発に関する58項目」などがある（高原, 2016）。

　ユニ・チャーム・ウェイが書かれたシステム手帳の中身は，日本語版の他，英語，中国語，タイ語，インドネシア語など各国の言語に翻訳され，国境や文化の違いを超えて共通の価値観を醸成するのに役立っている。どの言語でも，同じページに同じ項目が書かれるよう工夫してある。テレビ会議や電話会議で海外の社員と話をするときに，マネジメントハンドブックを参照すると経営方針の理解や意思疎通が容易になる。ユニ・チャーム語録には，社内で用いる言葉を定義する機能もあり，これによって認識のブレ幅が小さくなるといった効果もある。つまり，ユニ・チャーム語録により社内用語が統一され，コミュニケーション力が高まり，マネジメントを容易にする鍵となっている（高原，2016）。

(3) OODA-Loop

　OODA-Loop は，アメリカ空軍のジョン・ボイド大佐によって提唱されたもので，観察（Observation），状況判断（Orientation），意思決定（Decision），行動（Action）の流れを繰り返す意思決定の理論である（ユニ・チャーム『統合レポート 2020 年版』）。

　ユニ・チャームは，「OODA-Loop」を通じて現場から得られた「一次情報」から個別具体的な状況の本質を理解し，現場の社員一人ひとりが自律神経を働かせ，過去の経験や知識を駆使して状況判断を行いながら，自主的に何をすべきかを決定して行動することを目指している。前述のように，2019 年にOODA-Loop が採用されたが，それまでは PDCA を重視した「SAPS 手法」を採用していた。「SAPS 手法」は 1990〜2000 年代は大きな効果を発揮し，アジアを中心とした新興国での速やかな事業の拡大につながったという。しかし，「SAPS 手法」は当初のスケジュールありきで，当初プランにこだわりすぎると成果がでないことが弱点であった（ユニ・チャーム『統合レポート2020年版』）。

(4) 小集団ミーティング

　小集団ミーティングは各階層において毎週実施されている。月曜日の朝8時（日本時間）に，社長を含めた全役員と，日本および海外をつないだテレビ会議が行われる。そして，約1時間でこの会議を終えた後に，課やグループと

いった組織単位で小集団ミーティング[23]が実施される。ミーティング内でのアドバイスをする際には，ユニ・チャームグループのバイブルである『ユニ・チャーム・ウェイ』に収録された各種の冊子を引用するという。参加した社員は市場環境の変化などを報告・共有し，戦略を組み立てている[24]。

(5) OJT の実践

　高原社長は，人材育成は現場における業務を通じた OJT（オン・ザ・ジョブ・トレーニング）によってのみ機能すると考え，この現場での実践を機能させるには，経験豊富なリーダーからの「親身な OJT」が欠かせないと主張している。ユニ・チャームは大規模な研修所を持たず，特別な教育カリキュラムもないという。これは新入社員にもあてはまり，新入社員には1ヵ月間だけ集団研修が行われるものの，それ以外の特別な教育システムはない。教育・指導は，ほとんど OJT によっており，同社の上司の仕事の8割方は，部下に対する OJT であるという（高原, 2016）。

　ユニ・チャームでは飲みニケーションも盛んに行われており，共振の経営を実践するうえで欠かせないものとなっているという。高原社長は，上司が部下のプライベート面まで立ち入る効用は，日本に限ったものではなく，海外でも現地社員のプライベート面までよく知り合うようにしている，と語っている（高原, 2016）。

5. インプリケーション

　ユニ・チャームの事例から得られるインプリケーションとして，以下の3点を挙げたい。

　第1に，長期派遣社員と経営トップが本社と現地をつなぐバウンダリー・スパナーとなっている点である。経営の現地化が進むと，本社の経営理念や戦略が海外子会社に正しく伝わらないことがあるが，ユニ・チャームの場合は，高原社長自らが伝道師のようにに各国子会社を回り，現地と本社をつなぐバウンダリー・スパナーとなっていたと考えられる。現地の社員や取引先，パート

ナー企業と飲みニケーショを行いながら信頼関係の構築に努めている。また，本社から海外子会社に派遣される社員は，本社のエース級社員であり，10年スパンで派遣されている。通常は現地に長く派遣されると，本国よりも現地を重視する派遣社員も増えてくるが，ユニ・チャームの場合は，現地だけをみるのではなく，会社全体を見渡せる将来の幹部候補となり得るエース級社員を派遣している。そのため，彼らは現地と本社のどちらの立場も理解し，バウンダリー・スパナーとしての役割を果たしている。

　第2に，現地の人材をマネジメントするうえでさまざまな仕組みがある点である。ユニ・チャームは現地の人的資源管理には経営理念やトップの方針の浸透が重要であることを理解している。そのため，毎週月曜日に共振の経営実践会議を行い，社長が発した考え方や方針は，英語や現地語に翻訳され，共有されている。さらにその後，課やグループなどの組織単位で小集団ミーティングがあり，各自が観察による状況の変化などを報告・共有し，市場の変化に柔軟に対応して戦略を組み立てている。OJTを通じて経験からの学習を最大化する取り組みも行われている。また，高原社長は定期的に長期派遣社員と連絡を取り，現地を度々訪れ，ユニ・チャームの経営「共振の経営」を現地に移植し，次世代の「共振人材」を育成している。

　第3に，ユニ・チャームは，成熟市場と新興国など成長市場で管理の仕方を変えていることである。同社では，北米やヨーロッパのような成熟市場には「ライセンス方式」，アジアや中東などの成長市場には「直接参入方式」というように，2つの参入モデルを使い分けて参入している。直接参入方式では，日本からエース級社員を長期に派遣し，開発から生産，マーケティング，営業までを一貫して同社でコントロールしている。

　欧米のような，すでに成熟した国・地域では，その地で一定程度のシェアを有しているパートナーを探し，彼らにユニ・チャームが有する技術をライセンス供与するかわりに，ユニ・チャームは彼らからパテント収入を得ている（高原，2014）。多くの場合，技術供与が中心になるので，マーケティングや営業政策などにはユニ・チャームは関与しない。つまりライセンス方式の成熟市場では，パートナーである主要取引先に大幅な権限を委譲することになるが，信頼関係が構築されていないと安心して任すことはできない。そのため高原社長は

海外出張で現地を訪問した際，主要取引先もまわり，家族ぐるみで付き合いながら信頼関係を構築・維持しているという。このように社長自らが現地に出向き，現地の主要取引先との信頼関係を構築できるのも，高原社長が自身の執務時間を3分割する「3分の1ルール」を設けて，3分の1を海外の現場に出向くことに充てているからであろう。コロナ禍で海外への移動が制限されているなかでも，今までに構築した信頼関係があるからこそ，主要取引先に権限委譲ができていると考えられる。このように，ユニ・チャームはライセンス方式と直接参入方式という2つの方式を使い分けることにより，収益性と成長性を同時に獲得できるようにしている。

おわりに

　新型コロナウイルスの感染再拡大や変異株の流行に伴い，日本から入国しにくくなっている国や地域が増えている[25)]。感染を恐れた駐在員の多くが日本に一時帰国したが，派遣国に再入国できない状況が続き，ビジネスに支障が出ているとの声が高まっている[26)]。現在，医療体制の格差だけでなく，ワクチンの普及においても新興国と先進国の格差が広がっており，コロナ禍が収束するまで，新興国はさらに時間がかかることが予想されている。また，今回の新型コロナ感染症が収束したとしても，また新たな感染症などにより人的往来が制限される可能性もある。

　コロナ禍で新興国と日本の制度的・心理的距離は以前にも増して広がり，従来どおりの国際人的資源管理は岐路に立たされているといっても過言ではない。通信技術が発達して，リモートでの会議なども増えており，海外子会社の管理の一部もITを駆使したものに置き換わることも考えられるが，すべて置き換わることはない。また現地社員にすべて移管することを目指す企業も出てきているが，参入して間もない国・地域には，事業が軌道に乗るまでは本社からの派遣社員は欠かすことができない。

　このような不確実性が高まる環境下では，不測の事態に対応でき，現地と本社に精通した社員の存在は重要になる。そのため，5年以内で交代する海外派

遺者だけでなく，ユニ・チャームのような10年単位の長期派遣者の重要性は高まっていくだろう。また，ユニ・チャームの場合は経営トップが伝道師としての役割を担い，現地に経営理念を浸透させていった。このことは組織の一体化を醸成するうえで重要である。

　本章では，現地採用本国人SIEsと短期派遣者については紙幅の関係で詳しく触れることができなかったが，SIEsや短期派遣者についても現地と本国の架け橋となることが期待されている。これらについても今後の研究課題としたい。

（竹之内玲子）

[付記]
本章は，JSPS科学研究費（基盤研究（B）19H01529，基盤研究（C）19K01886）による研究助成と関連するものである。

[注]
1）2万5,693社のうち製造業が1万1,199社で，非製造業が1万4,494社であった。
2）『海外進出企業総覧2020年版［国別編］』のアンケート調査は2019年に実施された。
3）『海外進出企業総覧2015年版［国別編］』によれば，日系企業の現地法人の従業員数は全世界で412万9,479人であった。
4）『海外進出企業総覧2015年版［国別編］』によれば，日本からの海外派遣者数は全世界で4万207人であった。
5）今井（2016）によると，ビジネス制度は，制度資本と関係資本という構成要素からなる。制度資本は制度が定め，運用する法律，規則など社会を律するルールであり，執行の有効性を含む概念である。関係資本は，社会特性と経済主体間の関係性に関する概念であり，社会を水平方向に規定する概念である。
6）「海外赴任者に心のケアサービス　新興国への派遣増え」『日本経済新聞』，2014年8月30日。
7）「企業の半数超で不正発生，海外拠点課題に　民間調査」『日本経済新聞』2020年12月17日。
8）NHKニュースウェブ「帰国かとどまるか　コロナ禍で難しい選択迫られる日本人駐在員」2020年7月31日 https://www3.nhk.or.jp/news/html/20200731/k10012543861000.html
9）本節におけるユニ・チャームの記述は，注記のない場合，同社公表資料（有価証券報告書，統合レポート，高原社長著書（2014，2016年），同社ホームページコンテンツ）に基づいている。
10) ユニ・チャームの海外展開の歴史は，同社ホームページの社史を参考にしている。ユニ・チャームホームページ https://www.unicharm.co.jp/ja/company/history.html（2021年9月13日閲覧）
11) ユニ・チャームの社内報によると，ライセンス方式との対比で直接参入方式という言葉を用いている。具体的には100％全額出資の子会社設立（グリーンフィールド投資）や，合弁会社の設立になどによる進出のことをいう。以下も直接参入方式という用語を用いる。100％全額出資の子会社設立（グリーンフィールド投資）や，合弁会社の設立による進出のことを指す。
12)「赤ちゃん大国狙え　ユニ・チャーム，インドにおむつ工場」『日本経済新聞』2017年11月9日。
13) ベビー用紙おむつを展開するベビーケア事業，生理用品を主な商品とするフェミニンケア事業，大人用排泄ケア用品，マスクなどを展開するヘルスケア事業，ウェットティッシュなどの生活用品

を展開するクリーン＆フレッシュ事業，ペットフード・排泄ケア用品を扱うペットケア事業などがある。

14）注 12）と同じ。

15）「ユニチャーム開拓目指す 2 度目のアジア市場」『日本経済新聞』2018 年 6 月 13 日。

16）「ユニチャーム，高値呼んだ中国戦略　マスク需要も追い風」『日本経済新聞』2020 年 2 月 18 日。

17）同上

18）高原豪久（2016）「約 15 年間で売上を 3 倍にしたユニ・チャーム　グローバルに通じる理想人材の 6 要件とは？」『ダイヤモンドオンライン』https://diamond.jp/articles/-/92273（2021 年 9 月 3 日閲覧）

19）「共振人材」とは「共振経営」を実践できる人材を指し，次の 6 要件を備えていることを目標にしている。

①　皆が奮い立つ共通の的（まと）を創る創造力

②　現場の知恵を経営に活かそうとする "場" を組織や固定観念に囚われずタイムリーに設定できるコミュニケーション力

③　一次情報を早く正しく認識できる直感力

④　暗黙知の "勝ちパターン" を形式知の "勝ちパターン" へ "見える化" できる実践力

⑤　みずからの意思やアイデアを集団で実行に導く胆力

⑥　"勝ちパターン" を "型" として組織に浸透定着させる徹底力

20）ユニ・チャームホームページ https://www.unicharm.co.jp/ja/company/corporate-philosophy.html（2021 年 10 月 2 日閲覧）

21）フォーブスジャパン（2017）「売上高 4 倍を実現したユニ・チャーム 2 代目社長の勝ちパターン」https://forbesjapan.com/articles/detail/18397/3/1/1（2021 年 8 月 23 日閲覧）

22）「新興国発イノベーションが先進国にやってくる日」『日本経済新聞』2018 年 12 月 13 日。

23）週次 SAPS 小集団ミーティングでは，「1P ローリング表」というものを用いて，記入内容を発表する。そして，上司や先輩が，自身の経験に照らして，より高い成果が期待できるような修正案のアドバイスを行う。しかし OODA-Loop に移行してからは，名称が変更している。

24）「ユニ・チャーム，豊かな新興国でみせた次の一手」『日本経済新聞』2021 年 1 月 5 日。

25）外務省によると，海外で 2020 年 9 月から 12 月 31 日までに日本を対象に含む規制強化をしたのは中国やシンガポールなど 26 ヵ国・地域にのぼる。海外でも外国人の入国制限は続いている。たとえば，フィリピン政府は 2020 年 3 月中旬にすべての外国人の入国を禁止した。

26）「フィリピン，外国人の再入国を一部解禁」『日本経済新聞』2020 年 10 月 23 日。

［参考文献］

Bebenroth, R., & Pascha, W. (2011). Strategic management staffing decisions among German subsidiaries in Japan. *Zeitschrift für Betriebswirtschaft*, 81(3), 5-25.

Cao, L., Hirschi, A., & Deller, J. (2012). Self-initiated expatriates and their career success. *Journal of Management Development*.

Choudhury, Prithwiraj. (2020). Make the Most of Your Relocation.*Harvard Business Review* 98(4): 104-113.

Crowley-Henry, M. (2007). The protean career: exemplified by first world foreign residents in Western Europe?. *International Studies of Management & Organization*, 37(3): 44-64.

クリステンセン, クレイトン, オジョモ, エフォサ, バン・ビーバー, デレク, & 有賀裕子（2017）。「潜在的なニーズをいかにつかむか　市場創造型イノベーション—アフリカを開拓する新手法—」，『DIAMOND ハーバード・ビジネス・レビュー』，第 42 巻第 10 号，62-74。

古沢昌之（2015）．「多国籍企業の新たな人材オプションとしての"Self-initiated expatriates"に関する一考察」，『大阪商業大学論集』，第10巻第3号，15-30。

───（2017）．「在中国日系進出企業における［現地採用日本人］の活用に関する研究　日系企業及び現地採用者本人に対する調査を踏まえて」，『国際ビジネス研究』，第9巻第1-2号，19-34。

後藤健太（2019）．『アジア経済とは何か─躍進のダイナミズムと日本の活路─』中公新書。

Ghemawat, P. (2001). Distance still matters. *Harvard business review*, 79(8): 137-147.

潘卉（2016）．「新興国におけるR&Dの現地適応─デンソーのタイにおけるR&D拠点の事例分析─」『国際ビジネス研究』第8巻第2号，141-158。

Harrison, D. A., Shaffer, M. A., & Bhaskar-Shrinivas, P. (2004). Going places: Roads more and less traveled in research on expatriate experiences. *In Research in personnel and human resources management*. Emerald Group Publishing Limited.

今井雅和（2016）．『新興市場ビジネス入門─国際経営のフロンティア─』中央経済社。

市井茂樹，服部奨，デイビッド・マイケル（2014）．「クリアすべき4つの課題　新興国市場─日本企業の戦い方─」『DIAMONDハーバード・ビジネス・レビュー』，第39巻第2号，28-37。

伊藤公二（2010）．「新興国向け対外直接投資の意義─Firm Heterogeneityモデルによる考察─」『RIETI Discussion Paper Series』10-J-047。

笠井恵美.（2009）．「日本企業における海外派遣勤務者の適応方略」『研究紀要 Works Review』，第4巻第13号，168-181。

Khanna, T., & Palepu, K. G. (2010). Winning in emerging markets: A road map for strategy and execution. *Harvard Business Press*.

カナタルン＆裏地良子（2015）．「コンテキスト読解力でグローバル化を制する─経営知識が国境を越えられない理由─」．『DIAMONDハーバード・ビジネス・レビュー』，第40巻第7号，94-105。

李澤健（2019）．『新興国企業の成長戦略─中国自動車産業が語る"持たざる者"の強み─』晃洋書房。

Mayerhofer, H., Schmidt, A., Hartmann, L., and Bendl, R. (2011). Recognising diversity in managing work life issues of flexpatriates. Equality, Diversity and Inclusion: *An International Journal*.

野村浩子（2012）．「40代で自ら新興国へ初の海外，飛躍のチャンスに40代・惑いの10年一歩前へ」『日経スタイル電子版』2012年3月5日　https://style.nikkei.com/article/DGXBZO39260700S2A300C1WZ8000/?channel=DF061020161183&page=2（2021年8月23日閲覧）

大石芳裕（2016）．「新興国におけるグローバル・マーケテイングのKPI分析」『明治大学社会科学研究所紀要』第54巻第2号，39-54。

大木清弘（2013）．「強い海外子会社とは何か？　海外子会社のパフォーマンスに関する文献レビュー」『赤門マネジメント・レビュー』，第12巻第11号，717-764。

Prahalad, C. K., & Lieberthal, K. (1998). The end of corporate imperialism. *Harvard Business Review* 76: 68-79.

佐原賢治（2015）．「海外駐在員の育成と活用で"内なる国際化"を進める─海外駐在員の転職動機に関する調査結果から─」『東レ研究所　経営センサー』2015年6月号 https://cs2.toray.co.jp/news/tbr/newsrrs01.nsf/0/7E9503C6906CFFFD492583530037F4D2/$FILE/sen_173_03.pdf（2021年8月23日閲覧）

白木三秀（2012）．「日本企業のグローバリゼーションと海外派遣者─アジアの現地スタッフによる上司評価からの検討─」『日本労働研究雑誌』第54巻第6号，5-16。

高原豪久（2014）．『ユニ・チャーム　共振の経営』日経BP。

───（2016）．『ユニ・チャーム式　自分を成長させる技術』ダイヤモンド社。

高橋意智郎（2020）．「新興国市場における海外直接投資の参入形態─リアル・オプション理論の視点から見た参入形態の活用─」『実践女子大学人間社会学部紀要』第16集，53-70。

Tharenou, P., & Caulfield, N. (2010). Will I stay or will I go? Explaining repatriation by self-initiated expatriates. *Academy of Management Journal*, 53(5): 1009-1028.

安室憲一 (1981).「日本的経営と現地化政策」池本清・上野明・安室憲一『日本企業の多国籍的展開』有斐閣。

―――――― (2015).「下からのグローバリゼーション」『国際ビジネス研究』，第 7 巻第 2 号，47-58。

第8章

日本企業と新興国企業のアライアンス

はじめに

　技術進歩のスピードが速まるにつれ，製品やサービスのライフサイクルも短くなっている。そのため，多くの企業は外部の組織と連携しながら国内外に点在する知識や資源を探索・活用し，この環境変化に対応するようになっている。新型コロナウイルス感染症のワクチンも，複数の組織による国境を越えたアライアンスにより，各国の人材や情報を活用しながら，従来に比べ短期間で開発や製造が可能となった。たとえば，アメリカのファイザーとドイツのビオンテックはワクチンを共同開発し，ウイルスゲノム解析は国際的な研究者ネットワークで進み，協調の必要性[1]が増している。イギリスのアストラゼネカとオックスフォード大学が共同開発したワクチンは，インドのワクチン製造メーカーのセラム・インスティチュート・オブ・インディア（SII）がライセンス生産し，世界に供給している。

　コロナ禍においては，人の行き来は制限されているものの，依然として国境を越えた組織間のアライアンス活動は継続しており，とりわけ新興国の重要性は高まっている。国連貿易開発会議（UNCTAD）の『世界投資報告2021』[2]によれば，2020年における世界の対内直接投資のうち先進国・地域の対内直接投資額は前年比58.3％減となった。一方，新興・途上国地域は前年比8.4％減と減少の割合は限定的だった。2020年の世界の対内直接投資に占める新興・途上国地域向けの割合は，66.3％と前年（47.3％）に比べ上昇した。

　このように新興国の重要性はコロナ禍以前から確認されており，ジェイコブ

ら（Jacob *et al.*, 2013）によれば，2004 年から 2008 年の間に，グローバルな技術アライアンスの形成の 3 分の 1 以上が新興国の企業によるものであったという。以前は，先進国企業が新興国企業の技術力に注目してアライアンスを行う事例は少なく，共同開発も新興国市場向けの製品改良型にとどまる場合が多かった。しかし，近年では技術的に優れた新興国企業が，先進国の企業と対等なアライアンスを行う事例も増えている。このように，新興国企業とのアライアンス事例は増加し注目されているものの，ジェイコブら（2013）によれば，アライアンスに関する研究は，依然として先進国企業間のアライアンスを対象としたものが多く，先進国企業と新興国企業の技術提携については，まだ限られた理解しか得られていないという。そこで，本章では，日本企業と新興国企業のグローバルなアライアンスについて考察する。

1.　新興国企業の躍進

　2018 年の『経済白書』によると，世界の実質 GDP 成長率に占める先進国の寄与度は2000年頃から次第に低下してきているのに対し，中国を含めた新興・途上国の貢献度が上がっている[3]。また，帝国データバンクの「業界再編に対する企業の意識調査」によれば，新興国企業による日本企業の買収について，8 割近い日本企業が日本経済にとって脅威になると考えている。世界の M&A（合併・買収）市場では，2009 年度に中国による買収額が日本を初めて抜くなど，新興国の存在感が増している[4]。

　アハロニー（Aharoni, 2014）は，新興国企業の存在が認知されるようになった最初の波は1980年代であった，と述べている。当時から新興国企業に着目していた研究もあったが，当時の新興国企業のとらえ方は，労働集約的な産業で競争優位を持ち，簡素で使い古された技術を用いた低価格の製品を保護された市場で販売することにより先進国企業に対抗しているといったものであった。

　1990年代には先進国市場や自由市場においても，リーダーとなり得る新興国企業が登場するようになった。2000 年以降はとくにブラジル，ロシア，インド，中国などを中心とした多くの潜在的顧客を抱えた新興国企業が，グローバ

ル経済環境の下で重要性を増している（De Mattos *et al.*, 2013）。たとえば，世界の時価総額上位5,000社のうち，新興国の巨大企業は，2000年の729社から2016年には1,834社に増加した（浦川, 2017）。とりわけ中国企業は，402社から1,085社へと大きく増加した。エレクトロニクスなどの輸出を主力とする企業や鉄鋼，化学などの素材産業の成長に加え，2005年以降国営銀行の民営化が進められたことや，テンセント（Tencent），アリババ（Alibaba），百度（Baidu）など，IT大手企業の上場が相次いだことも増加の要因となった（浦川, 2017）。このように，過去数十年にわたる新興経済国からの多国籍企業の国際的な注目度の高まりは，新興国市場の経済的開放と経済力の増大を特徴とするグローバリゼーションの結果であり原因でもある（Patra *et al.*, 2015）。

　また，新興国企業は，競争上の優位性を構築するための知識と技術を求めて海外への進出を活発化させている（Luo and Tung, 2007）。ルオとタン（Luo and Tung, 2007）は，新興国企業が海外で重要な資産を獲得し，国内外のライバルと競争しグローバルに成長することを「スプリングボード（踏み台）」の比喩を用いて説明している。このように，グローバル化に伴う競争圧力の急激な高まりと，それに伴う新しい知識の広範な供給源の探索により，新興国において研究開発が増加している（Jacob *et al.*, 2013）。

　ラマルティ（Ramamurti, 2009）は新興国の企業を以下の5つに分類している。その5つの企業とは，① 天然資源バーティカルインテグレーター（Natural-resouce vertical integrator），② ローカル・オプティマイザー（Local optimizer），③ 低コストパートナー（Low-cost partner），④ グローバル・コンソリデーター（Global consolidator），⑤ 世界の先駆者（Global first-mover）である。5つのタイプのなかで，国際ビジネスで注目されているのは ⑤ 世界の先駆者のタイプの企業である。これらの企業は，海外に点在する資産を活用して自社固有の利点を強化しながら，国内外の市場で競争するため，国際的な知識の流れとイノベーションを重視している。

　実際に，⑤ 世界の先駆者に該当するような新興国企業が増えつつあることは，WIPO（世界知的所有権機関）などが公表しているGII（グローバル・イノベーション・インデックス）にも表れている。中国は2010年から2017年にかけて，43位から22位までランクを急速に上げてきており，主要先進国のレベ

ルに迫りつつあり，ある分野においては中国はすでに世界のトップクラスのイノベーションを起こしていると評価されている[5]。また，中国のイノベーション力の高まりは，国際特許出願数の国別件数の増加にも表れている。中国は1994年に特許協力条約（PCT条約）に加盟後，年間出願件数はほぼ一貫して増加傾向にある。2000年には中国の国際特許出願数は782件（アメリカ3万8,015件，ドイツ1万2,581件，日本9,569件）で16位だったが，2010年に韓国を，2013年にドイツを，2017年には日本をも抜き，アメリカに次ぐ2位となった[6]。

　中国はISO/IECにおいて国際規格を審議・策定するための専門委員会の幹事引受数を徐々に増加させており，欧米の減少傾向の動きと相まって，中国の全体における幹事引受数の割合が高まっている。これも，中国のイノベーション力向上の一端であると考えられる[7]。なお，中国政府は，2016年8月に発表した「国家科学技術イノベーション第13次5ヵ年計画」において，企業の国際化水準の向上のため，実力のある企業が多様な方式で国際技術アライアンスを行うことや，国際標準の制定への参画等を奨励しており，幹事引受数の増加はこの方針に沿ったものとなっている[8]。

　これまでの研究では，ラマムルティ（2009）の分類の①から④の新興国企業と日本企業のアライアンスを取り上げるケースが多かったが，本章では，⑤世界の先駆者と考えられるような新興国企業と日本企業のアライアンスについて考察する。新興国の成長とともに，世界の先駆者となるような新興国企業も今後ますます増えていくことが予想されるが，現在のところ研究蓄積は十分とはいえず，これらのアライアンスに注目することは意義があると考える。新興国企業と日本企業のアライアンスを考える前に，次節では一般的な国際アライアンスと，新興国企業とのアライアンス違いについて検討する。

2.　国際アライアンスとは

　アライアンスは国際結婚[9]のようなものであると表現されることもある。ファンとゾウ（Fang & Zou, 2010）は，アライアンスを，互いの専門知識や資

源を取り入れることに加えて，お互いの文化に順応することを学ぶために協力し，規則，慣習，そして決定に対処するためのプロセスを見いだすことであると述べている。

　国際アライアンスについて論じる前に，アライアンスの定義について触れておく。アライアンスは，研究者によって多くの定義づけがなされている。たとえば，安田（2016）は吉野とランガン（Yosino & Rangan, 1995）の定義からアライアンスの条件を3つに整理している。第1に，複数の企業が独立したままの状態で合意された目的を追求するために結びつくこと，第2に，企業同士がその成果を分け合い，かつその運営に対してのコントロールを行うこと。第3に，企業同士がその重要な戦略的分野（技術・製品など）において継続的な寄与を行うことである。これらの条件によると，M&Aには，アライアンスやクロスライセンシングは含まれない。また，ドズとハメル（Doz & Hamel, 1998）は，アライアンスとジョイント・ベンチャーを分けて論じている。

　一方で，クロスライセンシングやジョイント・ベンチャーもアライアンスに含む考えもある。たとえば，長谷川（1998）は「法的にも経営的にも独立の企業間で契約にもとづいて行われる協力関係」とアライアンスを定義している。ヒットら（Hitt *et al.*, 2000）は「経営資源を分担することにより，競争力および業績を向上させようとする，複数企業間の協力的な取り組み」と定義している。冨田（2010）は，戦略的アライアンスを独立関係にある複数の企業がそれぞれの特定の目的を達成するために，一定期間結びつく緩やかな組織間関係で，単独で事業を行うよりも多くの経営資源，とくに知識創造を獲得することが可能となる形態であると述べている。また，戦略的アライアンスは非常に不安定な状態にあるので，アライアンス関係を安定かつ継続的に発展させるには，パートナー企業間の信頼構築が重要な意味をなすと主張している。

　上の3つの定義は，吉野とランガン（1995）の条件より広く捉えており，フランチャイズやクロスライセンシングもアライアンスに含まれると考えられる。また3つの定義では，ドズとハメル（1998）の見解とも異なり，ジョイント・ベンチャーもアライアンスに含まれることになる。本章では，長谷川（1998）やヒットら（2000）の定義を参考にして，アライアンスを「複数の独立企業間の協力関係」とし，その範囲を幅広く捉えることにする。

　さらに，本章で扱う国際アライアンスの定義を整理する。安田（2016）は，国際アライアンスについて，国境を越えて行われるアライアンス，すなわち外国企業をパートナーとするアライアンスであると定義している。パーカー（Parkhe, 1991）は，国際アライアンスを自立した組織同士による国境を越えた協調的な結びつきであると主張している。このように，パートナーが外国企業であるという点で通常の国内企業同士のアライアンスとは異なるものの，アライアンスの範囲は同じと考える場合が多い。したがって，本章では，国際アライアンスを外国企業をパートナーとするアライアンスとする。

　国際アライアンスは企業間で盛んに行われており，研究の蓄積も多い。国内企業同士のアライアンスに比べると困難さも伴う（Peterson & Shimada, 1978）ものの，国際アライアンスはその重要性も指摘されている。たとえば，アライアンス・ポートフォリオの地理的多様性がアライアンスのパフォーマンスを向上させる（Lavie & Miller, 2008）といった研究もある。

3. 新興国企業とのアライアンスに関する研究

3-1 　新興国企業と先進国企業とのアライアンス

　国際アライアンスの研究は先進国企業同士の研究が多く，新興国企業との戦略的アライアンスに関する研究は相対的に少ない（Lee & Beamish, 1995）。しかしながら，ビーミッシュ（Beamish, 1994）は，アライアンスは多国籍企業が新興国において用いるドミナント・ストラテジーであると主張する。

　ゴビンダラジャンとトリンブル（Govindarajan & Trimble, 2012）は，先進国と新興・途上国では製品に求められる性能や好みが異なり，インフラや規制など決定的なギャップが存在することを指摘し，新興国はより深刻な環境問題に直面しているため，持続可能性への意識が先進国よりも高いと述べている。また，彼らは先進国から新興・途上国の富裕層市場への技術移転はある程度は機能するかもしれないが，ギャップが大きいほど機能しなくなるとの指摘もしている。そのため，先進国向けのやり方を新興・途上国にそのまま移転するの

ではなく，新興・途上国の中間層市場に焦点をあて，現地でゼロからスタートするイノベーション，すなわちフルーガル・イノベーションやリバース・イノベーションが不可欠になる（Govindarajan & Trimble, 2012）。

　アスレイとゴッドリ（Athreye & Godley, 2009）は，新興国企業と先進国企業のアライアンスについて，両者の技術的およびマーケティング能力には大きなギャップがあり，業界内では強いパートナーとのアライアンスから新興国企業が排除される傾向にあると述べている。また，新興国企業が強力なパートナーとアライアンスを結ぶことができたとしても，彼らは知識のスピルオーバーに対して交渉力が弱い可能性があることも指摘している。

　ジェイコブら（2013）は，先進国企業が先進国でのアライアンスを通じて新規性の高い技術を開発することを目指す一方で，新興国でのアライアンスを通じて既存の技術を現地の嗜好に合わせて適応させることを目指していると述べている。またクメール（Kuemmerle, 1999）は，先進国と新興国でのアライアンスによるイノベーションの目的の違いは，研究開発の国際化を推進する動機である「知識の増強」と「知識の活用」に類似していると主張している。一般的に，欧米企業の先進地域への研究開発投資は既存の知識を増強する必要性に駆られ，新興国への投資は既存の知識や技術を活用することを目的としていることが多い。アーケンとギルシング（Erken & Gilsing, 2005）は，新興国の技術力の向上により，新興国企業は先進国企業とのアライアンスにより先進国の技術力との融合を図ることができると主張している。ジャラタナとトリシ（Giarratana & Torrisi, 2010）も，先進国企業と新興国企業との知識増強のためのアライアンスにより，双方向の知識の流れが生まれることに注目している。

　このように先進国企業と新興国企業とのアライアンスは，先進国企業同士のアライアンスと目的が異なる可能性がある。新興国企業とのアライアンスは，今後ますます増えると予想されるが，そうしたアライアンスを深く理解するためにも，先進国企業とのアライアンスとの対比で考察することが今後必要になると考えられる（丑山, 2014）。以下では，新興国企業と日本企業のアライアンスについて整理する。

3－2　新興国企業と日本企業とのアライアンスに関する研究

　日本をはじめとする先進国企業と新興国企業とのアライアンスは年々数が増加している。日本企業と新興国企業とのアライアンスに関する研究では，市場参入のために現地企業とジョイント・ベンチャーを立ち上げるケースを扱ったものが多かった。近年では新興国企業と日本企業の共同研究開発など技術アライアンスに関する研究も増えている。

　高（2013）は，日米の企業が発電設備のタービンを中国企業と共同開発した事例を紹介している。このアライアンスは日本企業とアメリカ企業が，中国企業と技術アライアンスを行い，中国企業が持っていない製造技術の移転を行ったものであった。中国企業への製造技術移転を入札の参加条件として，外国企業に市場参入の機会が与えられた。中国市場に参入する外国企業はローカル企業とアライアンス関係を結ばなければならない。いわば，中国企業に技術移転を行う代わりに中国市場に進出するといったものであった（高橋ら，2012）。

　椙山と龔（2013）は，中国企業と日本企業のアライアンスの事例を紹介し，先進国の経営資源・組織能力に関する，先進国と新興国側の評価ギャップは常態化しているとし[10]，新興国での国際アライアンスの不安定性をよりよく理解するためには，学習をより広い枠組みに取り入れることによって既存のパートナー間学習理論を拡張することが必要であることを主張している。

　丑山（2014）は中国企業（格力電器）と日本企業（ダイキン）といった新興国企業と日本企業のアライアンスを紹介し，アライアンス行為が進出国の投資制限への対応といった受け身の方策ではなく，積極的で戦略的な性格を有するアライアンスについて考察した。

　このように，これまでの研究は，日本企業が新興国企業に比べ技術面で優れていることが前提になっており，既存知識の活用を目的とした日本企業の事例研究が多い。グローバルなイノベーション競争の激化と研究開発コストの上昇により，企業がより低コストの技術開発の選択肢を海外に求めるようになったこと（Erken & Gilsing, 2005）が背景にあると考えられる。

　しかしながら，新興国においても，日本企業よりも優秀な人材を有し，技術的な優位性を持った新興国企業が出現している。今後は，日本企業が知識増強

型のアライアンスを求めて新興国企業とアライアンスする例が増加すると考え
られる。そこで以下では，知識増強型のアライアンスに着目して事例を紹介す
る。また，以前はラマルティ（2009）の ① から ④ の新興国企業と日本企業
のアライアンスを取り上げる場合が多かったが，本章では，⑤ 世界の先駆者と
考えられるような新興国企業と日本企業のアライアンスについて考察する。

4. 事例

　以下では，新興国企業と日本企業のアライアンスの事例を 2 つ紹介する。い
ずれも，ラマルティ（2009）の新興国の企業の分類のうち，⑤「世界の先駆
者」に相当する新興国企業と日本企業のアライアンスであり，日本企業が知識
の増強をもとめて行ったアライアンスの事例と考えられる。
　第 1 の事例は，テック・マヒンドラ（Tech Mahindra）というインドの IT 大
手企業と，楽天モバイルのアライアンスである。テック・マヒンドラは世界に
4 万人以上の従業員を抱えるインド発の多国籍企業であり，2018 年から楽天と
通信ネットワークの分野でアライアンスを行っている。両社のアライアンス
は，デジタル技術活用とプラットフォームの構築を目指したものであるといえ
る。第 2 の事例は，ブラジルの航空機メーカーであるエンブラエルと川崎重工
のアライアンスである。なお，現在このアライアンスは一部解消されている。

4-1　テック・マヒンドラと楽天モバイルのアライアンス

　テック・マヒンドラは，2021 年の売上高は 51 億米ドルで，2018 年 9 月に米
『フォーブス』が発表した「The Top 20 Companies on Forbes 2018 Digital
100」のなかで，アメリカ企業以外では唯一のトップ 15 位入りを果たすなど，
世界的 IT 企業として注目を浴びている[11]。同社は 4G で仮想化を成功させた，
最先端を走る新興企業であり，フォーチュン 500 選出企業を含む 926 社以上の
グローバル企業を支援している[12]。また，同社は 100 ヵ国に 20 万人以上の従業
員を擁するマヒンドラグループ[13]の傘下にある[14]。図表 8-1 はテック・マヒン

図表8-1　テック・マヒンドラの売上の内訳（2021年4月現在）

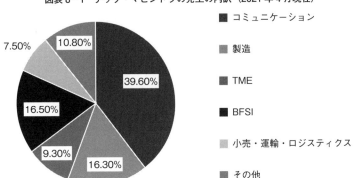

出所：テック・マヒンドラのHPより作成　https://www.techmahindra.com/en-in/investors/

ドラの2021年4月現在の売上の内訳である。ITに強みを持つ同社は，コミュニケーション部門で40％近い売上を計上している。その他の部門の売上の割合は以下のとおりである。製造部門で16.3％，銀行・金融サービス・保険部門（BFSI）では16.5％，テクノロジー部門（TME）では9.3％，小売・運輸・ロジスティクス部門が7.5％，その他が10.8％となっている。

(1)　アライアンスの経緯

　2018年10月に楽天の子会社である楽天モバイルネットワーク（以下，楽天モバイル）と，テック・マヒンドラはアライアンスを結び，次世代ネットワーク（4Gおよび5G）活用のための新たな実験施設を共同で設立した。このアライアンスは，テック・マヒンドラのマネージングディレクター兼最高経営責任者のCP・グルナニ（CP Gurnani）と楽天の代表取締役会長兼社長三木谷浩史のもとでなされた。同アライアンスは，インドのモディ首相の訪日に合わせて発表されたため世間の注目を集めた（楽天プレスリリース）。

　このアライアンスを結ぶ4ヵ月前の2018年6月に，楽天モバイルの最高技術責任者としてタレック・アミンが就任している。彼はインドの携帯電話大手，リライアンス・ジオ・インフォコムの上級副社長を務めた人物である[15]。楽天モバイルの通信網整備に関しては，社内のインド人技術者も参加している。IT

産業が盛んなインドの企業や技術者との連携に，楽天は積極的であったといえる。楽天のプレスリリースによれば，アライアンス開始当時，楽天はモバイルサービスの開始（当初の予定は 2019 年 10 月であった）に向けて準備を進めており，E コマース，フィンテック，コミュニケーションなどのサービスから成る「楽天エコシステム」を通じて，利便性の高いサービスの提供を計画していた。また，テック・マヒンドラは，楽天との連携によって，同社が推し進める次世代ネットワークにおける改革を加速し，最先端のモバイルネットワーク技術を先導する目論見があったという。

　両社の実験施設は東京近郊とインド南部のバンガロールに設けられ，テック・マヒンドラの技術者も日本の施設での実証実験に加わったという[16]。また，楽天のプレスリリースによれば，同施設では，テック・マヒンドラが保有する，モバイルネットワークや IT，クラウド，エンターテインメントなど，さまざまな分野における技術的な強みと，楽天が推進する仮想化アーキテクチャを採用した効率的なネットワークシステムを融合し，モバイルネットワークを活用したさまざまな技術開発を推進した。テック・マヒンドラは実験施設の運営にあたるオペレーション技術も提供している。これにより両社は，モバイルネットワーク技術に変革をもたらし，革新的な顧客体験の創出を図ることが可能となったという。

　2020 年 9 月に楽天は，自社のプラットフォームである Rakuten Communications Platform（以下，RCP と略称）[17]の推奨パートナー企業のとしてテック・マヒンドラを選定し，今後の展開に向けて連携したことが公表された[18]。この協定により，テック・マヒンドラは楽天モバイルが推奨するパートナー企業（プリファード・パートナー）として，RCP を利用する通信事業者や企業などの顧客向けに，同社の技術とソフトウェアを提供し，RCP を通じたモバイルネットワークの開発と展開をサポートすることになる。また，テック・マヒンドラは楽天モバイルに IT，セキュリティシステム，ネットワークに関するマネジメントサービスを提供するほか，将来的に同社と楽天モバイルは RCP の代理販売についても協議することになった[19]。

(2) アライアンスの成果

　このアライアンスにより，楽天モバイルは，次世代ネットワーク（4Gおよび5G）の活用のための実験施設「楽天クラウドイノベーションラボ」を東京とインドのバンガロールに設立した。なお，同施設の設立にあたっては，楽天モバイルはシスコシステムズとも連携している。同施設では，テック・マヒンドラが保有する，モバイルネットワークやIT，クラウド，エンターテインメントなど，さまざまな分野における技術的な強みと，楽天が推進する仮想化アーキテクチャを採用した効率的なネットワークシステムを融合し，モバイルネットワークを活用したさまざまな技術開発[20]が行われることになった。

　楽天モバイルは，2019年10月から携帯電話事業を開始したが，同ラボで完全仮想化クラウドネットワークを再現しテストなどを行った。テストはソフトウェア上で自動化され実施されるため，24時間体制で行うことができる。そのためバグの早期発見が可能となり，品質の高いソフトウェアを継続的に商用ネットワークに提供[21]することができるという。

　三木谷社長は，同施設について「完全にソフトウェア化された新しいサービスを，いかに迅速に開発から実験，実装，商用化までスムーズにするかを実現するために完成させた。いままでであれば，専用ハードウェアの開発・交換やハードウェア用のソフトウェアを書き換えて実験していたため，リードタイムは数カ月や1年以上が必要になっていた。楽天の場合は，この施設を通じて，リアルタイムでできる。ネットワーク構造だけでなく，こうした仕組みも世界に先駆けた試みになるのではないか[22]」と述べている。

　楽天が携帯電話事業に参入するうえで，テック・マヒンドラとのアライアンスは不可欠であった。新興国企業とはいえテック・マヒンドラは，ラマムルティ（2009）の分類では⑤世界の先駆者と考えられ，IT業界のなかでは楽天モバイルよりも規模も大きく，知名度や実績も高い。従来は新興国企業と共同開発を行う場合，先進国企業から新興国企業への技術やノウハウが移転されていたが，本事例の場合は，テック・マヒンドラから楽天モバイルにも知識移転が起きている。

　新型コロナウィルス感染症拡大の影響を受け，インドで実施しているネットワークの検証作業は，インドの都市封鎖措置の影響で停滞している[23]。そのた

め 2020 年 6 月を予定していた 5G によるサービスの開始は，3 ヵ月遅れ同年 9 月となった。

　今後も楽天モバイルは，全世界での 4G，5G 移動通信システムによるモバイルネットワークの提供に向けて，インドの IT・通信関連企業とのアライアンスを拡大する方針である。同社は，インドのウィプロ（Wipro）やスターライト・テクノロジーズとの連携や，通信事業者向けのプラットフォームを手掛けるイノアイ・テクノロジーズの買収も予定している。また，楽天モバイルは，完全に仮想化された RCP を，世界の同業他社などに販売する計画を掲げている。5G への取り組みを加速するインドの IT・通信関連企業と組むことで，RCP の開発を加速する考え[24]である。

4-2　エンブラエルと川崎重工とのアライアンス

(1) 航空機産業におけるアライアン

　本項では，ブラジルの航空機メーカーであるエンブラエルと，川崎重工業（以下，川崎重工と略称）のアライアンスについて紹介する。航空機は数百万点にものぼる部品から構成されるため，1 社で機体を開発，製造することはない。ボーイングやエアバスのような中・大型機を製造するメーカーだけでなく，100 席以下の航空機を製造するエンブラエル社も多くの企業とアライアンスを行っている。航空機産業の場合は製造に莫大な費用もかかるため，単なる技術アライアンスだけでなく，開発費用分担なども行う場合もある。とくに 1990 年代半ば以降，高騰する開発費の借入金を減らし，リスクを低減させるため，機体メーカーは一部のサプライヤーとリスクシェアリングパートナー（以下，RSP と略称）というアライアンスを結ぶようになった。

　たとえば，プリチャード（Pritchard, 2002）は，多くの政府が契約承認の前提条件として，航空機生産の一部を自国および地場企業が担当することを要求しているために，航空機産業では国際アライアンスが多いと述べている。航空機産業においては，国際戦略アライアンスの一種として，開発費を負担するような RSP 方式が採用される事例が多い。ジルジェールとハートレイ（Zirger and Hartley, 1996）は RSP により，サプライヤーと機体メーカーとの間のコ

ミュニケーションが強化され，プロジェクト期間を短縮することが可能である
と主張している。この RSP は，開発費を負担するだけでなく，出資比率に応じ
利益も得ることができるため，通常の部品調達契約や技術アライアンスとは異
なる側面を持つ。

(2) アライアンスの経緯

　ブラジルのエンブラエル社は，1969 年に設立された航空機メーカーである。
設立当初は国営企業であったが，1994 年に民営化された。同社は，1995 年に販
売開始した 50 人乗りの小型ジェット旅客機（エンブラエル 145）の成功によ
り，100 席以下のリージョナルジェット機の市場においてカナダのボンバル
ディア社と寡占体制を構築した。

　1999 年 8 月には 70 人乗りジェット旅客機エンブラエル 170 シリーズの開発
に着手した。その際，世界中から RSP と呼ばれる共同開発業者が集まるなか
で，同年 10 月にエンブラエルと川崎重工の間でエンブラエル 170 シリーズを開
発するための基本契約が調印された[25]。その後エンブラエルの本社があるサ
ン・ジョゼ・ドス・カンポス市（サンパウロ州）に日本から 25 名前後のエンジ
ニアが派遣され，現地のブラジル人を含めて 50 名以上の設計チームを構成し
て作業に取り掛かった。川崎重工の社員にとっては，異国の地での作業であっ
たが，エンブラエル内で活躍する日系人や地元サン・ジョゼ・ドス・カンポス
市の日系人社会からの支援もあり，設計作業は順調に進んでいった[26]。2002 年
2 月にエンブラエル 170 は初飛行に成功した。当時ブラジルに駐在していた川
崎重工のエンジニアはブラジル人の同僚やエンブラエル従業員と共にその成功
を祝ったという。またこの頃には駐在員と市内の日系人との交流も活発になっ
ていた[27]。

　2003 年には川崎重工は，エンブラエルが設計・開発中のエンブラエル 190 と
195（90〜108 席クラスのリージョナルジェット機）の主翼組立を行う新会社カ
ワサキ・アエロナウチカ・ド・ブラジル（Kawasaki Aeronautica do Brasil
Industria,ltda：以下 KAB と略称）を設立し新工場[28]を建設した。この工場は，
サンパウロ市の北西約300kmにあるガヴィオン・ペイショット市にあるエンブ
ラエルの航空機組立工場に隣接しており，エンブラエル 190 と 195 の主翼の最

図表 8-2　エンブラエルと川崎重工のアライアンス

	エンブラエルの機種	
	エンブラエル 170（70 席）/ エンブラエル 175（78 席）	エンブラエル 190（98 席）/ エンブラエル 195（108 席）
川崎重工が 担当した部位	動翼（フラップ，補助翼等） 主翼ボックス 主翼固定前後縁 中央翼 パイロン（2002 年よりエンブラエルに移管）	動翼（フラップ，補助翼等） 主翼ボックス 主翼固定前後縁 中央翼 ウィングレッド（2006 年よりエンブラエルに移管）

出所：日本航空機開発協会（2021）『令和 2 年度版民間航空機関連データ集』をもとに作成。

終組立用として使用された[29]。

　川崎重工は 2003 年までに同工場に 200 万レアル（当時約 15 億円）を投資しており，2004 年には 1,000 万レアルを追加した。現地では間接・直接合わせて約 100 人の雇用も生まれた。同工場ではエンブラエル 170 と 190 シリーズ計 4 機種の主翼を生産し，195 型機の主翼を月産 2 組，エンブラエルのサンジョゼ・ドス・カンポス工場へ供給した[30]。川崎重工は，エンブラエルとのアライアンスにより機体の設計・試験用供試体の製作・各種開発試験などの開発作業から，量産品の製作およびプロダクト・サポートの実施までを一貫して担う[31]ことになった。

　このように川崎重工は 1999 年から，RSP としてエンブラエル 170 と 190 シリーズの開発に参加し，エンブラエル 170 と 175 の中央翼，主翼前縁，主翼後縁，動翼，エンジン結合部等の設計・製造を担当した（図表 8-2 を参照）。さらにエンブラエル 190 と 195 の中央翼と主翼全体の設計・製造も担当することになった[32]。動翼の材料には，川崎重工が開発した炭素繊維複合材「KMS-6115」を使用することで軽量化が図られた[33]。

(3)　アライアンスの成果

　エンブラエルにとっての成果は，川崎重工とのアライアンスによりリスクシェアや資金調達ができ，また技術力も向上させることができたことである。川崎重工はブラジルの工場で，川崎重工が全社で展開している製造管理技術のエッセンスであるカワサキ・プロダクション・システム（以下，KPS と略称）

を導入した。エンブラエルはこのアライアンスにより KPS を導入することで機体製造の製造管理技術が向上したといわれている。

　川崎重工にとってもアライアンスは新技術導入のきっかけとなった。たとえば 1999 年にエンブラエルの要求により，川崎重工は CAD データ管理システムを初めて採用した。その後，2003 年には川崎重工は防衛省の大型機向け開発で CAD データ管理システムを構築したが，これまでの経験を活かし，部品設計表，CAD データ管理システム，ワークフロー，干渉チェックシステムなどを作成した[34]。このように川崎重工はエンブラエルとのアライアンスを通じて新技術を導入しながら航空機製造の経験値を高めていった。

　エンブラエルと川崎重工のアライアンスは，一定の成果を出しながらも段階的に解消されていった。2002 年には，それまで川崎重工が担当していたエンブラエル 170 と 175 の主翼固定前後縁とパイロンはエンブラエルへ移管されていった。2006 年には，エンブラエル 190 と 195 の主翼ボックス，主翼固定前後縁，中央翼，ウィングレットの製造は川崎重工からエンブラエルに移管された。川崎重工は，エンブラエル 190 の製造分担範囲の一部をエンブラエルに移管することに伴い損失を計上した[35]。その後川崎重工は RSP を解消したが，長きにわたるアライアンスによって，両社の技術力は高まったといえる。

5.　インプリケーション

　以上，IT 産業と航空機産業における 2 つのアライアンスの事例を紹介したが，事例からわかったことを整理する。

　第 1 に，世界の先駆者的な新興国企業と先進国企業とでは，保有する資源や能力に大きな差がみられなくなっているだけでなく，新興国企業の方が進んだ技術を保有しているケースもみられる。そのため先駆的な新興国企業と日本企業とのアライアンスは，先進企業同士のような知識増強型のものもあることがわかった。今回の事例で紹介した，楽天とテック・マヒンドラのアライアンスと，川崎重工とエンブラエルのアライアンスも知識増強型のアライアンスといえる。

　楽天モバイルは，テック・マヒンドラとのアライアンスにより最先端のモバイルネットワーク技術を導入することができた。そして，同社は世界初とされる，完全仮想化ネットワーク基盤である RCP を構築した[36]。同社は，インドに研究開発施設を設立し，テック・マヒンドラと共同開発をしている。楽天モバイルは，インドでの経験を足掛かりに，海外での販売網も拡大している。

　エンブラエルと川崎重工のアライアンスでは，双方ともに新しい技術を導入し新型機を開発・製造した。たとえば，川崎重工は当時としては新しかった CAD データ管理システムを初めて採用することになった。エンブラエルは，インテグレーターとして，世界の有力サプライヤーを管理することに長けている。一方，川崎重工は民間航空機製造においては，主翼などのコンポーネントの開発には優れているものの，インテグレーターの経験はほとんどなく，インテグレート能力はエンブラエルから学ぶことが多かったという。

　第2に，新興国企業とアライアンスを行い，新興国に研究所や工場を設置した場合は，その国の制度や環境の違いによる影響を受けることがある。新興国のなかにも，日本よりもインフラが整備されており，法規制も緩やかで，企業が操業しやすい環境が整っている都市もあるが，数が多いとはいえない。多くの場合は，ゴビンダラジャンとトリンブル（Govindarajan & Trimble, 2012）のいうように，先進国と新興国ではインフラや規制など決定的なギャップが存在する。そのため，日本企業が新興国企業とアライアンスを行い現地に進出する場合は，先進国と新興国間のインフラ等のギャップに注意を要する。

　楽天モバイルの場合は，インドに研究所を設置したが，インドの新型コロナウィルス感染症拡大によるロックダウンで，活動が一時期制限された。現地に進出している場合は，目まぐるしく変化する政治・経済情勢に対応する必要がある。川崎重工は，エンブラエルとのアライアンスによりブラジルに工場を建設したが，アライアンス終了後は，この工場はエンブラエルに移管され損失が生じた。現地の州政府や従業員への配慮など，参入や退出時には制度の違いを考慮しなければならない。

おわりに

　新興国においても，世界の先駆者と考えられるような企業が出現するようになっている。ラマムルティ（2009）は，世界の先駆者の例として，本章で取り上げたエンブラエル以外にも，中国の通信機器メーカーのファーウェイ（Huawei），インドの風力発電会社であるスズロン・エナジー（Suzlon Energy），イスラエルのテクノロジー企業であるチェック・ポイント（Check Point），イスラエルの医薬品メーカーであるテバ（Teva）などを挙げている。本章で取り上げたもう1つの事例であるテック・マヒンドラに関しては，ラマムルティ（2009）の著書では紹介されておらず，インドを代表するIT企業であるウィプロ（Wipro）やインフォシス（Infosys）を低コストパートナー企業と位置づけている。しかし，テック・マヒンドラやウィプロ，インフォシスなどのインド企業は，その後も成長を続け，先進国の多国籍企業と競争を行ってきた。現在ではこれらの企業は，世界の先駆者に分類されると考えられる。今後も，新興国の成長にともない，新興国発の世界の先駆者企業の数は増えていくであろう。

　先駆的新興国企業の増加により，日本企業と新興国企業のアライアンスにも変化がみられる。以前は，新興国市場参入のためジョイント・ベンチャーを立ち上げるといったアライアンスや，研究開発においても知識活用型のアライアンスが多かった。しかし，今後は，日本企業が新興国企業から学ぶような知識探索型あるいは知識増強型アライアンスも増えるものと考えられる。「世界の先駆者」と考えられ新興国企業のなかには，日本企業よりも規模が大きく，優れた技術や人材を有する企業も少なくない。またそれだけでなく，それらの企業は本国である新興国市場で制度のすきまに上手く対応し，事業を拡大させてきたため，環境変化への適応能力も高い。日本企業がこれらの企業とアライアンスを行う場合は，新興国企業という枠でとらえず，自社よりも一歩進んだ企業として考え，付き合っていく必要があるだろう。

　また，日本企業が新興国企業とアライアンスを行い，新興国市場に進出する際には，日本と新興国のインフラなどのギャップを意識し，それに適応することが求められる。第7章でも触れたように，カナとパレブ（Khanna and

Palepu, 2010）は，新興国は先進国では当たり前の市場インフラが機能していないことを指摘している。彼らは，売り手と買い手を効率的に引き合わせる仲介者が不足し，取引する環境が整っていないことを制度のすきまと呼び，進出する企業はそれらの制度のすきまに適応する重要性を主張している。

　最後に，新興国企業に限らず，国際アライアンスには技術流出のリスクや，政治的リスク，遠隔でのマネジメントの難しさなどがあることは忘れてはならない。リスクを最小限に抑えながら，新興国企業と効果的なアライアンスを行うことは，今後日本企業がグローバルな競争優位を獲得していくうえで重要な経営課題となるであろう。

（竹之内玲子）

［付記］
本章は，JSPS 科学研究費（基盤研究（B）19H01529，基盤研究（C）19K01886）による研究助成と関連するものである。

［注］
1）『日本経済新聞』2021 年 2 月 23 日朝刊。
2）2020 年の世界の対内直接投資（国際収支ベース，ネット，フロー）は前年比 34.7％減の 9,989 億ドルだった。先進国・地域の対内直接投資額は前年比 58.3％減の 3,122 億ドルとなった一方，新興・途上国・地域は同 8.4％減の 6,626 億ドルと落ち込みは限定的だった。地域別にみると，先進国・地域のなかでは，北米が 41.7％減の 1,801 億ドル，欧州が 80.0％減の 725 億ドルだった。先進国向けが大幅に縮小したことで，2020 年の世界の対内直接投資に占める新興・途上国・地域向けの割合は 66.3％と，前年（47.3％）に比べ上昇した。
3）『通商白書 2018』p.166。
4）『日本経済新聞』2010 年 5 月 10 日朝刊　帝国データバンクが 2010 年に実施した調査である。調査対象は全国 2 万 1431 社で，有効回答企業数は 1 万 772 社（回答率 50.3％）であった。
5）『通商白書 2018』p.204。
6）同上。
7）同上 p.206。
8）同上 p.206。
9）ハリガン（Harrigan, 1986）はアライアンスの一種である国際合弁を国際結婚に例えている。
10）椙山と葦（2013）は，山東如意科技集団によるレナウンの買収の事例を紹介している。
11）TECHWAVE ホームページ https://techwave.jp/archives/rakuten-colloborates-with-tech-mahindra-for-testing-nextgen-network.html（2021 年 9 月 3 日閲覧）
12）ライブドアニュースホームページ https://news.livedoor.com/article/detail/16061093/（2021 年 9 月 3 日閲覧）。
13）マヒンドラグループは，自動車や情報テクノロジーなど 18 の産業分野で事業を展開している多国籍企業グループである。
14）楽天ホームページ　https://corp.rakuten.co.jp/news/press/2018/1029_01.html（2021 年 9 月 3 日

閲覧）

15）高槻芳（2018）「楽天，携帯事業でインドから CTO 獲得」『日経ビジネス』2018 年 7 月 23 日号

16）「楽天，印テック・マヒンドラと提携」『日本経済新聞』2018 年 10 月 29 日朝刊。

17）「RCP」は，世界中の通信事業者や企業が，安全でオープンなモバイルネットワークを迅速かつ低コストで簡単に構築できるクラウドネイティブなプラットフォームである。「RCP」を導入することにより，通信事業者や企業は新たな収益源を生み出し，顧客に革新的なサービスを提供できるようになる。楽天モバイルが開発した「RCP」は，同社によれば，コンテナやマイクロサービスなど仮想化や自動化に関する最新テクノロジーを組み合わせた新世代モバイルネットワークに基づいており，安全性を重視した運用方針に沿って構築されている。

18）楽天モバイルネットワーク　プレスリリース（2020 年 9 月 23 日）https://corp.mobile.rakuten.co.jp/news/media/2020/0923_01/（2021 年 9 月 3 日閲覧）

19）同上。

20）楽天モバイルネットワーク　プレスリリース（2018 年 10 月 28 日）https://corp.rakuten.co.jp/news/press/2018/1029_01.html（2021 年 9 月 3 日閲覧）

21）ケイタイ watch ホームページ https://k-tai.watch.impress.co.jp/docs/news/1170758.html（2021 年 9 月 3 日閲覧）

22）同上。

23）NNA アジア経済ニュース https://www.nna.jp/news/show/2085776（2021 年 2 月 2 日閲覧）

24）同上。

25）日本ブラジル中央協会会報『ブラジル特報』2012 年 9 月号 https://nipo-brasil.org/archives/2401/（2020 年 9 月 15 日閲覧）

26）同上。

27）同上。

28）川崎重工プレスリリース　https://www.khi.co.jp/pressrelease/detail/c3030424-1.html（2020 年 10 月 15 日閲覧）

29）同上。

30）ニッケイ新聞 2003 年 4 月 26 日 https://www.nikkeyshimbun.jp/2003/030426-71colonia.html（2020 年 10 月 15 日閲覧）

31）川崎重工プレスリリース https://www.khi.co.jp/pressrelease/detail/c3010509-2.html（2020 年 10 月 15 日閲覧）

32）レスポンスウェブサイト https://response.jp/article/2013/04/05/195315.html（2020 年 10 月 15 日閲覧）

33）同上。

34）Aras ホームページ「川崎重工業：Aras Innovator を用いた航空機 CAD データ管理システムの構築」https://www.aras.com/ja-jp/resources/all/khi-cad-data-management-aviation-jp-1（2021 年 1 月 18 日閲覧）

35）川崎重工有価証券報告書 2005 年 4 月 1 日-2006 年 3 月 31 日。

36）NNA アジア経済ニュース https://www.nna.jp/news/show/2063169（2021 年 2 月 2 日閲覧）

［参考文献］

Aharoni,Y. (2014). 'Theoretical debates on multinationals from emerging economies', in Alvaro Cuervo-Cazurra,and Ramamurti,R.: *Understanding Multinationals from Emerging Markets*,pp15-30, Northeastern University.

Athreye, S., & Godley, A. (2009). Internationalization and technological leapfrogging in the pharmaceutical industry. *Industrial and Corporate Change*, 18(2): 295-323.

Beamish, P.W. (1994). Joint Ventures in LDCs: Partner Selection and Performance. *Management International Review*, 34: 60-74.

De Mattos, C., Burgess, T. F., & Shaw, N. E. (2013). The impact of R&D-specific factors on the attractiveness of small-and medium-sized enterprises as partners vis-à-vis alliance formation in large emerging economies. *R&D Management*, 43(1): 1-20.

Doz, Y. L., and Hamel, G. (1998). *Alliance advantage: The art of creating value through partnering*. Harvard Business Press.

Erken, H., & Gilsing, V. (2005). Relocation of R&D—a Dutch perspective. *Technovation*, 25: 1079-1092.

Fang, E., and Zou, S. (2010). The effects of absorptive and joint learning on the instability of international joint ventures in emerging economies. *Journal of International Business Studies*, 41(5): 906-924.

Giarratana, M. S., & Torrisi, S. (2010). Foreign entry and survival in a knowledge-intensive market: emerging economy countries' international linkages, technology competences, and firm experience. *Strategic Entrepreneurship Journal*, 4(1): 85-104.

Govindarajan, V., & Trimble, C. (2012). Reverse innovation: a global growth strategy that could preempt disruption at home. *Strategy & Leadership*, 40(5): 5-11.

Harrigan, K. R. (1986). Matching vertical integration strategies to competitive conditions. *Strategic Management Journal*, 7(6): 535-555.

長谷川信次 (1998). 『多国籍企業の内部化理論』同文館。

Hitt, M. A., Dacin, M. T., Levitas, E., Arregle, J. L., & Borza, A. (2000). Partner selection in emerging and developed market contexts: Resource-based and organizational learning perspectives. *Academy of Management Journal*, 43(3): 449-467.

Jacob, J., Belderbos, R., & Gilsing, V. (2013). Technology alliances in emerging economies: persistence and interrelation in European firms' alliance formation. *R&D Management*, 43(5): 447-460.

Khanna, T. & K. G. Palepu (2010). Winning in Emerging Markets, Boston, MA: Harvard Business Review Press (上野裕美子訳『新興国マーケット進出戦略』日本経済新聞出版社, 2012 年).

高瑞紅 (2013). 「国際分業における企業間関係の構築—本社の役割についての国際比較—」『アジア経営研究』, 第 19 巻, 167-178。

Kuemmerle, W. (1999). The Drivers of Foreign Direct Investment into Research and Development: An Empirical Investigation. *Journal of International Business Studies*, 30(1): 1-24.

Lavie, D. & Miller, S.R. (2008). Alliance portfolio internationalization and firm performance. *Organization Science*, 19(4): 623-646.

Lee, C. & Beamish, P.W. (1995). The characteristics and performance of Korean joint ventures in LDCs. *Journal of International Business Studies*, 26(3): 637-654.

Luo, Y., & Tung, R. L. (2007). International expansion of emerging market enterprises: A springboard perspective. *Journal of International Business Studies*, 38, 481-498.

Patra, S. K., & Krishna, V. V. (2015). Globalization of R&D and open innovation: linkages of foreign R&D centers in India. *Journal of Open Innovation*: Technology, Market, and Complexity, 1(1): 7.

Peterson, R. B., & Shimada, J. Y. (1978). Sources of management problems in Japanese-American joint ventures. *Academy of Management Review*, 3(4): 796-804.

Pritchard, D. J. (2002). The global decentralization of commercial aircraft production: implications for US based manufacturing activity (Doctoral dissertation, State University of New York at Buffalo).

Ramamurti, R. (2009). 'What have we learned about emerging market multinationals?', in Ramamurti, R. and Singh, J.V. (Eds.): *Emerging Multinationals in Emerging Markets*, 38(4): 399-426.

椙山泰生・龔園園 (2013).「中国企業による日本企業への資本参加—レナウンと如意科技の事例を題材とした試論—」『組織科学』, 第 46 巻 4 号, 29-44。

高橋文行・市川照久・峰野博史・西垣正勝 (2012).「新興国発のイノベーションの考察—中国のイノベーション・システムと競争情報の取り組み—」『経営情報学会 全国研究発表大会要旨集 2012年春季全国研究発表大会』。

冨田健司 (2010).「日米製薬企業間の戦略的提携における信頼構築—新薬開発の探索研究に着目して」『組織科学』第 43 巻第 3 号, 18-32。

丑山幸夫 (2014).「製造業における国際的な戦略提携と理論に関する考察」『日本経済大学大学院紀要』, 第 3 巻第 1 号, 29-40。

浦川哲也 (2017).「新興国企業の台頭と産業構造—時価総額上位企業の分析より—」三井物産戦略研究所。

安田洋史. (2016).『新版 アライアンス戦略論』NTT 出版。

Yoshino, M. Y., & Rangan, U. S. (1995). *Strategic Alliances: An Entrepreneurial Approach to Globalization:* Harvard Business School Press.

Zirger, B. J., & Hartley, J. L. (1996). The effect of acceleration techniques on product development time. *IEEE Transactions on Engineering Management,* 43(2): 143-152.

終　章

日本の多国籍企業の新たな成長と発展に向けて

1.　大変革時代における経営課題

　企業は社会とのかかわりのなかで，その存在意義が認められ，また成長や発展も遂げる。その意味では，企業は絶えず社会の変化に影響を受けるし，逆に社会に影響を与えもする。多国籍企業の場合，その活動が広く海外や世界規模に及んでいるので，そのような次元で生じる事象や出来事の影響を受けるし，逆にそのような広範な地域や人々に影響を与える。したがって，多国籍企業は常に現在地球規模で発生したり，将来発生するであろう事象や出来事に関心を払わなければならない。

　さて，いまわれわれは歴史的にもかつて経験したことのないような世界規模の大変革時代の真っただ中にいる。まさにいま，世界は大きなうねりをあげて変わろうとしている。これはいま，われわれの社会，生活，活動を一変させるようなインパクトのある事象や出来事が地球規模で起きているからである。これからの日本企業は，こうした事象や出来事に適切に対応できなければ，その持続的な成長・発展を実現することが難しいだろう。

　日本企業は，1980年代まで成長・発展し，世界市場を席捲するほどの競争力を有していたが，90年代からその競争力に陰りがみられるようになった。その意味では，日本企業はいま大きな歴史的岐路に立っているといっても過言ではない。では，その事象や出来事とはどのようなものか。

　まず第1に，グローバリゼーションと反グローバリゼーションの動きがある。第二次世界大戦以降，輸送・交通や通信手段の飛躍的な発達によって，ヒ

ト，モノ，カネ，情報の国境を越えた移動が活発になり，世界の国々の経済の相互依存関係が深化し，経済のグローバリゼーションが進展した。さらに ICT の発達と世界的普及により，世界の人々がいとも簡単につながるようになったので，フリードマン（Friedman, 2005）のように，世界が「フラット化」しつつあるという論者も出てくるようになった。一方，近年では世界では反グローバリゼーションの動きが活発になっている。この動きは 1999 年の第 3 回 WTO 閣僚会議に対する市民団体の抗議デモを嚆矢とし，その後 2016 年のアメリカでのトランプ大統領の誕生，同年のイギリスの EU からの脱退宣言などで顕著になり，世界的に保護主義へ傾斜しつつある。

　こうしたなか，アメリカと中国は，それぞれ自国の利益を優先させる政策をとり，非常に激しい貿易戦争やハイテク覇権争いを繰り広げている。さらに，2019 年 12 月に誰もが予想もしなかった新型コロナウイルスが中国から発生し，瞬く間に世界に拡がりパンデミックとなった。これにより世界各国の国境が封鎖され，人々の国境を越えた移動や物流も一時的にストップした。企業の国際ビジネス活動の生命線ともいえるサプライチェーンも寸断され機能不全に陥った。いま企業はグローバリゼーションと反グローバリゼーションの狭間で翻弄されている。

　第 2 に，デジタル技術の急速な発達によって世界的にデジタル革命が起きている。デジタル革命はインターネットやクラウド技術の発達，スマートフォンなどの携帯機器の普及，コンピュータの処理能力の向上や記憶容量などの拡大によって起きているが，これによって世界各国の社会システムや経済活動が大きく変化しつつあるので，企業も経営や組織の変革を余儀なくされている。たとえば，技術のデジタル化によって，自動運転車，3D プリンター，先進的ロボット，IoT，AI などが誕生しているが，これらの出現によって，企業には新たなビジネスモデルの構築が求められている。事実，デジタル技術の発達によって，製品製造のモジュール化が進展し，ものづくりの方法が大きく変化し，また GAFA のようなインターネット企業は，デジタル技術を駆使した新しいビジネスモデルで，あっという間にグローバル企業に成長し，世界市場を席捲している。さらに，今回のコロナ禍でデジタル技術により，企業ではリモートワークやオンライン会議がノーマルになり，従業員の行動や働き方を大きく

変えている。

　第3に，世界経済の成長センターのシフトがある。20世紀の世界経済の中心は欧米先進国であったが，この数十年間にその経済成長が鈍化した。一方，アジア諸国が急速に経済成長し，アジアが世界経済の成長センターになっている。しかも今世紀になると，BRICsをはじめとする新興国も急速に経済成長を遂げるようになった。とりわけ，アジア新興国の経済成長が顕著で，膨大な人口を抱え，将来的には中間所得層が増えるとの期待から世界の多くの目が注がれ，世界の企業間競争のアリーナとなっている。

　しかし，新興国にはビジネスのためのインフラの未整備，膨大な貧困層，低い教育水準など，ビジネスには多くの障害がある。したがって，新興国でのビジネス展開は容易ではない。先進国市場でビジネスを行ってきた企業にとっては，新興国市場のビジネスには想像を超える多くの難問が待っており，まさに「白紙の状態からスタート」する覚悟がなければビジネスを軌道に乗せることができない[1]。

　第4に，気候変動と地球温暖化，世界的な人口増加，資源・エネルギー不足，経済格差と貧困問題などがある。気候変動と地球温暖化は，主に化石燃料による二酸化炭素の排出などに起因するが，これによって近年世界各地で熱波，豪雨による大洪水，巨大台風，海面上昇などが発生し，甚大な被害が出るようになっている。世界の人口も，「人口爆発」といわれるほど急増している。1900年には約16億人だった世界人口は，1950年に25億人，2019年には77億人，2050年には90億人になり，今世紀末には100億人を突破するとの予想もある。しかし，地球にはそれだけの人口を維持するための資源・エネルギーは残っていない。石油，銅，錫などの地下資源は現在の採掘ペースで進めばあと数十年で枯渇するし，水や農産物の不足も深刻で，短期的にみても，それらの大幅な価格上昇が予想されている。さらに，近年では世界の人々の経済格差と貧困層の増加も深刻な問題となっている。世界の大富豪200人の富は，世界の最底辺の人々2億人の合計所得額を上回っており，世界人口の半数近くが一日2ドル未満の生活である。これは将来において，世界を揺るがす大きな問題の発生のトリガーになる可能性を含んでいる。

　近年，このような世界的に大きな事象や出来事が発生し，世界は大変革の時

代を迎えているが，企業にとってそれらはビジネス環境の大きな変化であり，ビジネス・チャンスであると同時に脅威でもある。したがって企業は，このようなビジネス環境の変化に適切に対応していかなければ，その持続的な成長・発展を遂げることができないのみならず，その生存すらも脅かされることになる。加えて，近年のビジネス環境の変化の特徴は，その変化のスピードが速いことと，その変化の背後にある要因が多様で複雑に絡み合っていることである。それゆえ，企業にとって将来が不確実で不透明で，当然のこととして予測できないものとなっている。とはいっても，企業はゴーイング・コンサーンとして，将来への持続的な成長・発展を目指さなければならず，市場から簡単に退場するわけにはいかない。

　ところで，世界の企業は 1960 年代頃から世界経済のグローバリゼーションの波に乗って国際化やグローバル化を進めてきた。その動きは最初アメリカ企業にみられたが，その後ヨーロッパ企業と日本企業，80 年代には韓国，台湾などアジア企業，さらに今世紀に入り，中国，インド，ブラジルなどの新興国の企業が国際化するようになった。この結果，現在では世界のグローバル市場で世界の企業間競争が熾烈になっている。しかも，近年では業界の垣根が低くなり，異業種からの参入企業も増えているので，異業種企業間の競争も激しくなっている。加えて，近年ではアマゾン，アップル，ウーバー，エアビーアンドビー，アリババ，テンセントなど，IT 企業が急成長し，「破壊的イノベーター」として伝統的な多国籍企業に襲いかかっている。まさに世界のグローバル市場では血で血を洗うような熾烈な競争が繰り広げられており，巨大な多国籍企業といえども，気を抜くと一瞬のうちにその競争から脱落し，市場から姿を消すという事態にもなりかねない。

　確かに，第 2 章でも述べたように，企業の栄枯盛衰はいつの時代もあるが，ここ数十年間ではそれは過去に類をみないほど顕著なものになっている。では，企業がこのような熾烈な競争から脱落せずに，持続的な成長・発展を実現させるためにはどうすればよいのだろうか。その答えを出すのは容易なことではない。しかし，企業は人間から成り立っており，ある意味では生物と類似している側面があると考えれば，そこからその答えのヒントが得られるかもしれない。

　地球上のあらゆる生物は，その棲む環境に適応しながら生きている。彼らは環境が大きく変わろうとも，それに適応し，相互依存と生存競争を繰り広げながら，時には変異しつつ進化を遂げながら生き延びている。その意味では，地球上に誕生し長く生き延びている生物は，徐々にではあるが進化を繰り返しており，その生存には進化が決定的に重要になっているといってよい。

　このように考えると，企業の持続的な成長・発展にも，生物と同じように，ビジネス環境に巧みに適応し，その変化とともに進化を続けることがきわめて重要になると思われる。ハメルとブリーン（Hamel & Breen, 2007）もいうように，企業には「一時点での競争優位ではなく，時とともに進化している優位」が大事になるのである。さらに，付け加えるとすれば，企業には変化するビジネス環境に適応するだけにとどまらず，もう一歩進めて自らが環境を創造するという思考や行動も必要になる。現在の企業を取り巻くビジネス環境の変化を予測するのが難しいのなら，企業自らが環境に働きかけ，未来の社会や顧客を創造するようにする。それが企業のさらなる進化につながる。したがって，今日の多国籍企業についていえば，前述したような，いま地球規模で生起している事象や出来事を念頭に置きながら，その変化のなかからビジネス・チャンスを探索し，かつその変化を先取りするようにして，新しい事業や市場を創造するように経営することが肝要になっている。それが企業の将来の持続的な成長・発展へとつながるのである。

2. 日本の多国籍企業の新しい経営モデル

　企業が持続的な成長・発展を目指すためには，時代とともに変化するビジネス環境に適応し，さらに自ら環境を創造するようにして進化を遂げる経営を展開する必要がある。しかしそのような経営を展開することは，まさに「言うは易く行うは難し」である。現在，世界的にも成長を続けている一部の企業を除けば，そのような経営を行っている企業は必ずしも多くない。世界の多くの多国籍企業も，そのような経営とは程遠い，いまだ産業革命以降の工業化時代の経営モデルを引きずっている。

　工業化時代の企業は，国や世界の経済的な成長と繁栄を大前提としつつ，自らの成長と大規模化志向のもとで経済合理性を追求してきた。このため，企業経営でも効率や能率を最優先し，仕事の標準化と専門化を図ってきた。そしてそのような企業は，それらを実現させる合理的な組織として官僚的な階層組織をつくり上げてきた。これまでの多国籍企業も，かつてハイマー（Hymer, 1976）がいみじくも指摘したように，このような経営を展開する階層組織だった。しかし，このような多国籍企業は，先進国では工業時代が幕を下ろし始めている，いまの時代には適合しなくなっており，また前述のような地球規模で発生している事象や出来事にも的確に対応することが難しい。これからの多国籍企業に対しては，「新しい酒は新しい革袋に盛れ」という言葉が当てはまるのである。

　では，伝統的な多国籍企業はどのように進化したらよいのだろうか。それは，端的にいうと，これまでの経営モデルの創造的破壊による新しい経営モデルの構築にほかならない。そこで次に，その新しい経営モデルについて議論することにする。

　多国籍企業の新しい経営モデルのフレームワークは，図表終－1のとおりである。まず，多国籍企業が持続的な成長・発展を目指すためには，新しいビジネス環境の変化に適応したり，それを自ら創造するようにして進化を遂げなければならない。それには来る時代や社会の求める価値の創造が重要になる。多

図表終－1　多国籍企業の新しい経営モデル

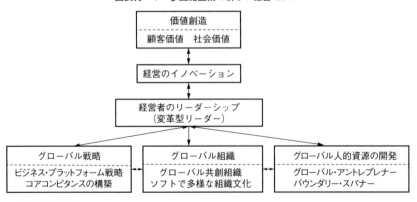

出所：筆者作成。

国籍企業にとっては，地球社会の持続可能な発展を前提としつつ顧客価値の創造と世界の人々の幸福や福祉に寄与する社会価値の創造が大事になる。この価値創造には経営のイノベーションが不可欠になる。

　経営のイノベーションとは，経営戦略，組織，人的資源などを含む企業全体を変革することを意味するが，いまの多国籍企業には，とりわけ世界中から新しい知識や情報を感知・獲得し，それを企業グループ内に移転・共有しつつ，新しい事業，製品，市場を創造する探索的イノベーションが重要になっている。こうしたイノベーションに挑戦するには，経営者の強力なリーダーシップが必要になる。変革型リーダーによるイノベーションである。このような経営者のリーダーシップのもとで，主に新しいグローバルな戦略，組織，そして人的資源の開発に挑戦することである。それが未来社会を創造する経営へとつながる。そこで次に，その新しいグローバル戦略，組織，人的資源の開発の主要課題についてみていくことにする。

2-1　ビジネス・プラットフォーム戦略

　企業の国際化は，一般に輸出から始まり，現地生産，多国籍化，そしてグローバル化へと進展する。日本企業の場合も，多くがこのような発展段階を経てグローバル化してきた。まず，日本企業は1960年代後半まで輸出戦略を重視してきた。しかし70年代になると，国内外のビジネス環境の変化により輸出戦略が限界に直面し，多くの企業は直接投資による現地生産戦略にシフトせざるを得なくなった。この戦略は80年代半ばに海外諸国との貿易摩擦と円高の進行により本格化する。そしてその後，日本企業は多国籍化やグローバル化を進め，世界の多く国や地域に生産拠点を設けてグローバル経営を展開するようになった。このプロセスで日本企業は，外国企業との激しい競争にも直面した。

　日本企業の輸出段階の最初の頃の競争優位は，コスト優位に置かれていた。当時の日本企業は国内で多くの低賃金労働者を有していたので，低コストで安価な製品の製造が可能で，そのような製品を海外に輸出した。しかし，その品質は良くなかった。そこで1960年代になると，多くの企業は工場でQC活動などを展開して品質向上に努め，それが奏功して低価格であるにもかかわらず，

良質の製品を海外市場に輸出できるようになった。このような日本製品の高品質は，日本企業の新たな競争優位になり輸出拡大が続いた。この優位性は現地生産段階になっても前面に押し出された。

　日本企業の多くは，高品質と低コストの製品製造のベースとなる日本的な生産技術や生産システムを海外工場へ移転した。この方式は国境を越えたフルセット垂直統合型モデルとして，多くの日本企業の国際経営の特徴ともなった。このモデルはアジア，北米，ヨーロッパにとどまらず，その後新興国市場の開拓の際にも持ち込まれた。しかし，新興国市場では先進国とは違い，貧困層の顧客が多い。彼らにとっては，高品質よりも低価格の製品がよい。それにもかかわらず，日本企業は新興国市場でも自前主義のフルセット垂直統合型モデルで製造された高品質，多機能，高価格の製品にこだわった。この結果，日本企業は新興国市場では低価格製品の韓国や中国の企業との競争にも苦戦し，次第に国際競争力を低下させることになった。もちろん，日本企業も現地の顧客のニーズに合わせる現地適応戦略を展開してきたけれども，それは製品のマイナーチェンジにすぎなかったので，焼け石に水でしかなかった。

　一方，欧米先進国の多国籍企業は，1990年代半ばになると，日本企業とは異なる戦略をとるようになった。とくにアメリカの多国籍企業は，1990年代半ばからデジタル技術を活用したイノベーションに挑戦し，新たなグローバル戦略を展開するようになった。その戦略とは，世界の多くの企業と提携して国際分業体制を構築し，相互に協業・コラボレートしながら新たな価値を創造しようとするものである。この戦略はグローバル・コラボレーティブ型提携ともいえるビジネス・エコシステムの構築によるもので，最初はパソコン，DVD，液晶テレビ，携帯電話の分野でみられたが（小川，2014），その後多くの産業でみられるようになった。

　このエコシステムによる戦略は，第1章でも述べたように，その中核企業が提示するプラットフォームを通じて多様な組織が提携してネットワークでつながり，それぞれが得意な分野の知識，技術，能力などを持ち寄って相互にコラボレートし学習し，新たな価値を創造するものである。このためそれは，環境変化にもスピーディに，また柔軟性をもって対応できるし，さらに異なる資源や能力を有する多様な組織から成るので，場合によっては，冒頭で紹介したよ

うな，いま世界で生起している大きなビジネス環境の変化に対しても，対応できる可能性をも持っている。しかし，伝統的な多国籍企業は，海外進出の際には，自社の優位性（資源）を移転し，かつ外国の資源や能力も内部化することで競争優位を得ようとしてきたので（臼井, 2020），外部のビジネス環境の変化に柔軟に，かつダイナミックに対応できない，という欠点を持っていた。かつてのアメリカや日本の多くの多国籍企業は，このような伝統的な多国籍企業の経営モデルで国際ビジネス活動を行っていたのである。

　ところで，ビジネス・エコシステムによる戦略では，プラットフォームが重要な役割を果たすので，プラットフォーム戦略ともいわれる。このプラットフォームがエコシステムのネットワークにおけるハブとして機能し，参加企業に種々の便益を与えるものであれば，多くの企業が協業企業として集まる。その参加企業も得意な知識，技術，能力を提供するので，エコシステムは大きな価値創造コミュニティとなる。インテル，マイクロソフトなどのアメリカの多国籍企業は，早くからこのようなプラットフォーム戦略を展開して，世界から多くの参加企業を得て，相互の利益をはかり価値を創造してきた。ここでとくに重要な点は，そうしたアメリカの多国籍企業は，そのプラットフォームのなかのコア部分を秘密にする一方，非コア部分を多くの企業に開放するという戦略をとったことである（小川, 2014）。この戦略がそのようなアメリカの多国籍企業の競争優位となった。このコア部分は企業のコアコンピタンスとなる。

　コアコンピタンスとは，他社が簡単に模倣することのできない，その企業独自の中核的な能力を指すもので[2]，企業の持続的な成長・発展にとって決定的に重要な役割を果たす。ビジネス・プラットフォームのもとでは，その参加企業も便益を得るが，それもその企業にコアコンピタンスがあるかどうかによる。コアコンピタンスがあれば，その企業は多くの便益を得る可能性があるが，そうでなければ便益は得られない。その意味では，これからの企業にはコアコンピタンスを持つことはきわめて重要になる。しかし，このコアコンピタンスも，時代や環境の変化につれて陳腐化し，次第にその変化に適合できなくなる。それゆえ，企業はコアコンピタンスもビジネス環境の変化を考え，見直し改善・更新し，再構築する必要もある。それが企業のダイナミズムになり，その進化へとつながっていくのである。

　日本の伝統的な多国籍企業も，1980年代頃から外国企業との提携を積極的に行ってきたけれども，多くが自前主義のフルセット垂直統合型モデルに固執したり，デジタル技術を十分に活用しようとしなかったため，ビジネス・エコシステムの構築において，欧米企業に大きな遅れをとることになった。1990年代頃からデジタル技術の発展によって，世界のものづくりの方法が変わり，競争ルールも変わったにもかかわらず，日本企業はそのような環境変化に真っ正面から向き合わないか，それを見逃してきた。しかし，日本の多国籍企業には長年工場の現場で蓄積した優れた製造技術とノウハウがある。これらはいまだ国際競争力を失っていない。それは日本の製造業の多国籍企業のコアコンピタンスでもある。したがって，日本の多国籍企業は，このような現場の製造技術とノウハウをコアコンピタンスとして，デジタル技術を活用しつつプラットフォームを構築すれば，新たなビジネスの地平を開く可能性がある。また，そのようなプラットフォームを構築しないとしても，日本の現場の優れた製造技術やノウハウを自社のコアコンピタンスとして，他社のプラットフォームに参加すれば，それに貢献するとともに，自社にも多くの便益を得ることにもつながる。こうして，ここにきて日本の多国籍企業のなかにも，トヨタ，コマツ，ソニーなどをはじめとして，ビジネス・エコシステムの構築によるプラットフォーム戦略を展開しつつある企業がみられるようになってきたが，そのような企業はまだまだ少ないのが現状である。

2-2　グローバル共創組織とソフトで多様な組織文化

　企業は戦略の実行のために組織を構築する。多くの多国籍企業は国際戦略やグローバル戦略を展開するプロセスで，輸出部，国際事業部，グローバル組織を構築してきている。

　グローバル組織についてみると，それには製品別組織，地域別組織，あるいはマトリックス組織という形態がある。国際ビジネス環境の変化が複雑化するにつれて，マトリックス組織を構築する企業が多くなり，日本企業でも第3章のトヨタの事例でみるように，いまでもこの組織形態を採用している企業が多い。日本企業の場合，このような組織と並行して，地域統括会社を設立して，

世界の各地域への環境変化への対応や地域間の調整活動も行うようにしてきた。

　このように世界の多国籍企業は，現在までグローバル組織の構築へとシフトしてきているが，一般的にいって，伝統的にアメリカ企業は地球規模で規模の経済を追求するグローバル戦略を展開してきたため，本社を頂点とする階層構造を構築してきた。これに対して，ヨーロッパ企業は進出先の環境条件に適応するマルチ・ドメステック戦略を展開するようにしてきたため，海外子会社に権限と責任を与える分権管理の組織を構築してきた。日本企業は輸出をベースとした国際戦略を展開してきたため，どちらかといえば本社や親会社を中心とする階層構造を構築してきた。

　アメリカの多国籍企業についてみると，1980年代まで世界市場に君臨していたが，国際ビジネス環境が多様で複雑に変化するにつれて，その大規模な階層構造が機能しなくなり，日本やヨーロッパの企業との競争に敗れる企業が出てくるようになった。このためバートレットとゴシャール（Bartlett & Ghoshal, 1989）は，新たな多国籍企業の組織として，トランスナショナル・モデルを提示した。この組織は ① グローバル効率，② 各国市場への対応，③ イノベーションと学習能力，という 3 つの戦略課題を同時に達成しようとする組織である。それはまた，多国籍企業を構成する各組織の能力や役割を活かすネットワーク組織でもある[3]。このバートレットとゴシャールの新しい組織モデルの提示に刺激されて，その後海外子会社の役割や能力に注目が集まるようになり，それと同時にそれらの資源や能力を有効に活用するネットワーク組織の構築に関心が集まるようになった。国際ビジネス環境が多様に，かつ劇的に変化するにつれて，多国籍企業における権力や権限が本社に一極集中する組織ではなく，その多極化によって環境変化に柔軟に，または組織単位ごとに対応する分化したネットワーク組織（Nohria & Ghoshal, 1997）が有効であると考えられるようになった。このような流れのなかで，海外子会社も単に本社の戦略の実行機関としてではなく，多国籍企業のなかのイノベーション・センターでもあるとみなされるようにもなった。

　海外子会社が多国籍企業のイノベーション・センターになるケースは，現在のところまだ少ないが，外国企業ではネスレ，ゼロックス，P&G（第 5 章）などでみられる。こうして多国籍企業の海外子会社のマネジメントがいっそう重

要で複雑になりつつある。海外子会社は，一方において本国の本社や親会社との密接な関係がある（内部の埋め込み）と同時に，他方において進出先の現地のさまざまなステークホルダーとの関係（外部の埋め込み）もある。海外子会社は多国籍企業の組織上からみると，いわゆる「二重の埋め込み」という立場におかれているのである。したがって，海外子会社の立場は非常に微妙で，本国の本社の意向を無視して，勝手にイノベーションに取かかることができず，かといって進出先のステークホルダーと関係を構築して現地のニーズに合うようなイノベーションに取かかることも捨てがたい。ここに海外子会社のジレンマがある。

　このようなジレンマを克服するために，多くの多国籍企業ではいま試行錯誤が繰り返されている。日本の多国籍企業では，第4章でみたように，HOYA が本社機能を海外に移転するという大胆な方策をとっている。日本企業では稀なケースで，きわめて興味深い。いずれにせよ，多国籍企業がいま地球規模で発生しているビジネス環境の変化をみて，イノベーションを創発するためには，海外子会社の資源や能力の活用が不可欠となろう。しかしそれだけではない。多国籍企業がこれからのビジネス環境の変化を見据えてイノベーションを創発するためには，全社的に外部の顧客，サプライヤー，研究所，政府機関，NPO，社会起業家など，世界の多くのステークホルダーともコラボレートし，相互に学習することも重要になっている。というのは，このような外部のステークホルダーも，イノベーションの源泉である情報や知識の提供者であるからである。

　多国籍企業がこのような活動を展開するためには，本国の本社を頂点とする垂直統合型の組織ではなく，相互に対等な立場に立つ水平的なネットワーク組織が適当である。これからの多国籍企業は，いま地球規模で起こっているビジネス環境の変化に対応したり，新しい環境を創造するためには海外子会社だけではなく，世界の多様なステークホルダーとコラボレートし，相互に学習し，さらに共創し，共進化を遂げるような組織を構築する必要がある。多国籍企業がプラットフォーム戦略を展開するためにも，そのような組織の構築が不可欠になる。ここでは，このような組織を「グローバル共創組織」と称する。

　グローバル共創組織とは，「地球上の経済や社会の諸問題の解決に向けて，

企業が企（起）業家精神を発揮して，自社の海外子会社だけではなく，世界の多様なステークホルダーとコラボレートし，相互に学習しつつ共進化を遂げながら，新たな価値を創造する組織」である。これからの多国籍企業は，広く世界の人々から共感を得て，その存在価値を認められ，持続的な成長・発展を遂げるには，このような組織へと進化しなければならないといえるのではないか。

　しかし，多国籍企業がグローバル共創組織を構築するためには，全社的にそれに相応しい組織文化をも醸成する必要もある。組織文化とは，簡単にいうと，組織のメンバーが共有する価値観，信条，行動規範である。それは目に見えない「空気」のようなものだが，今日の企業の発展や成長には大きな役割を果たす（第5章）。伝統的な多国籍企業の階層組織では，本社や上司の権威，ルール，手続きなどを通じた公式的な秩序の維持が重視されたので，その組織文化も権威主義や形式主義的なものであった。しかし，このような組織文化では，組織メンバーが抑圧され，彼らに自由で創造的な発想や思考，冒険心や探求心，学習意欲などが育たたず，したがって多国籍企業の海外子会社でも自律性が期待できず，イノベーションも創出しにくい。イノベーションの創出には企（起）業家精神，自由，創造，信頼，協働，リスクテイクなどを尊重する組織文化が重要になる。工業時代の企業には，このような組織文化はむしろマイナスと考えられていた。このような組織文化は組織のメンバーに対しては，上からの強い締めつけではなく，むしろ組織メンバーの自由や緩やかなつながりを特徴としているので，ソフトな組織文化といえよう。

　加えて，グローバル共創組織の構築には，多様な文化を尊重する組織文化の醸成も必要になる。多国籍企業は，もともと多様な文化的背景を持った人材から成る組織であるので，多様性を尊重する組織文化が醸成しやすいと考えられがちだが，現実には必ずしもそうではない。大半の多国籍企業では本社，海外子会社を問わず，一部の組織を除けば異質な文化を有する外国人はそれほど多く働いているわけではない。たとえば，世界の多国籍企業の経営陣についてみても，外国出身のCEOによって経営されている企業はわずか13％に過ぎない（Ghemawat, 2018）。

　日本の多国籍企業をみても，近年外国人の採用や外国人の役員が増えてきているが，その数はまだまだ限られているのが現状だ。また，近年日本企業でも

職場のインクルージョン＆ダイバーシティが声高に叫ばれているが，本社における外国人従業員の採用や管理者への登用についてみると，掛け声だけが先行している感が否めない。もちろん，日本の多国籍企業のなかでも，第5章のP&Gのケースでみたような，ダイバーシティ＆インクルージョンを具体的に進めている企業もあるが，それは緒についたばかりの企業が多い。しかし，異なるアイデア，考え，意見を持つ人々が出合い交流すれば，そこから新しいアイデア，考え，意見が生まれる可能性がある。その結果，イノベーションの創出につながるケースもある。

　これまでの日本企業の組織文化のように均質的・同質的な組織文化から，創造性やイノベーションは生まれにくい。多様性を尊重する組織文化を有した企業はまた，顧客，サプライヤー，研究機関，NPOなど多くのステークホルダーとの関係の構築，彼らとのコラボレートや相互学習も促進しやすい。

　近年の日本の多国籍企業は，以上のような点に鑑み，外国の従業員の動機づけの視点からも，従来のような権威，ルール，手続きなどハードな面を重視するというより，企（起）業家精神，自律性，創造，協働，異質性などを重視するソフトで多様な組織文化の醸成にこれまで以上に注力する必要がある。もちろん今世紀に入り，以上のような点に気づき，第7章にあるユニ・チャームの事例にもみるように，会社の理念，ミッション，ビジョンなどソフトな面にウエイトをおき，それらを盛り込んだ「○○ウエイ」を海外に移転し，その従業員に植え付け，自社の組織文化を根付かせることに腐心している企業が増えてきているが，まだ道半ばの企業が多い。このような多国籍企業の組織の変革には本社の改革も必要なことはいうまでもない。日本の多国籍企業の本社も，企（起）業家的・革新的・創造的機能を担う組織に変革を遂げなければならないといえる（浅川, 2020）。

2-3　グローバル・アントレプレナーとバウンダリー・スパナー

　いうまでもなく，企業の持続的な成長・発展の鍵となるのはヒトである。これは国際ビジネスの場合にも当てはまる。国際ビジネスに適材の有能な人材が多国籍企業の本社や海外子会社に属し，その経営にあたると，その企業のパ

フォーマンスが良くなる確率は高まるだろう。しかし，その逆のケースになると，企業は早晩悲惨な目に合うことになろう。それゆえ，日本企業も海外進出を開始した時から国際人的資源管理に力を入れ，国際人材の育成に取りかかってきた。たとえば，輸出段階では語学と販売能力に長けた人材，海外生産段階では工場や子会社の管理能力のある人材，多国籍やクローバル段階ではグローバルレベルで経営のできる多様な能力のある人材の育成というように，人材育成に努めてきた。

　今世紀に入ってからは，多くの企業で「グローバル人材」の育成が大きな話題になってきているが，その育成には多くの時間がかかるので，日本の多国籍企業ではそのような人材が不足している。また，グローバル人材とは，どのような人材を指すのかについても，統一的な定義がないので，それを明確に定義せずに，その育成に取りかかったために，混乱が生じてきている企業もある。そこで，ここでは多国籍企業の本社と海外子会社の経営者にはどのような人材が求められるかについて考えていく。

　まず，本社の経営者について考えよう。多国籍企業の本社の経営者の最も重要な課題は，世界的規模に拡がる事業を有する企業全体の持続的な成長・発展である。この課題を実現させるためには，本社の経営者には非常に多くの資質や能力が求められるだろう。たとえば，グローバルな視野や発想，将来への先見性や洞察力，企（起）業家精神，ビジョンや戦略の構想力，組織変革力，高い精神性と倫理観，テクノロジーへの理解など，挙げれば枚挙にいとまがない。しかし，日本の多国籍企業の経営者についていえば，将来への先見性と洞察力，企（起）業家精神，ビジョンや戦略の構想力，組織変革力，デジタル技術への理解がとくに重要になると考えられる。

　日本企業は，すでに述べてきたように，1990年代まで比較的順調に国際化とグローバル化を進め国際競争力もつけてきたが，その後競争優位を失い，その成長や発展に暗雲が立ち込めている。とりわけ，今世紀に入って，世界経済の成長スポットがアジア新興国にシフトするにつれて，欧米の多国籍企業，韓国や中国の新興企業との競争でも苦戦を強いられるようになった。また，デジタル技術を活用するDX（デジタル・トランスフォーメーション）の面でも，欧米の多国籍企業に大きく遅れ，ビジネス・エコシステムをベースとする経営で

も大差がついている。さらに，かつて一時期世界の先頭を走っていた地球環境問題への経営でも，いまではヨーロッパ企業の後塵を拝している。言い換えると，近年の日本の多国籍企業は，本章の冒頭で述べたような，これからの経営にますます重要になると考えられる地球規模の課題に対して，とくに欧米先進国の多国籍企業に大きく水をあけられる状況になっている。

　このような現状を考えると，日本の多国籍企業の本社の経営者には，将来の地球社会の課題を洞察し，経営ビジョンや戦略を提示し，企（起）業家精神を持って，世界の多くのステークホルダーとコラボレートしつつ，経営イノベーションに果敢に挑戦して，企業を進化させる能力が求められているといえる。こうした経営者は，一言でいえば，「グローバル・アントレプレナー」である。このようなタイプの経営者については，ソフトバンク，楽天，ユニクロ，日本電産など，多くは創業者が経営する企業，トヨタ，HOYA，デンソー，日立，など，長期にわたり成長・発展を続けている企業や再生に成功した企業にみられる。これからの日本の多国籍企業の本社の経営者には，このようなタイプの経営者が必要となるだろう。

　日本の多国籍企業が持続的な成長・発展を遂げるためには，海外子会社の成長・発展も不可欠である。多国籍企業グループ内に優良な子会社が多くあれば多国籍企業グループ全体も成長・発展する。その意味では，海外子会社の経営者の果たす役割もきわめて大きい。そこで次に，日本の海外子会社の経営者に求められる資質や能力について考えてみたい。

　これまでの日本の多国籍企業の海外子会社の経営者の現地における評価は，残念ながら必ずしも高くない。その理由としては，主に日本の海外子会社の経営者には，日本からの派遣社員が就くケースが多く，彼らは本社との調整活動を重視するので，概して本社志向になりがちで，現地に溶け込むことが少ないこと，主に語学能力の低さに起因する現地人従業員の管理能力の不足などがある（白木，2014）。しかし，これは基本的には海外子会社が本社の戦略に従い，その手足となって動く存在にすぎないことと関係している。

　もちろん，海外進出の歴史が浅い段階では，このような海外子会社が必要であり，そのような経営者の果たす役割も大きい。しかし，企業の海外事業が拡大し，いっそうの国際競争力をつけるにはそのような役割の子会社や経営者だ

けでは限界がある。再言するが，日本の多国籍企業の成長・発展には，現地企業と関係を構築し，独自に事業展開するようなイノベーション能力のある子会社も必要になる。それには子会社の経営者には現地でのビジネス・チャンスの探索，その情報や知識の獲得，それらの組織への移転と共有，さらにはその事業化やイノベーションの推進というような役割が求められる。そのような役割を果たすには，多様な文化的背景を持つヒトとも接しなければならないので，子会社の経営者には異文化マネジメント能力も必要になることはいうまでもない。こうした役割を担う人材を「バウンダリー・スパナー」という。これからの日本の多国籍企業の海外子会社には，このようなバウンダリー・スパナーのような役割を担う人材が必要になろう。

　日本の多国籍企業が新興国市場の開拓に乗り出して以来，このようなバウンダリー・スパナーのような役割を担う人材が少しずつみられるようになってきたが，そのような人材はまだまだ少ない。第6章や第7章でみたようなパナソニックの海外子会社の責任者やユニ・チャームの社長および海外子会社の責任者は，このような人材といえるかもしれない[4]。また，海外子会社が現地で新規事業を構想・着手したり，イノベーションの創出に取かかるときには「マルチナショナル・チーム」や「グローバル・チーム」を編成するケースも今後増えることが予想される。この点を考えても，日本の海外子会社の経営者にはバウンダリー・スパナーのような人材が不可欠になるだろう。

　これからの日本の多国籍企業の本社には，グローバル・アントレプレナーのような人材，そして海外子会社の経営者には，バウンダリー・スパナーのような人材が必要になると考えられるが，そうした人材はこれまでの日本の多国籍企業の経営者に求められた人材のタイプとはかなり異なっている。したがって，そうしたタイプの人材は日本の多国籍企業では不足しているし，またその育成にも多くの時間がかかる。こうした現状を考えると，そうした人材については，日本に限定せず，広く世界に目を向けて獲得することも考えられる。もちろん，近年では外国人社員の採用に限らず，外国人経営者の登用にも積極的な日本企業もみられるようになっている。事実，その数が少ないが外国人がトップである会社も増えてきている。しかし，そうした人材は国際的にも不足しており，世界の多国籍企業間で獲得競争が続いている。

　加えて，日本の多国籍企業が本社と海外子会社の経営者に外国人を多く採用・登用していくとすれば，当然国際人事システムも世界的に通用するものに変革しなければならない。近年，日立製作所，日産自動車，住友電工などをはじめ，世界標準のグローバル人事システムを導入する日本企業が少しづつ増えているが[5]，いまだ年功序列制をベースとする日本的人事制度を引きづっている企業も多い。これでは有能な外国人は日本企業には集まらない。欧米の多国籍企業の人事システムを模倣し，そのまま導入する必要はないけれども，世界の有能な人材も納得し，その能力を発揮できるようなグローバル人事制度の構築が日本の多国籍企業の急務の課題になっているのも事実である。

3.　未来社会の創造に向けての経営へ

　日本企業は，1990年代初めまで急速に成長・発展し，比較的順調に国際化やグローバル化も展開してきた。しかし，その後国内経済の成長の鈍化や国際競争の激化で，その成長にも陰りがみえるようになった。そしていま，冒頭で述べたような歴史的にも未曽有の地球規模の大きな変化に直面し，今後グローバルなレベルで持続的な成長・発展をするためには新たな経営の展開を余儀なくされている。

　日本の多国籍企業が新たな経営を展開するためには，現在または将来のビジネス環境の変化を洞察して，その変化に適応したり，さらには自ら環境を創造するようにして企業を進化させていかなければならないが，過去に輝かしい業績をあげてきた伝統的な多国籍企業は成功体験に引きずられる傾向にあるので，それはそう簡単ではない。ここに，日本の多くの製造業の多国籍企業のアキレス腱がある。したがって，ソフトバンク，楽天，ユニクロなど，新興のサービス産業の企業の急速な成長や発展とは裏腹に，製造業では業績低迷に苦しむ企業は少なくない。確かに，日本の製造業の企業でも，日本電産，ダイキンなど，社歴が比較的浅い新興企業，あるいは日立，ソニーなど，大胆な経営イノベーションに挑戦し，再生に成功した伝統的な企業は，好業績をあげているが，その数はかつてのように必ずしも多くない。こうして，いま多くの日本

の伝統的な多国籍企業には新たなグローバルな成長・発展のための経営の展開に向けて変革と進化が求められている。

　日本の多国籍企業がグローバルな視野で新たな持続的な成長・発展のために変革と進化を遂げるためには，冒頭で述べたような現在の地球規模で生起している大きな潮流を押さえながら，その変化を予測し，その変化に俊敏に適応すると同時に，それを先取りするように事業や製品を開発する必要があるが，いまのようなグローバルなレベルで急激に変化する時代では将来を予測することはほぼ不可能である。将来を予測することができないとすれば，自らが未来を創造することが考えられる。著名な計算機科学者アラン・ケイは「未来を予測する最善の方法は未来を創ることだ」という言葉を残した（MacAfee & Brynjolfsson, 2017）。まさに至言である。これからの日本の多国籍企業も世界のビジネス環境の変化に適応し，さらにはそれを創造するようにして変革と進化を遂げる必要がある。それはまた，未来を創造する視点に立った経営イノベーションに挑戦することでもある。将来のビジネス・チャンスを探索し，他者のアイデアと融合するような視点に立って，新たな事業や製品を創造するイノベーションへの挑戦である。

　日本の多国籍企業は，優れた製造技術と生産システムをベースとして優れた品質の製品を低コスト生産し，世界的な競争力を高めてきたが，近年ではデジタル技術の発達によって世界のものづくりが変わったため，その強みが活かされなくなってしまった。この結果，日本の多国籍企業は顧客価値の創造の点で世界の先進的な多国籍企業に後れを取ってしまった。とくに欧米の先進的な多国籍企業はデジタル革命の潮流に乗って，デジタル技術を駆使したプラットフォーム戦略を展開するようになって以来，日本の多国籍企業の劣勢が続いている。いまやこのプラットフォーム戦略の展開は不可欠で，その意味でもビジネスエコシステムの構築は，これからの多国籍企業の成長・発展の鍵を握っている。

　ビジネス・エコシステムは，再三述べてきたように，世界の多様な組織が提携を通じてネットワークでつながり，それぞれが得意とする分野の知識，技術，能力などを持ち寄って相互にコラボレートしながら新たな価値を創造するものである。日本の多国籍企業にとって，欧米の先進的な多国籍企業と同じよ

うなビジネス・エコシステムを構築し，そのプラットフォーマーになるのは容易ではないけれども，それでもデジタル技術を活用して，これまでに蓄積してきた製造の技術，システム，ノウハウを展開するプラットフォームを構築すれば，新たなビジネスの地平を開くことができるのではないか。日本の製造企業が長年にわたって蓄積してきた現場の製造技術，システム，ノウハウは，いまでも国際競争力を失っていない。また日本人が顧客に提供する心のこもったサービスも質的に高く，世界最高との評価もある。とりわけ日本人の「おもてなし」の心は，外国人にも大きな感動や喜びを与えることは間違いない。さらに，日本人はチームワークの能力にも長けており，日本企業には系列などで培ったコラボレーションや共創の精神やノウハウもある。

　このような日本企業の強みや特徴を活かしてビジネス・エコシステムを構築すると，欧米やその他の国の企業とは異なるビジネス・エコシステムが構築できる可能性がある。たとえば，製品設計力，製造技術，系列サプライチェーン，工程・現場のノウハウなどをデジタル技術を活用して，世界の企業のものづくりを支えるエコシステムの構築が考えられる[6]。また，ビジネス・エコシステムの中核のプラットフォーマーにならなくても，そのような日本企業のものづくりに関する自社のコアコンピタンスに，さらに磨きをかけると，世界の有力なエコシステムに参加し，そこから多くの便益を得ることも可能になるだろう。

　ちなみに，ビジネス・エコシステムは，第2章でも述べたように，その本質からして，顧客価値の創造にとどまらず，いまわれわれが抱えている地球規模の大きな課題に対しても，有益なアプローチや手段となり得るものである。それには日本の多国籍企業には，前述したように，デジタル技術に精通し，グローバル共創組織の構築ができるグローバル・アントレプレナーやバウンダリー・スパナーのような人材が求められるだろう。

　これまで多くの日本企業は，未来のビジネス環境の変化に対して，どちらかといえば受け身の立場で対処してきたが，これからは地球規模のビジネス課題に対しても，プロアクティブであるのみならず，さらに未来の社会を創造するという高い「志」[7]やマインドを持って挑戦していく必要が出てくるだろう。とりわけ，いまは歴史の歩みも，ヨーロッパを代表する知性の1人であるジャック・アタリ（Attali, 2021）もいうように，かつてとは比較できないほど加速し

てきているので，未来は予測できない。本書では触れることができなかったが，日本の多国籍企業も気候変動と地球温暖化，世界の人口増加，経済格差と貧困問題，人権問題など，大きな地球規模の社会的課題への取り組みも喫緊の経営課題としている。こうした社会的課題に対しても，未来の社会の創造という高い志やマインドで挑戦していく必要があろう。そうでなければ，世界の人々から尊敬されないし，その存在価値も認められない。そのような現在，あるいは未来に，われわれを襲うであろう地球規模の課題に対して，高い志やマインドで挑戦してこそ，未来や社会を切り開く創造企業として，世界の人々から尊敬され，その存在価値も認められるのではないか。それが結局，これからの企業のグローバルな持続的な成長・発展を保証するのではないだろうか。

（桑名義晴）

[注]
1）ゴビンダラジャン＝トリンブル（Govindarajan & Trimble, 2012）は，新興国市場におけるビジネスに関して，次のように述べている。
「新興国市場は違う世界，それも，大幅に異なる世界である。（中略）日本の経済界のリーダーは，1000円使える人が一人いるのではなく，100円使える人が10人いると考えなくてはならない。（中略）新興国市場の顧客を念頭に置きつつ，白紙の状態からイノベーションに取り組むことである」（邦訳，日本語版の序文）。
2）ハメル＝プラハラード（Hamel & Prahalad, 1994）は，コアコンピタンスを次のように定義している。
「顧客に対して，他社にはまねのできない自社ならではの価値を提供する，企業の中核的に力」（邦訳，p.11）。
3）バートレット＝ゴシャール（Bartlett & Ghoshal, 1989）は，トランスナショナル組織を表現する言葉として，「統合ネットワーク」（integrated network）が適当だとしている。
4）この点に関連して，パナソニックの海外子会社の責任者のケースについては，山本（2019）をも参照されたい。
5）日本企業のグローバル人事システムの導入状況の事例については，桑名・岸本・今井・竹之内・山本（2019）を参照にされたい。
6）この点については，小宮（2021）を参照されたい。
7）名和（2021）は，日本企業の再生について，「志」の重要を強調して，次のように述べている。
「未来を拓く正しい原動力となるためには，高い精神性や社会性に立脚した志の存在が不可欠である」（p.45）。
「まずはしっかりと『志』を立て直し，それを組織の隅々まで浸透させることが急務である。（中略）今，求められているのは，危機を生き延びるための策ではなく，50年先，100年先まで進化し続けるための志（心）とその実践（身）である」（p.480）。

[参考文献]
浅川和宏（2020）.「未来の多国籍企業におけるこれからの『本社』のあり方」浅川和宏・伊田昌弘・

臼井哲也・内田康郎監修『未来の多国籍企業―市場の変化から戦略の革新，そして理論の進化―』文眞堂，第6章。

Attali, J. (2021).「加速する歴史の歩みに備えを」『日本経済新聞』9月2日付。

Bartlett,.C.A. & Ghoshal,S. (1989). *Managing Across Border : The Transnational Solution,* Harvard Business School Press. (吉原英樹監訳『地球市場時代の企業戦略―トランスナショナル・マネジメントの構築―』日本経済新聞社，1990年)。

Dobbs, R., Manyika J. & Woetzel,J. (2015). *No Ordinary Disruption,* Mckinsey and Company. (吉良直人訳『マッキンゼーが予測する未来―近未来のビジネスは，4つの力に支配されている―』ダイヤモンド社，2017年)。

Filos,E. (2006). Smart Organization in the Digital Age, *Integration of Information and Communication Technologies in Smart Organization,* in Mezgar,I. (ed). Idea Group Inc.

Friedman, T. (2005). *The World Is Flat: A Brief History of the Twenty Century,* Holtzbrink Publishers. (伏見威蕃訳『フラット化する世界 ―経済の大転換と人間の未来―』日本経済新聞社，2006年)。

Govindarajan, V, & Trimble, C. (2012). *Reverse Innovation,* Harvard Business Review Press. (渡部典子訳『リバース・イノベーション ― 新興国の名もない企業が世界市場を支配するとき ―』ダイヤモンド社，2012年)。

Ghemawat, P. (2018). *The New Global Road Map : Enduring Strategies for Turbulent Times,* Harvard Business Review Press. (琴坂将広監訳『VUCA時代のグローバル戦略』東洋経済新報社，2020年)。

Hamel, G, & Breen, B. (2007). *The Future of Management,* Harvard Business School Press. (藤井清美訳『経営の未来―マネジメントをイノベーションせよ―』日本経済新聞社，2008年)。

Hamel, G, & Prahalad, C.K., (1994). *Competing for the Future,* Harvard Business School Press. (一條和生訳『コアコンピタンス経営―大競争時代を勝ち抜く戦略―』日本経済新聞社，1995年)。

Hitt,M.A., Keats, B.W. & DeMeMarie,S.M. (1998). Navigating in the new competitive landscape : Building strategic flexibility and competitive advantage in the 21st century. *Academy of Management Executive,* 12(4): 22-42.

Hymer,S., (1976). *The International Operation of National Firms : A Study of Direct Foreign Investment,* MIT Press. (宮崎義一編訳『多国籍企業論』岩波書店，1979年)。

Nohnia, N., & Ghosal, S. (1997). *Diffrencialed Network: Organizing Multinational Corporations for Value Cheation,* Jossey-Bass Inc., Publishers.

Kuwana, Y., & Yamamoto. T., (2013). Some Issues on collaborative innovation for new growth of Japanese MNC's : On organizational transformation and human resource development, In Daniels.J., Mei,Lin,T., Loveridge, R., & Rugman, A., *Mulitinational Enterprises and the Changing World Economy,* Academy of Performance Measurement, 184-214.

桑名義晴 (2020).「近未来の多国籍企業の組織―アントレプレナー型共創組織の構築―」浅川和宏・伊田昌弘・臼井哲也・内田康郎監修『未来の多国籍企業―市場の変化から戦略の革新，そして理論の進化―』文眞堂，第8章。

─────・岸本寿生・今井雅和・竹之内秀行・山本崇雄 (2019).『グローバルHRM（人的資源管理）―日本企業の挑戦―』中央経済社。

小宮昌人 (2021).『製造業のプラットフォーム戦略』日経BP社。

Laloux, F., (2014). *Reinventing Organizations : A Guide to Creating Organizations Inspired by the Next Stage of Human Consciousness,* Nelson Parker. (鈴木立哉訳『ティール組織―マネジメントの常識を覆す次世代型組織の出現―』英治出版，2018年)。

McAfee.A. & Brynjolfsson,E. (2017). *Machine, Platform, Crowd : Harnessing our Digital Future*. W. W. Norton & Company. (村井章子訳『プラットフォームの経済学―機械は人と企業の未来をどう変えるか―』日経 BP 社，2018 年)。

名和高司 (2021).『パーパス経営―30 年先の視点から現在を捉える―』東洋経済新報社。

―――― (2016).『成長企業の法則―世界トップ 100 社に見る 21 世紀型経営のセオリー―』デスカヴァー・トゥエンティワン。

小川紘一 (2014).『オープン＆クローズ戦略―日本企業再興の条件―』翔泳社。

Pitelis, O., & Teece, D. (2018). The new MNE: 'Orchestration' theory as envelope of 'internalisation' theory, *Management International Revision*, 54 (4): 523-539.

Senge, P., Smith,B., Kruschwitz, N., Laur, J. & Schley, S. (2008). *The Necessary Revolution*. Nicholas Brealey Publishing. (有賀裕子訳『持続可能な未来へ―組織と個人による変革―』日本経済新聞社，2010 年。)

Randers, J. (2012). *A Global Forecast for the Next Forty Years*. Chelsea Green Pub. co. (野中香方子訳『2052 今後 40 年のグローバル予測』日経 BP 社，2013 年)。

Ryan,A., & O'Malley (2016). The role of the boundary spanner in bringing about innovation in cross-sector partnerships, *Scandinavian Journal of Management*, 32 (1): 1-9.

白木三秀編著 (2014).『グローバル・マネジャーの育成と評価―日本人派遣者 880 人，現地スタッフ 2192 人の調査より―』早稲田大学出版部。

臼井哲也 (2020).「ビジネスモデルの理論的基礎と新しい多国籍企業」浅川和宏・伊田昌弘・臼井哲也・内田康郎監修『未来の多国籍企業―市場の変化から戦略の革新，そして理論の進化―』文眞堂，第 9 章。

山本崇雄「パナソニック」(2019).　桑名義晴・岸本寿生・今井雅和・竹之内秀行・山本崇雄『グローバル HRM（人的資源管理）―日本企業の挑戦―』中央経済社，第 6 章。

渡部直樹編著 (2010).『ケイパビリティの組織論・戦略論』中央経済社。

吉原英樹 (1992).『富士ゼロックスの奇跡―なぜ Xerox をこえられたか―』東洋経済新報社。

事項索引

人名索引

[著者紹介]

桑名義晴（くわな　よしはる）　第1章・第2章・終章

現在　桜美林大学名誉教授，国際ビジネス研究学会フェロー（元副会長），異文化経営学会フェロー，多国籍企業学会名誉会員，日本経済学会連合理事，アジア・ユーラシア総合研究所顧問など。

主著訳書

『ケーススタディ　グローバル HRM（人的資源管理）：日本企業の挑戦』（共著，中央経済社，2019年）

『多国籍企業と新興国市場』（共監修，文眞堂，2012年）

『国際ビジネス研究の新潮流』（共編著，中央経済社，2008年）

『最新国際経営論』（共著，中央経済社，1990年）

『国際ビジネス・エコノミクス：新しい研究課題』（共監訳，文眞堂，2005年）

『異文化組織のマネジメント』（共監訳，マグロウヒル出版，1992年）。

齋藤泰浩（さいとう　やすひろ）　第3章・第5章

現在　桜美林大学ビジネスマネジメント学群教授

主著

『テキスト現代経営入門（第2版）』（共著，中央経済社，2020年）

『国際ビジネス理論』（共著，中央経済社，2008年）

「国際ビジネス研究における距離—理論的イノベーションが起きているのか—」『桜美林大学研究紀要　社会科学研究』（第2号，2022年）

「自動車部品メーカーの対中進出と相互依存的立地選択行動」（共著）『多国籍企業研究』（第10巻，2017年）

「バリューチェーンを切り口とした新しいビジネスモデルの構築：SPR工法を中心とする管路更生事業」『化学経済』（第55巻第11号，2008年）

山本崇雄（やまもと　たかお）　第4章・第6章

現在　神奈川大学経済学部教授

主著

『アジアのグローバル経済とビジネス』（共著，文眞堂，2021年）

『ケーススタディ　グローバル HRM（人的資源管理）：日本企業の挑戦』（共著，中央経済社，2019年）

"Explorative activity and dual embeddedness of foreign subsidiaries: a case study of Japanese general trading companies," (co-authored)『商経論叢』（第52巻第3号，2017年）

"Some issues on collaborative innovation for new growth of Japanese MNCs: on organizational transformation and human resource development" (co-authored), in J. D. Daniels, T. M. Lin, R. Loveridge and A. M. Rugman (eds.), *Multinational Enterprises and the Changing World Economy*, Academy of Performance Measurement, 2013.

竹之内玲子（たけのうち　れいこ）　第7章・第8章

現在　成城大学社会イノベーション学部教授
主著訳書
『国際ビジネス理論』（共著，中央経済社，2008年）
『多国籍企業の世界史：グローバル時代の人・企業・国家』（共訳，早稲田大学出版部，2019年）
「新興国のオープン・イノベーション―ブラジルにおけるバイオ燃料開発―」『社会イノベーション研究』（第15巻第1号，2020年）
"Honda's Business Expansion Strategy: Development of Honda Jet", English-Language IP Training Program Development, Japan Patent Office.2017
「新興国企業の国際化戦略」『ビューティ・ビジネスレビュー』（第12巻第1号，2014年）

グローバル成長と発展への経営
―日本企業の再生と挑戦―

2022年4月25日　　第1版第1刷発行　　　　　　　　検印省略

著　者　　桑　名　義　晴
　　　　　齋　藤　泰　浩
　　　　　山　本　崇　雄
　　　　　竹　之　内　玲　子
発行者　　前　野　　　隆
発行所　　株式会社　文　眞　堂
　　　　　東京都新宿区早稲田鶴巻町533
　　　　　電　話　03（3202）8480
　　　　　FAX　03（3203）2638
　　　　　http://www.bunshin-do.co.jp/
　　　　　〒162-0041　振替 00120-2-96437

製作・美研プリンティング
©2022
定価はカバー裏に表示してあります
ISBN978-4-8309-5178-7　C3034